# 経済分析手法

―国際経済及びサービス産業論の応用を踏まえて―

木村武雄・江口允崇　著

五絃舎

## はしがき

　本書は，数学や統計学・計量経済学などについて初学者でありかつ経済分析の手法を身につけたい方を対象にし企画され，具体的なデータを国際経済学及びサービス産業論の分野から採り入れている。

　今から4年前に，この企画はスタートした。2008年の夏休み中から秋に掛けて，慶応義塾大学近くのレストランで，本書の著者である木村武雄，江口允崇の2人で1週間に2度のペースで勉強会を始めた。

　著者のひとりである木村武雄が，2009年に，4月に『EUにおけるポーランド経済』，7月に『経済用語の総合的研究（第7版）』，10月に『欧露経済研究の新地平』と立て続けに出版があり，本書の発行はそれが終わってからにしようとしていた。

　ところが，父が2010年4月12日に，母が2011年5月12日に亡くなった為，葬式（二度），相続（二度），新居の建設，引っ越し（二度），銀行の融資等，人生にとり大きな課題が押し寄せてきた。母が亡くなる一ヵ月前に，東日本大震災もあった。

　押し寄せる津波の中，ヘリコプターの救助隊員に孫を引き渡し，安心したように波間に消えて行く祖父らしい人のテレビ映像があった。そこで思ったのは自分は浅学非才の身であるが，自分のゼミナールの弟子は博士号を取得し，専任教員になってもらたいの一存であった。せめて彼に対して私にできることは，一里塚として，共著で世に送り出すことである。

　本書を発行するにあたってそんな感慨が頭を過った。

　前置きが長くなったが，本書の構成を述べてみたい。経済分析手法としての統計・計量経済学の基礎を第1部で学んだ後，第2部の統計資料を使って分析する。経済分析は，その国の歴史的背景や国際関係等の詳しい人文科学系の

知識を合わせ分析しないと，間違った分析をすることになる。そこで，本書は，第3部，第4部で，実際の経済分析に必要な国際経済論やサービス産業論をも合わせ解説し，完璧を目指した。

　本書は経済分析の基礎を学ぶことにより，現実の経済社会で起こる事件や事象の問題を明らかにし，解決の処方箋を提示するまでの力が備わることを目標としている。

　本書を執筆するにあたり，最善を尽くしたつもりであるが本書発行後に思い違いや不備が見つかるかもしれない。この点については改訂版などにおいて解決すべく，努力したい。

　末筆ながら，本書出版にあたり，五絃舎社長長谷雅春氏に記して感謝申し上げる。

　平成24年盛夏 鎌倉の寓居にて

木 村 武 雄

# 目　次

## 第1部　統計・計量経済学の基礎

### 第1章　記述統計学 ――――――――――――――――――3
1.1　度数分布表とヒストグラム　*3*
1.2　平均値・中央値・最頻値　*9*
1.3　分散と標準偏差　*12*
1.4　標準化　*15*
1.5　散布図　*16*
1.6　共分散と相関係数　*18*

### 第2章　確率論 ――――――――――――――――――23
2.1　確率変数と確率分布　*23*
2.2　離散型確率変数　*24*
2.3　連続型確率変数　*27*
2.4　正規分布と標準正規分布　*29*

### 第3章　推計統計 ―――――――――――――――――35
3.1　母集団と標本　*35*
3.2　母数と推定量　*37*
3.3　標本平均と標本分散　*39*
3.4　推　定　*43*
3.5　仮説検定　*48*

### 第4章　回帰分析 ―――――――――――――――――51
4.1　単回帰分析　*51*
4.2　重回帰分析　*64*
4.3　Excelによる回帰分析　*66*

## 第2部　経済統計資料

## 第3部　国際経済論
### ―欧露思想と技法―

### 第1章　経済学と思想史 ———————————————— 83
　第1節　経済学の発生　　*83*
　第2節　古典派経済学　　*84*
　第3節　近代経済学　　*85*
　第4節　非主流派経済学　　*87*
　第5節　反ケインズ学派　　*88*

### 第2章　普遍主義の視座：欧州とロシア ———————— 91
　第1節　欧州の普遍主義　　*91*
　第2節　ロシアに於ける普遍論争　　*102*
　第3節　現代に於ける普遍論争　　*121*
　第4節　おわりに　　*123*

### 第3章　資本主義とシオニズム ―ヴェニスの商人より― ———— 129
　第1節　『ヴェニスの商人』(シェイクスピア，1596)　　*129*
　第2節　資本主義とユダヤ人　　*133*

### 第4章　重商主義に至る欧州の形成 ———————————— 139
　第1節　欧州世界の形成　　*139*
　第2節　商業の発展と絶対主義への移行　　*140*
　第3節　絶対主義国家の発展と重商主義の成立　　*142*

### 第5章　為替理論 ———————————————————— 145

### 第6章　経済成長 ———————————————————— 151

# 第7章　経済モデル —————————————————— 157

# 第8章　国際貿易論 ———————————————————— 161
第1節　マンデルの業績　*161*
第2節　マンデル＝フレミング・モデル　*161*
第3節　最適通貨圏理論　*163*
第4節　ポリシー・ミックス・モデル　*163*
第5節　貿易の利益と各種貿易政策　*165*

# 第9章　直接投資と貿易 ————————————————— 169
第1節　直接投資　*169*
第2節　国際収支　*170*
第3節　日本の貿易　*171*
第4節　世界直接投資と日本　*174*

# 第10章　近代化論 ————————————————————— 179
第1節　近代化の意味と日本　*179*
第2節　世界史に於ける近代化と日本　*181*

# 第11章　社会システム論 ————————————————— 187

# 第12章　各国経済論 ———————————————————— 195
第1節　ロシア経済論とその軍事的背景　*195*
第2節　ロシア経済と資源問題　*205*
第3節　最近のロシア経済　*217*
第4節　リトアニア　*218*
第5節　スロヴェニア　*223*
第6節　クロアチア　*226*

**統計課題：第3部**　*231*

## 第 4 部　サービス産業論

第 1 章　サービス産業論 ——————————————— 235
第 2 章　世界企業とサービス産業 ————————————— 241
第 3 章　自然独占とネットワーク産業論 ——————————— 245
第 4 章　電力事業 —————————————————— 251
第 5 章　交通産業と特別会計 ————————————————— 255
第 6 章　介護事業と介護保険 ———————————————— 257
第 7 章　流通産業：百貨店，スーパー，コンビニ ———————— 261
統計課題：第 IV 部　　　265

キーワード・課題 ——————————————————— 267
付表統計数値表 ———————————————————— 273
（付表 1 〜付表 5）
索　　引 —————————————————————— 279

# 第1部　統計・計量経済学の基礎

経済分析においては，様々なデータを取り扱うため，統計学の知識を欠かすことはできない。統計学は，大きく分けて記述統計と推測統計の2つに分けられる。

　記述統計とは，母集団（調べようとしている集団）の全てを調べ，得られたデータを表やグラフにしたり，平均や分散といったものを計算して母集団の特徴を掴もうとするものである。一方，推測統計とは，母集団から一部の標本を抽出し，その標本から母集団の特徴を推測しようとするものである。

　統計学の勉強の流れは，

1. 記述統計
2. 確率論
3. 推測統計

の順番で行われることが一般的である。本書でも，基本的にはこの流れに沿って統計学の基礎を解説していくことにする。ただし，記述統計は単にデータの特徴を調べるだけなので比較的簡単であるのに対し，推測統計には確率論の知識が必要になるため難しい。統計学を学ぶ多くの学部学生が，確率論の部分で数学の山を超えられず，肝心な推測統計における推定や仮説検定に辿り着く前に挫折するという傾向がある。

　そこで，本書では数学的に厳密な確率論の記述は最小限にとどめ，直観的なイメージを掴んで自分なりに統計分析ができるようになることを重視した。まずは本書によって統計分析の大まかな流れやイメージを掴んでもらった後，専門書によって改めて勉強すると効率よく統計学を身につけられるだろう。$\Sigma$記号を使った公式の証明部分などは難しいと感じるかもしれないが，その場合は結果だけを抑えて先に進んでしまって構わない。

# 第 1 章 記述統計学

あるクラスの男子 30 人の身長のデータを考える。

| | | | | | |
|---|---|---|---|---|---|
| 167 | 180 | 167 | 176 | 169 | 166 |
| 177 | 171 | 187 | 179 | 186 | 160 |
| 156 | 174 | 175 | 170 | 182 | 172 |
| 165 | 182 | 162 | 168 | 164 | 177 |
| 170 | 172 | 169 | 172 | 174 | 171 |

表 1.1 クラスの男子の身長のデータ

上のデータのように，男子の身長は様々な値をとっている。このように，様々な値をとることを，統計学では「分布する」という。この分布の特徴を掴むのが，記述統計学の主たる目的である。

## 1.1 度数分布表とヒストグラム

### ■ 度数分布表

度数分布表とは，データが与えられたときに，そのデータをいくつかの階級に分け，その階級に属するデータの個数を数えて表にしたものである。先に提示したクラスの男子の身長のデータを用いて，度数分布表を作ってみよう。

Step1: データを小さい方から順に並べる。

| | | | | | |
|---|---|---|---|---|---|
| 156 | 166 | 169 | 172 | 175 | 180 |
| 160 | 167 | 170 | 172 | 176 | 182 |
| 162 | 167 | 170 | 172 | 177 | 182 |
| 164 | 168 | 171 | 174 | 177 | 186 |
| 165 | 169 | 171 | 174 | 179 | 187 |

Step2：階級の幅を決め，階級値を求める。

ここでは，階級を 7 つに分けるものとし，階級の幅を 5cm としよう。階級値とは，階級を代表する値のことで，通常は各階級における真ん中の値を階級値とする。

| 階級 | 155-160 | 160-165 | 165-170 | 170-175 | 175-180 | 180-185 | 185-190 |
|---|---|---|---|---|---|---|---|
| 階級値 | 157.5 | 162.5 | 167.5 | 172.5 | 177.5 | 182.5 | 187.5 |

(階級の - は，○○以上 - ○○未満の意味)

Step3：各階級の度数を求める。

度数とは，各階級に含まれるデータの個数のことである。

| 階級 | 155-160 | 160-165 | 165-170 | 170-175 | 175-180 | 180-185 | 185-190 |
|---|---|---|---|---|---|---|---|
| 度数 | 1 | 3 | 7 | 9 | 5 | 3 | 2 |

Step4：相対度数を求める。

相対度数とは，全データに占める各階級のデータ数の割合である。相対度数は全て足すと 1 になる。

| 階級 | 155-160 | 160-165 | 165-170 | 170-175 | 175-180 | 180-185 | 185-190 |
|---|---|---|---|---|---|---|---|
| 相対度数 | 1/30 | 2/30 | 7/30 | 9/30 | 5/30 | 3/30 | 2/30 |

Step4：累積度数を求める。

累積度数とは，小さい値の階級から順に度数を加えていったものである。

| 階級 | 155-160 | 160-165 | 165-170 | 170-175 | 175-180 | 180-185 | 185-190 |
|---|---|---|---|---|---|---|---|
| 累積度数 | 1 | 4 | 11 | 20 | 25 | 28 | 30 |

Step4：累積相対度数を求める。

累積相対度数とは，累積度数の相対度数版であり，小さい階級から順に相対度数を加えていったものである。

| 階級 | 155-160 | 160-165 | 165-170 | 170-175 | 175-180 | 180-185 | 185-190 |
|---|---|---|---|---|---|---|---|
| 累積相対度数 | 1/30 | 4/30 | 11/30 | 20/30 | 25/30 | 28/30 | 30/30 |

Step5：度数分布表を作る。

以上のものを全て合わせたものを度数分布表という。

| 階級 | 155-160 | 160-165 | 165-170 | 170-175 | 175-180 | 180-185 | 185-190 |
|---|---|---|---|---|---|---|---|
| 階級値 | 157.5 | 162.5 | 167.5 | 172.5 | 177.5 | 182.5 | 187.5 |
| 度数 | 1 | 3 | 7 | 9 | 5 | 3 | 2 |
| 相対度数 | 1/30 | 2/30 | 7/30 | 9/30 | 5/30 | 3/30 | 2/30 |
| 累積度数 | 1 | 4 | 11 | 20 | 25 | 28 | 30 |
| 累積相対度数 | 1/30 | 4/30 | 11/30 | 20/30 | 25/30 | 28/30 | 30/30 |

表 1.2　度数分布表

■　ヒストグラム

度数分布表をグラフにしたものを，ヒストグラムという。身長のデータをヒストグラムにすると，次のようになる。

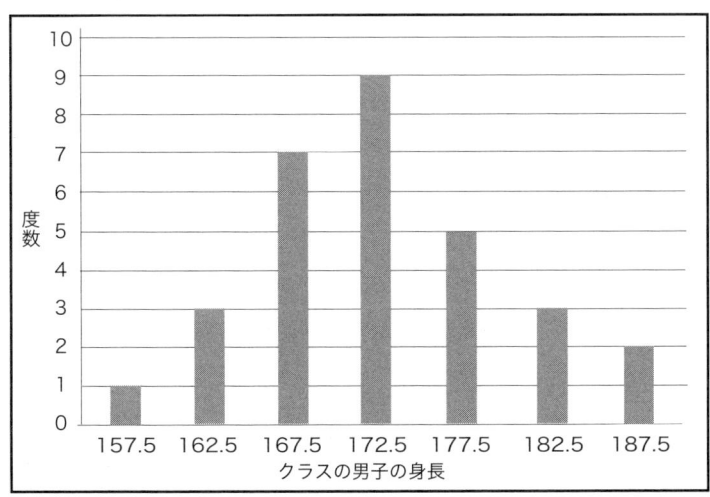

図 1.1　ヒストグラム

ヒストグラムは，データの分布がどのような形状をしているのか視覚的に捉えることに役立つ。このように，データを表やグラフにして分布の特徴を直観的に捉えることが，記述統計学の第一の方法である。統計分析の基本は，まずはデータを表やグラフにしてみることから始まる。

ヒストグラムを相対度数で描くと，次のようになる。

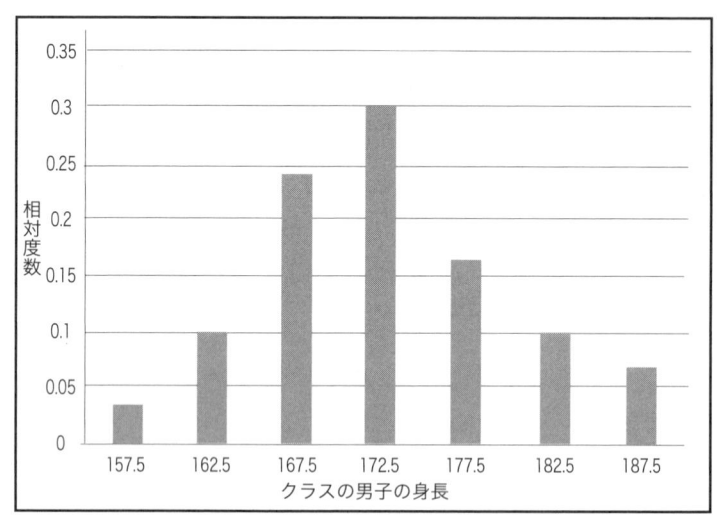

図1.2 相対度数のヒストグラム

## ■ ローレンツ曲線とジニ係数

ローレンツ曲線とは，所得分布や資産分布の格差や不平等度を表す曲線のことである。

次のような所得の度数分布表が与えられたとしよう。

| 階級 | 0-200 | 200-400 | 400-600 | 600-800 | 800-1000 |
|---|---|---|---|---|---|
| 階級値 | 100 | 300 | 500 | 700 | 900 |
| 度数 | 10 | 16 | 15 | 7 | 2 |
| 相対度数 | 0.2 | 0.32 | 0.3 | 0.14 | 0.04 |
| 累積度数 | 10 | 26 | 41 | 48 | 50 |
| 累積相対度数 | 0.2 | 0.52 | 0.82 | 0.96 | 1 |

表1.3 所得の度数分布表

前の身長のデータでは，全てのデータが与えられたうえで度数分布表を作ったが，今度は度数分布表から元のデータを復元してみよう（統計データを得る際，既に度数分布表の形になっているものも多い）。

まず，階級値×度数から，その階層に属する人々の所得の総額が割り出せる。

| 階級 | 0-200 | 200-400 | 400-600 | 600-800 | 800-1000 | 合計 |
|------|-------|---------|---------|---------|----------|------|
| 所得 | 1000  | 4800    | 7500    | 4900    | 1800     | 20000 |

ただし，一人一人の正確のデータまでは遡れないので，あくまで近似値としての総額までしか分からないことに注意しよう。度数分布表を作ると，データの分布の特徴が見えやすくなる一方で，細部の一つ一つのデータの値は失われるのである。しかし，これは仕方のないコストであり，通常それほどズレを持つことはないので，近似値で分析を行なっても大きな問題は生じない。

次に，相対所得と累積所得を求める。相対所得とは全体の総所得に占める各階層の所得の割合であり，累積所得とは所得を少ない階級から順に累積させていったものである。

| 相対所得 | 0.05 | 0.24 | 0.375 | 0.245 | 0.09 |
|----------|------|------|-------|-------|------|
| 累積所得 | 1000 | 5800 | 13300 | 18200 | 20000 |

最後に，累積相対所得を求める。累積相対所得とは相対所得を累積させたものである。

| 累積相対所得 | 0.05 | 0.29 | 0.665 | 0.91 | 1 |

横軸に累積相対度数，縦軸に累積相対所得をとって描いたグラフが，ローレンツ曲線である。

このローレンツ曲線は，所得が少ない順から20%までの人の所得が全体の総所得の5%を占め，52%までの人の所得が全体の29%を占め，88%までの人の所得が全体の66.5%を占めていることを表している。

もし，所得が完全に平等（同じ）だった場合，ローレンツ曲線は点線で描かれた完全平等線に等しくなる。なぜなら，所得が平等であれば人口に占める人数の割合と，総所得に占める所得の割合は同じになるからである。つまり，20%までの人の所得は全体の総所得の20%，52%までの人の所得は全体の52%，

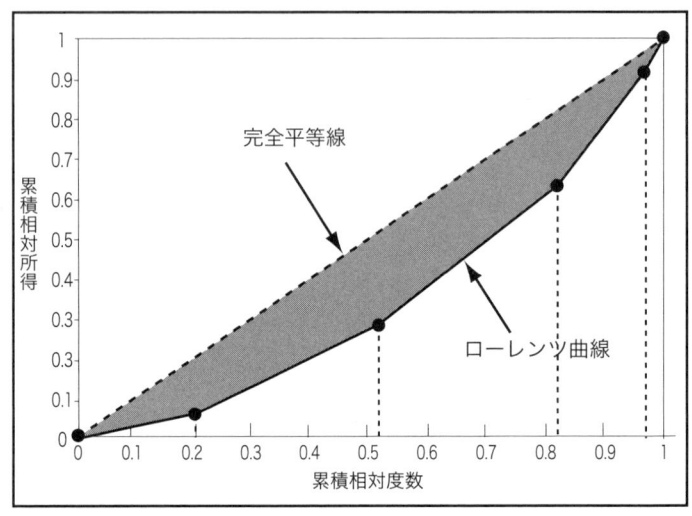

図 1.3 ローレンツ曲線

88%までの人は全体の 88%を占めることになるので，ローレンツ曲線は 45 度の直線になるのである．一方で，不平等度が高まるほどローレンツ曲線は完全平等線から離れていく．従って，完全平等線とローレンツ曲線で囲まれた斜線部分の面積が，不平等度を表していることが分かる．

この部分の面積は，完全平等線の下の三角形の面積から，ローレンツ曲線の下の部分の面積を引くことで求められる．

まず，ローレンツ曲線の下の部分の面積は，台形に分かれた面積の和として求められる（一番左のみ三角形）．すなわち，次のように計算することができる．

$$\frac{0.05 \times 0.2 + (0.05+0.29) \times 0.32 + (0.29+0.665) \times 0.3 + (0.665+0.91) \times 0.14 + (0.91+1) \times 0.04}{2}$$

これを計算すると，ローレンツ曲線の下側の面積は 0.3511 であることが分かる．

また，完全平等線の下側の三角形は，底辺 1・高さ 1 なので面積は 0.5 となる．よって，

$$0.5 - 0.3511 = 0.1489$$

が斜線部分の面積となる。

この斜線部分の面積が，完全平等線の下側の三角形の面積に占める割合を，ジニ係数と呼ぶ。ここでは，

$$\frac{0.1489}{0.5} = 0.2978$$

がジニ係数の値になる。

ジニ係数は0から1までの値をとり，0のとき完全に平等で，1に近づくほど不平等になる。ジニ係数は，所得格差や資産格差を表す指標として広く使われている。

## 1.2 平均値・中央値・最頻値

度数分布表やヒストグラムは，大まかにデータの分布の特徴を掴むことはできるが，受け取る印象は人それぞれになる可能性がある。そのために，統計量という客観的な基準によって分布の特徴を一つの数字で代表させるというのが，記述統計学の第二の方法である。

### ■ 平均値

平均値は，データの値の合計をデータの数で割ったものであり，

$$\bar{X} = \frac{X_1 + X_2 \cdots + X_n}{n}$$

と定義される。

前節の身長の例では，

$$\frac{156 + 160 + \cdots + 186 + 187}{30} = 172$$

となる。

10 第1部 統計・計量経済学の基礎

## ■ Σ (シグマ) 記号

統計学では，Σ（シグマ）記号というものを使って和を表示することが多い。Σ記号とは，次の計算を与える演算子である。

$$\sum_{i=1}^{n} x_i = x_1 + x_2 + \cdots + x_n$$

Σ記号の計算では，次の公式が成り立つ。

(1) $\sum_{i=1}^{n} ax_i = a \sum_{i=1}^{n} x_i$

証明：

$$\sum_{i=1}^{n} ax_i = ax_1 + ax_2 + \cdots + ax_n$$
$$= a(x_1 + x_2 + \cdots + x_n)$$
$$= a \sum_{i=1}^{n} x_i$$

(2) $\sum_{i=1}^{n} a = na$

証明：

$$\sum_{i=1}^{n} a = a + a + \cdots + a$$
$$= na$$

(3) $\sum_{i=1}^{n} (x_i + y_i) = \sum_{i=1}^{n} x_i + \sum_{i=1}^{n} y_i$

証明：

$$\sum_{i=1}^{n} (x_i + y_i) = (x_1 + y_1) + (x_2 + y_2) + \cdots + (x_n + y_n)$$
$$= (x_1 + x_2 + \cdots + x_n) + (y_1 + y_2 + \cdots + y_n)$$
$$= \sum_{i=1}^{n} x_i + \sum_{i=1}^{n} y_i$$

Σ記号を使うと，平均は次のように表せる。

$$\bar{x} = \frac{1}{n} \sum_{i=1}^{n} x_i$$

また，平均の定義を変形すると，

$$\sum_{i=1}^{n} x_i = n\bar{x}$$

となり，平均にデータの数をかけるとデータの値の総和が求まることが分かる。

■ 平均値の性質

(1) 全てのデータに定数 b を足すと，平均値は b 増える。

証明：
$$\frac{1}{n}\sum_{i=1}^{n}(x_i+b) = \frac{1}{n}\sum_{i=1}^{n}(x_i+b)$$
$$= \underbrace{\frac{1}{n}\sum_{i=1}^{n}x_i}_{\bar{x}} + \underbrace{\frac{1}{n}\sum_{i=1}^{n}b}_{nb}$$
$$= \bar{x}+b$$

(2) 全てのデータを a 倍すると，平均値は a 倍になる。

証明：
$$\frac{1}{n}\sum_{i=1}^{n}ax_i = \frac{1}{n}\sum_{i=1}^{n}ax_i$$
$$= a\underbrace{\frac{1}{n}\sum_{i=1}^{n}x_i}_{\bar{x}}$$
$$= a\bar{x}$$

(3) 2つのデータの和の平均値は，2つのデータのそれぞれの平均値の和に等しい。

証明：
$$\overline{x+y} = \frac{1}{n}\sum_{i=1}^{n}(x_i+y_i)$$
$$= \underbrace{\frac{1}{n}\sum_{i=1}^{n}x_i}_{\bar{x}} + \underbrace{\frac{1}{n}\sum_{i=1}^{n}y_i}_{\bar{y}}$$
$$= \bar{x}+\bar{y}$$

### ■ 中央値

データを値の大きさの順番に並べ，真ん中に位置する値を中央値（またはメディアン）という。例えば，1, 3, 4, 5, 7, 8, 9 というデータが与えられたとき，真ん中の 5 が中央値となる。また，データが 1, 3, 4, 5, 6, 7, 8, 9 という偶数の数で与えられた場合は，真ん中の 5 と 6 の平均値 $\frac{5+6}{2}$ が中央値になる。先の身長の例では，$\frac{171+172}{2} = 171.5$ が中央値となる。

### ■ 最頻値

最頻値（またはモード）とは，データの中で最も多く現れた値である。先の身長の例では，172cm が 3 人いるので，172cm が最頻値である。平均値や中央値と異なり，最頻値は 1 つに決まるとは限らない。例えば，1, 1, 1, 2, 3, 4, 4, 4, 7, 8 というデータが得られた場合，最頻値は 1 と 4 の 2 つになる。

## 1.3 分散と標準偏差

次のような 2 つのデータ，A と B があるとしよう。

A : 2, 3, 3, 5, 5, 5, 5, 7, 7, 8

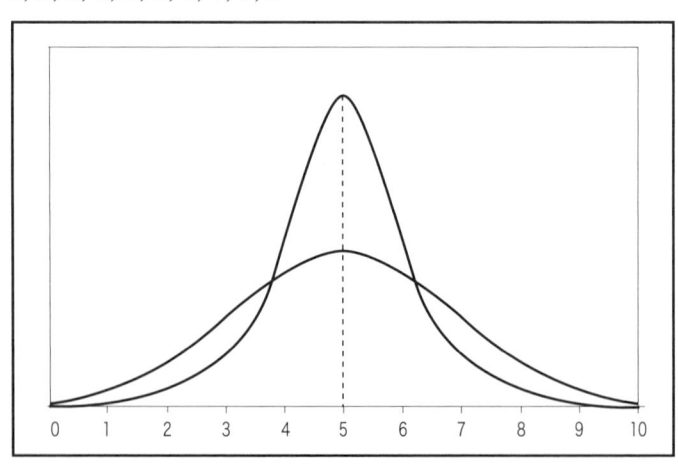

**図 1.4　A と B の分布の違い**

B : 1, 2, 3, 4, 5, 5, 6, 7, 8, 9

この 2 つのデータの平均値・中央値・最頻値はともに 5 であるが，分布の形は異なっている。A は B に比べて真ん中に固まって分布しているのである。

このように，平均値・中央値・最頻値はあくまで分布の中心を示す指標であり，それだけでは A と B の分布の違いを区別することができない。分布の特徴を掴むためには，分布の中心に加えて，散らばり具合の大きさも見る必要がある。

## ■ 分散

データの散らばり具合の指標が，分散と標準偏差である。分散は，個々のデータの平均からの差（偏差という）の二乗を足しあわせてデータの数で割ったもので，

$$\sigma^2 = \frac{(x_1 - \bar{x})^2 + (x_2 - \bar{x})^2 + \cdots + (x_n - \bar{x})^2}{n} = \frac{1}{n}\sum_{i=1}^{n}(x_i - \bar{x})^2$$

で定義される。

身長の例で言えば，

$$\frac{(156-172)^2 + (160-172)^2 + \cdots + (182-172)^2 + (186-172)^2}{30} = 51.54$$

が分散となる。なお，n で割らない $\sum_{i=1}^{n}(x_i - \bar{x})^2$ を全変動という。

なぜ偏差そのものではなく，偏差を二乗して足し合わせるかというと，もし偏差そのものを足し合わせてしまえば

$$\sum_{i=1}^{n}(x_i - \bar{x}) = \sum_{i=1}^{n}x_i - \sum_{i=1}^{n}\bar{x} = \sum_{i=1}^{n}x_i - n\bar{x}$$

となり，$\bar{x} = \frac{1}{n}\sum_{i=1}^{n}x_i$ だから $n\bar{x} = \sum_{i=1}^{n}x_i$ が成り立つので，

$$\sum_{i=1}^{n}(x_i - \bar{x}) = n\bar{x} - n\bar{x} = 0$$

となり，0 になってしまう。これは，平均よりも小さいデータと大きいデータの偏差が共に打ち消しあうからである。従って，二乗して偏差が打ち消し合わないようにして足し合わせるのである。

*14* 第1部 統計・計量経済学の基礎

## ■ 分散の簡便式

分散は，次の簡便式を使って計算すると便利である。

$$\sigma^2 = \frac{1}{n}\sum_{i=1}^{n} x_i^2 - \bar{x}^2$$

証明：

$$\sigma^2 = \frac{1}{n}\sum_{i=1}^{n}(x_i - \bar{x})^2$$

$$= \frac{1}{n}\sum_{i=1}^{n}(x_i^2 - 2x_i\bar{x} + \bar{x}^2)$$

$$= \frac{1}{n}\left(\sum_{i=1}^{n}x_i^2 - 2\bar{x}\underbrace{\sum_{i=1}^{n}x_i}_{n\bar{x}} + \underbrace{\sum_{i=1}^{n}\bar{x}^2}_{n\bar{x}^2}\right)$$

$$= \frac{1}{n}\sum_{i=1}^{n}x_i^2 - 2\bar{x}^2 + \bar{x}^2$$

$$= \frac{1}{n}\sum_{i=1}^{n}x_i^2 - \bar{x}^2$$

## ■ 分散の性質

(1) 全てのデータに定数 b を足しても，分散は変わらない。

証明：

$$\frac{1}{n}\sum_{i=1}^{n}[(x_i + b) - (\bar{x} - b)]^2 = \frac{1}{n}\sum_{i=1}^{n}(x_i + \underbrace{b - b}_{0} - \bar{x})^2$$

$$= \frac{1}{n}\sum_{i=1}^{n}(x_i - \bar{x})^2$$

$$= \sigma^2$$

(2) 全てのデータを a 倍すると，分散は $a^2$ 倍になる。

証明：

$$\frac{1}{n}\sum_{i=1}^{n}(ax_i - a\overline{x})^2 = \frac{1}{n}\sum_{i=1}^{n}[a(x_i - \overline{x})]^2$$

$$= \frac{1}{n}\sum_{i=1}^{n}a^2(x_i - \overline{x})^2$$

$$= a^2\frac{1}{n}\sum_{i=1}^{n}(x_i - \overline{x})^2$$

$$= a^2\sigma^2$$

■ **標準偏差**

分散の平方根をとったものを標準偏差と呼び,
$$\sigma = \sqrt{\sigma^2}$$
と表す。

身長の例で言えば,
$$\sqrt{51.54} = 7.18$$
が標準偏差になる。

また,前節におけるデータA,Bの標準偏差を計算すると,
$$\sigma_A = 2.19$$
$$\sigma_B = 2.45$$
となり,Bのデータの方が,標準偏差が大きいことが分かる。

統計分析を行う際は,どのようなデータに関しても,まずは平均値に加えて,分散・標準偏差までを見ることが必須である。

## 1.4 標準化

■ **標準化得点**

いま,データ $x_1, x_2, ..., x_n$ が与えられたとき,個々のデータ $x_i$ について,
$$z_i = \frac{x_i - \overline{x}}{\sigma}$$
という変換を行うと,$z_1, z_2, ..., z_n$ は平均=0,標準偏差=1(分散も1)の分布に

なる。このように，得られたデータの分布を平均 =0，標準偏差 =1 に変換する作業を標準化と呼び，$z_1, z_2, ..., z_n$ の数値を標準化得点と呼ぶ。この標準化得点を用いることで，異なるデータ同士を比較することが可能になる。

例えば，あるクラスにおける英語のテストの得点と数学のテストの得点が，英語は平均 80・標準偏差 10 点であり，数学は平均 70・標準偏差 5 点となっていたとしよう。ここで，A 君が英語で 90 点，数学で 80 点をとっていた場合，どちらがより優れたパフォーマンスを挙げたと言えるだろうか？

標準化得点を計算すると，

$$英語 : \frac{90 - 80}{10} = 1$$

$$数学 : \frac{80 - 70}{5} = 2$$

であり，数学の方が標準化得点が高い。これが何を意味するかと言うと，数学の方がよりクラスの他の人間と比べて高い点数を挙げたということである。

なお，大学入試などでは偏差値という基準がよく用いられるが，偏差値とは標準化得点を応用したもので，次のような形で求めている。

$$偏差値 = 50 + 標準化得点 \times 10$$

つまり，偏差値とは平均 =50，標準偏差 =10 になるようにデータを変換したものなのである。A 君の英語と数学の偏差値は，それぞれ 60 と 70 になり，数学の方が偏差値が高いことになるのである。

## 1.5 散布図

英語の得点と数学の得点の関係性について考えてみよう。このような 2 種類のデータが与えられて，その関係性を調べるときは，まず散布図を描くことから始めるのが定石である。

## ■ 散布図

散布図とは,2種類のデータ $x_1, x_2, ...., x_n$ と $y_1, y_2, ...., y_n$ があったとき, $(x_1, y_1), (x_2, y_2),...,(x_n, y_n)$ の点をそれぞれグラフ上にプロットしたものである。例えば,x軸に英語の得点,y軸に数学の得点をとったとき,A君が英語60点・数学70点であれば,x=60,y=70の点が1つプロットされる。

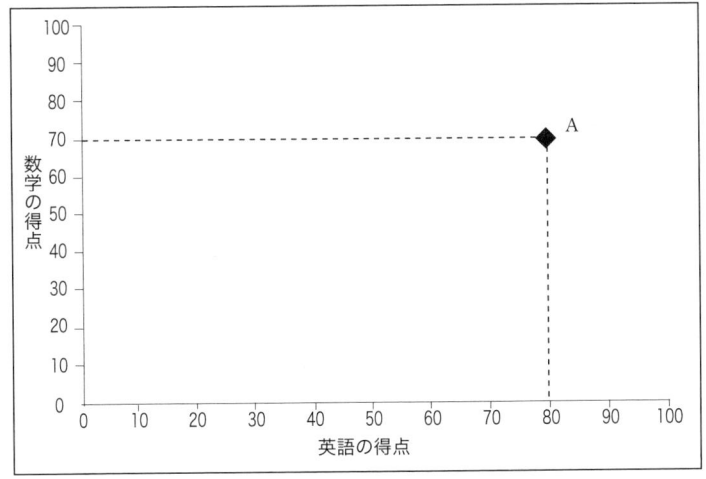

**図1.5 A君の点**

同様に,B君が英語80点・数学45点ならばx=80,y=45の点が,C君が英語40点・数学30点ならばx=40,y=30の点がプロットされていく。こうしてクラス全員の得点の組み合わせをプロットすれば,このクラスの英語と数学の得点の散布図が描ける。

*18* 第1部 統計・計量経済学の基礎

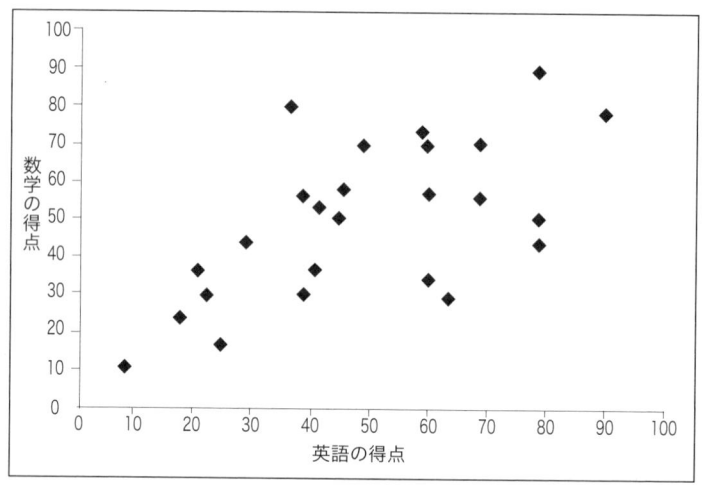

**図1.6　散布図**

## 1.6　共分散と相関係数

1種類のデータの分布の特徴を掴む場合は，平均値と分散・標準偏差が重要な統計量であったが，2種類のデータの関係性を調べる場合，共分散と相関係数が主な統計量となる。

### ■ 共分散

2種類のデータ $x_1, x_2, ...., x_n$ と $y_1, y_2, x...., y_n$ が与えられたとき，

$$\sigma_{xy} = \frac{(x_1 - \bar{x})(y_1 - \bar{y}) + (x_2 - \bar{x})(y_2 - \bar{y}) + \cdots + (x_n - \bar{x})(y_n - \bar{y})}{n} = \frac{1}{n}\sum_{i=1}^{n}(x_i - \bar{x})(y_i - \bar{y})$$

を共分散と呼ぶ。

共分散という名前の所以は，x=y のとき，

$$\sigma_{xx} = \frac{(x_1 - \bar{x})(x_1 - \bar{x}) + (x_2 - \bar{x})(x_2 - \bar{x}) + \cdots + (x_n - \bar{x})(x_n - \bar{x})}{n}$$

$$= \frac{(X_1 - \bar{X})^2 + (X_2 - \bar{X})^2 + \cdots + (X_n - \bar{X})^2}{n}$$

$$= \sigma_x^2$$

となり，分散と一致するからである。逆に言えば，分散とは同じデータ同士の共分散である。

共分散が一体何を表すのか，散布図を用いて考えてみよう。散布図に $x = \bar{x}$ と $y = \bar{y}$ の線を引き，次のように4つの領域に分ける。

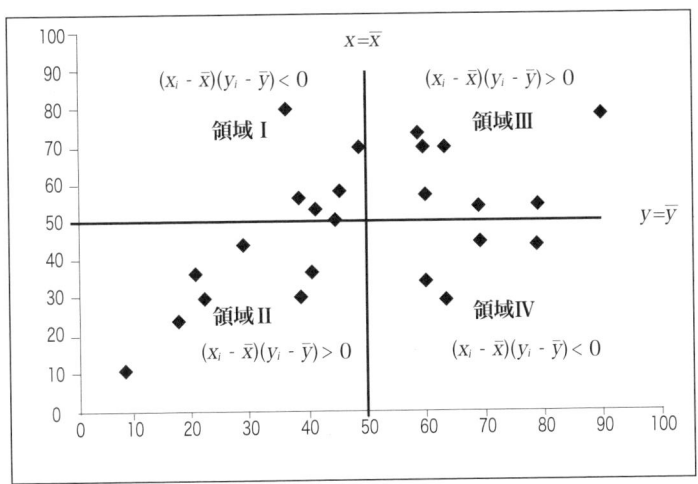

**図1.7　散布図の領域**

領域Iにある点は，$x_i - \bar{x}$ は負であり，$y_i - \bar{y}$ は正であるため，$(x_i - \bar{x})(y_i - \bar{y})$ は負となる。領域IIにある点は，$x_i - \bar{x}$ は負，$y_i - \bar{y}$ も負であるため，$(x_i - \bar{x})(y_i - \bar{y})$ は正となる。領域IIIの点は，$x_i - \bar{x}$ は正，$y_i - \bar{y}$ も正であるため，$(x_i - \bar{x})(y_i - \bar{y})$ は正となる。そして，領域IVの点は，$x_i - \bar{x}$ は正，$y_i - \bar{y}$ は負であるため，$(x_i - \bar{x})(y_i - \bar{y})$ は負となる。

よって，領域IIとIIIに多く標本点がある場合共分散は大きくなり，領域IとIVに多く標本点がある場合共分散は小さくなる。すなわち，共分散は，x

とyの線形関係の指標となるのである。

## ■ 共分散の簡便式

共分散の簡便式は，次のようになる。

$$\sigma_{xy} = \frac{1}{n}\sum_{i=1}^{n} x_i y_i - \overline{xy}$$

証明：

$$\begin{aligned}
\sigma_{xy} &= \frac{1}{n}\sum_{i=1}^{n}(x_i - \overline{x})(y_i - \overline{y}) \\
&= \frac{1}{n}\sum_{i=1}^{n}(x_i y_i - x_i \overline{y} - \overline{x} y_i + \overline{xy}) \\
&= \frac{1}{n}\left(\sum_{i=1}^{n} x_i y_i - \overline{y}\sum_{i=1}^{n} x_i - \overline{x}\sum_{i=1}^{n} y_i + \sum_{i=1}^{n}\overline{xy}\right) \\
&= \frac{1}{n}\sum_{i=1}^{n} x_i y_i - \overline{xy} - \overline{xy} + \overline{xy} \\
&= \frac{1}{n}\sum_{i=1}^{n} x_i y_i - \overline{xy}
\end{aligned}$$

## ■ 相関係数

共分散はそのままでは単位の影響を受けてしまう。例えば，英語の得点と数学の得点が100点満点の場合と，10点満点の場合では，例え同じように関係していても，100点満点の方が共分散が大きくなってしまうのである。そこで，単位の影響を受けないように共分散を標準化したものを相関係数と呼び，次のように定義される。

$$R = \frac{x\text{と}y\text{の共分散}}{x\text{の標準偏差}\times y\text{の標準偏差}} = \frac{\sigma_{xy}}{\sigma_x \sigma_y}$$

相関係数Rのとりうる範囲は $-1 \leq R \leq 1$ であり，$R > 0$ であれば$x$と$y$は正の相関をし，$R < 0$ ならば負の相関をしていることになる。また，$R = 1$ のとき正の完全相関，$R = -1$ のとき負の完全相関，$R = 0$ のとき無相関となる。

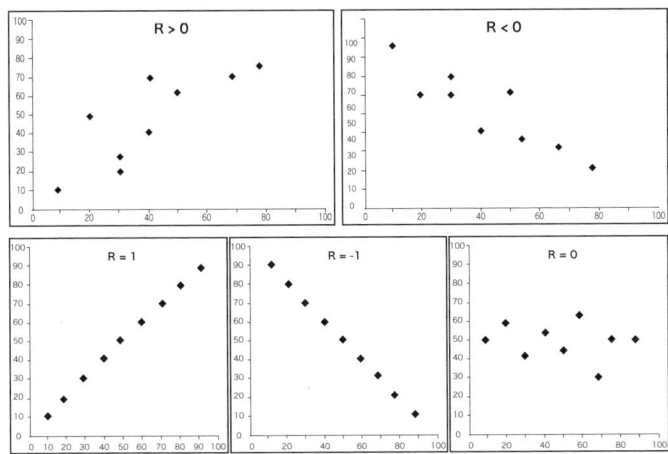

**図 1.8　相関係数と散布図**

# 第2章 確率論

## 2.1 確率変数と確率分布

### ■ 確 率

統計学や確率論では，結果として起こりうることを事象と呼ぶ。そして，ある事象が起こる可能性を0から1までの数値で表したものを確率という。例えば，さいころを1回投げた場合，起こりうる事象は，1の目が出る，2の目が出る，3の目が出るといったものの他に，偶数の目が出る，5以上の目が出るといった様々なものがある。そして，これらの事象の起こる確率は，それぞれ

・1の目が出る確率 = 1/6

・2の目が出る確率 = 1/6

・3の目が出る確率 = 1/6

・偶数の目が出る確率 = 1/2

・5以上の目が出る確率 = 1/3

となる。

### ■ 確率変数

確率を伴って，ある値をとる変数を確率変数と呼ぶ。また，確率変数がとる数値を実現値と呼ぶ。例えば，コインを投げて表が出れば1，裏が出れば0とした場合，それぞれが出る確率は1/2である。従って，このコインの表と裏に0と1を対応させたものは確率変数となり，0と1が実現値となる。

確率変数には2つの種類があり，離散型確率変数と連続型確率変数に区別

される。コインの裏表や、サイコロを投げた時に出る目の数字など、離散的な値をとる確率変数を離散型確率変数といい、身長や雨量など、確率変数が連続的な値をとる場合(測定尺度をいくらでも細かくできる場合)は連続型確率変数という。

## 2.2 離散型確率変数

### ■ 確率分布

ある離散型確率変数 X が、$x_i$ という実現値をとる確率を $P(x_i)$ と表す。この $P(x_i)$ はそれぞれの実現値に1つの確率を対応させるので、$P(x_i)$ を確率関数という。そして、この確率関数の形状を確率分布という。例えば、サイコロの出目を確率変数とすれば、1〜6までの出目に対してそれぞれ1/6の確率が割り振られるので、確率分布は次のように描ける。

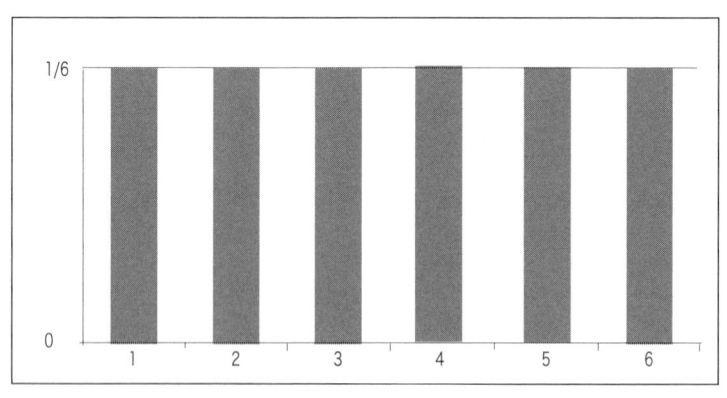

図2.1 サイコロの出目の確率分布

この場合、$P(x_i)$ は1〜6にそれぞれ1/6を与えるという関数になる。

また、サイコロを2つ振った場合の出目の和を確率変数とすれば、その場合の確率分布は次のようになる。

この場合、$P(x_i)$ は2に1/36, 7に1/6, 12に1/36を与えるという関数になる。

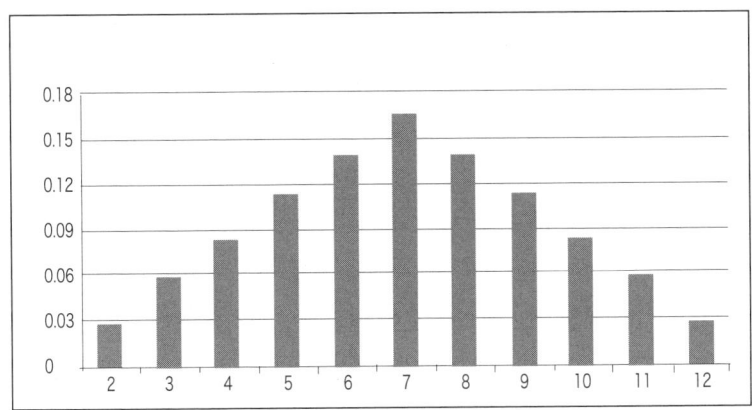

**図2.2 2つのサイコロの出目の和の確率分布**

なお，$P(x_i)$ には次の性質がある。
(1) $1 \geq P(x_i) \geq 0$（それぞれの実現値の確率は $0 \sim 1$ の間の値をとる）
(2) $\sum_{i=1}^{n} P(x_i)=1$ （全ての実現値の確率を足し合わせると1になる）

■ **離散型確率変数の平均値，分散，標準偏差**

確率変数 X の平均値あるいは期待値は E(X) で表され，次のように定義される。

$$E(X) = P(x_1)x_1 + P(x_2)x_2 + \cdots + P(x_n)x_n = \sum_{i=1}^{n} P(x_i)x_i$$

すなわち，確率変数の期待値とは，確率変数の実現値をそれぞれの確率で加重平均したものである。

次に，確率変数 X の分散は V(X) で表され，次のように定義される。

$$V(X) = P(x_1)(x_1 - E(X))^2 + P(x_2)(x_2 - E(X))^2 + \cdots + P(x_n)(x_n - E(X))^2 = \sum_{i=1}^{n} P(x_i)(x_i - E(X))^2$$

分散は，確率変数の実現値の期待値からの偏差の二乗を確率で加重平均したものとなる。また，$\sum_{i=1}^{n} P(x_i)(x_i - E(X))^2 = E[(X - E(X))^2]$ なので，

$$V(X) = E[(X - E(X))^2]$$

と書くこともできる。つまり，分散とは偏差の二乗の期待値である。

また，確率変数 X の標準偏差は Sd(X) と表され，次のように定義される。

$$Sd(X) = \sqrt{V(X)}$$

サイコロの出目の期待値，分散，標準偏差を求めると，次のようになる。

$$E(X) = \frac{1}{6} \cdot 1 + \frac{1}{6} \cdot 2 + \cdots + \frac{1}{6} \cdot 6 = 3.5$$

$$V(X) = \frac{1}{6}(1 - 3.5)^2 + \frac{1}{6}(2 - 3.5)^2 + \cdots + \frac{1}{6}(6 - 3.5)^2 = 2.917$$

$$Sd(X) = \sqrt{2.917} \approx 1.708$$

確率変数の平均値と分散においても，記述統計学の場合と同じく次の性質が成り立つ。

(1) 全ての確率変数の実現値に定数 b を加えた場合，平均値は b 増える一方，分散は変わらない。

$$E(X + b) = E(X) + b$$
$$V(X + b) = V(X)$$

(2) 全ての確率変数の実現値を a 倍した場合，平均値は a 倍になり，分散は $a^2$ 倍になる。

$$E(aX) = aE(X)$$
$$V(aX) = a^2 V(X)$$

(3) 2 つの確率変数の和の平均値は，それぞれの平均値の和に等しい。

$$E(X + Y) = E(X) + E(Y)$$

## 2.3 連続型確率変数

確率変数が連続した値をとる場合，一つの実現値に対して一つの確率を割り振ることはできない。例えば，次のように日本人男性の身長が分布していたとしよう。

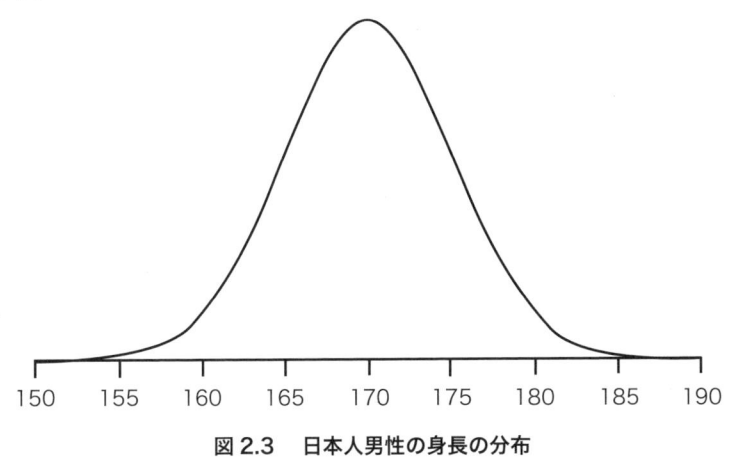

**図 2.3　日本人男性の身長の分布**

このとき，日本人男性の身長は 170 センチの周りに一番多く分布しており，無作為に通行人から一人日本人男性を選んで身長を測定すれば 170 センチである確率が最も高くなると思われるが，完全にピッタリ 170 センチの身長を持つ人間というのは奇跡でもない限りまず存在しえない。現実には，170.0001 センチだったり，169.9999 センチであったり，わずかに誤差が存在するだろう。そのため，ピッタリ一点に対応する確率は理論上ゼロと考えられる。よって，連続型確率変数においては，ピッタリ 1 点に確率を割り当てるのではなく，169.9 〜 170.1 の間のように，ある程度幅を持たせなければ確率を割り振ることはできない。つまり，ある $x_i$ という実現値に対して $P(x_i)$ という形で確率を与えるのではなく，ある a から b までの区間の実現値に対して，$P(a \leq x \leq b)$ という形で確率を与えることになるのである。

そして，連続型確率変数 X が，a から b までの区間の実現値をとる確率 $P(a \leq x \leq b)$ を，次のように与える関数 $f(x)$ を確率密度関数と呼ぶ。

$$P(a \leq x \leq b) = \int_a^b f(x)dx$$

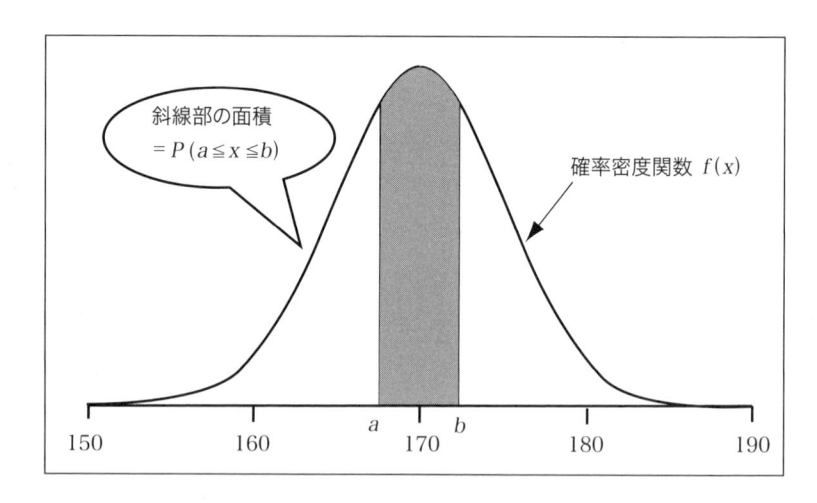

図 2.4 確率密度関数

図で見ると，曲線の形が確率密度関数 $f(x)$ に対応しており，$f(x)$ を a から b までの区間で積分した曲線下の面積が確率となる。a = b の場合はピッタリ一点の値をとることを意味するが，そのときの確率は

$$\int_a^a f(x)dx = 0$$

となることが分かる。また，面積が確率を表しているので，曲線下の全面積は 1 になる。

このように，連続型確率変数においては積分記号が出てくるので難しく感じるかもしれないが，実際にこの積分を自分で手計算しなければならないような事はまずないので安心してほしい。確率密度関数が曲線で表され，確率が面積で測られるということだけグラフを見て理解すれば十分である。

■ 連続型確率変数の期待値，分散，標準偏差

連続型確率変数の場合も，離散型確率変数の場合と同様に，期待値，分散，標準偏差が定義できる。連続型確率変数 $X$ が $-\infty$ から $+\infty$ までの値をとる場合，その期待値，分散，標準偏差はそれぞれ次のようになる。

$$E(X) = \int_{-\infty}^{\infty} f(x)x\,dx$$

$$V(X) = \int_{-\infty}^{\infty} f(x)(x - E(X))^2\,dx$$

$$Sdx(X) = \sqrt{V(X)} = \sqrt{\int_{-\infty}^{\infty} \{x - E(X)\}^2 f(x)\,dx}$$

離散型確率変数の $\Sigma$ がそのまま $\int$ になるだけで，意味することは離散型確率変数の場合と全く同じく，結局は確率変数の実現値を確率によって加重平均しているだけである。

## 2.4　正規分布と標準正規分布

■ 正規分布

次の確率密度関数を持つ確率分布を，正規分布と呼ぶ。

$$f(x) = \frac{1}{\sqrt{2\pi\sigma^2}} \cdot e^{-\frac{(x-\mu)^2}{2\sigma^2}}$$

正規分布とは，確率分布の中で最も代表的なものであり，身長，試験の成績，複数のサイコロの出目の和など，自然や社会で観測される様々なデータが正規分布することが知られている。

正規分布の平均と分散は，それぞれ

$$E(X) = \mu$$
$$V(X) = \sigma^2$$

となり，確率変数 $X$ が平均 $\mu$，分散 $\sigma^2$ の正規分布に従うことを

$$X \sim N(\mu, \sigma^2)$$

と表すことが多い。

正規分布は，下のような左右対称で単峰型（頂上が一つ）の釣鐘状の形をしている。

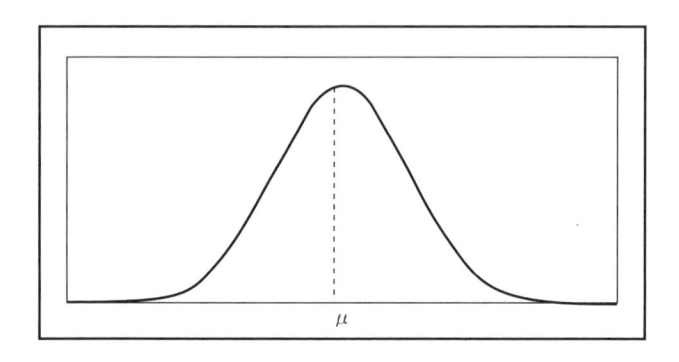

**図2.5　正規分布のグラフ**

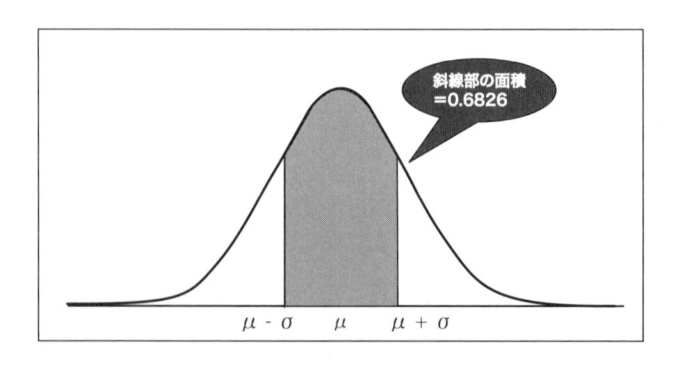

## ■ 正規分布の特徴

正規分布の性質として，次のようなものがある。

$$P(\mu - \sigma \leq X \leq \mu + \sigma) = 0.6826$$
$$P(\mu - 2\sigma \leq X \leq \mu + 2\sigma) = 0.9544$$
$$P(\mu - 3\sigma \leq X \leq \mu + 3\sigma) = 0.9973$$

グラフで書くと，次のようになる。

斜線部の面積 =0.6826

$\mu - \sigma$　$\mu$　$\mu + \sigma$

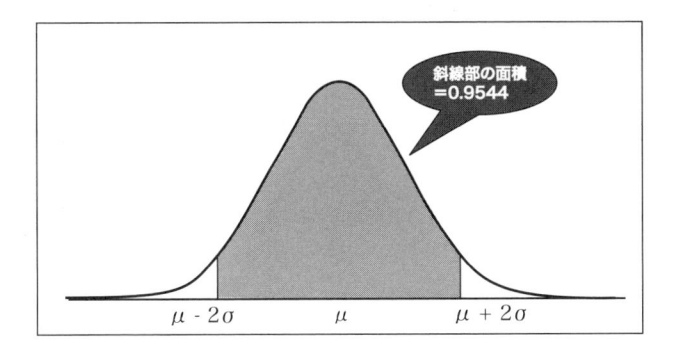

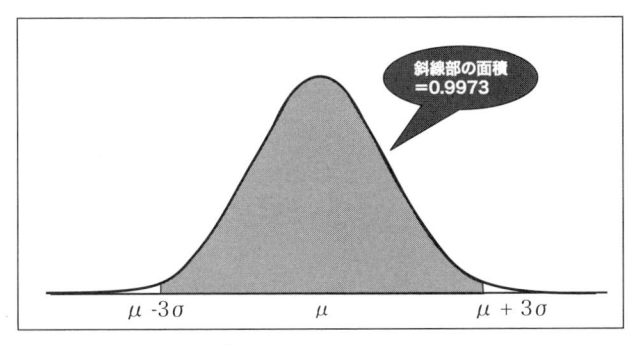

図 2.6 正規分布の特徴

　すなわち，確率変数が平均周りプラスマイナス 1 標準偏差の間の値をとる確率が 68.26%，2 標準偏差の間の値をとる確率が 95.44%，3 標準偏差の間の値をとる確率が 99.73% ということで，母集団が正規分布に従う場合，得られたデータのほとんどが 2 標準偏差の間には収まることを示している。

　例えば，日本人男性の身長が $N(172, 8^2)$ の正規分布に従って分布しているとすれば，156〜188cm の間に 95% 以上の人が入るということである。2 標準偏差内の範囲に収まるデータは月並みなものであり，2 標準偏差より外側にあるようなデータは稀なデータであると言ってよい。

■ **標準正規分布**

　期待値が，$\mu = 0$，分散が $\sigma^2 = 1$ となる正規分布を，標準正規分布と呼ぶ。

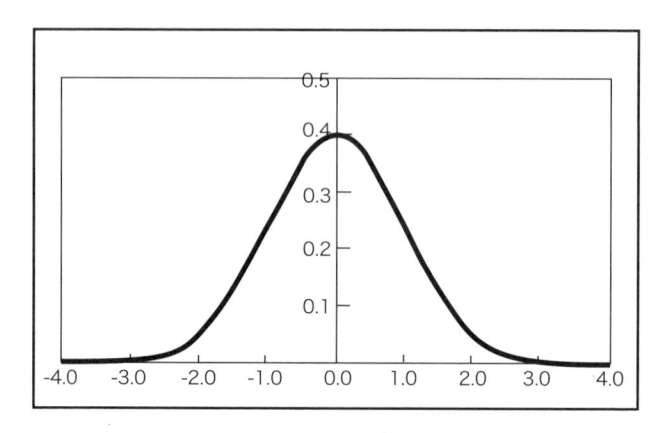

図 2.7　標準正規分布のグラフ

いま、確率変数 が正規分布に従うとき、

$$Z = \frac{X - \mu}{\sigma}$$

として標準化をすれば、$Z$ は標準正規分布に従う確率変数となり、確率密度関数は

$$f(z) = \frac{1}{\sqrt{2\pi}} \cdot e^{-\frac{1}{2}z^2}$$

となる。標準正規分布に従う確率変数は、

$$Z \sim N(0, 1)$$

と表す。

標準正規分布においては、

$$P(-1 \leq Z \leq 1) = 0.6826$$
$$P(-2 \leq Z \leq 2) = 0.9544$$
$$P(-3 \leq Z \leq 3) = 0.9973$$

となる。

標準化とは、とどのつまりはデータの値が平均値から標準偏差いくつ分離れているかを評価する数字なのである。

0.9544 や 0.9973 だと区切りが悪いので，切りを良くすると

$$P(-1.96 \leq Z \leq 1.96) = 0.95$$
$$P(-2.58 \leq Z \leq 2.58) = 0.99$$

となる。

つまり，標準偏差 1.96 個分の間に全データの 95% が収まり，標準偏差 2.58 個分の間に 99% が収まるということである。この性質は，推測統計において最も重要なものである。

# 第3章 推測統計

## 3.1 母集団と標本

われわれが，これから分析しようと思う集団全体を母集団と呼ぶ。たとえば，日本人の身長について調べたい場合は，日本人全体が母集団である。しかし，日本人全員の身長を全て一斉に調査することは非常に困難である。このような場合，母集団の中から一部だけを選び出して分析を行い，そこから母集団についての推測を行うというのが推測統計である。この分析のために母集団から選び出されるものを標本と呼び，母集団から標本を選ぶ作業を標本抽出と呼ぶ。統計学の用語として，標本とは一回の標本抽出で選び出されるデータ全体のことであり，一つ一つのデータをそれぞれ標本と呼ぶわけではないことに注意。また，標本のデータの数のことを，標本の大きさと言う。

記述統計と推測統計の最大の違いは，データを確率変数として捉える点である。n個のデータ $x_1, x_2, ..., x_n$ が標本として与えられた場合，それはn個の確率変数 $X_1, X_2, ..., X_n$ からそれぞれの実現値が観測されたものと考える。すなわち，推測統計においては，標本とは確率変数の集まりを指す。

### ■ 推測統計の手順

(1) 母集団から標本を抽出する。

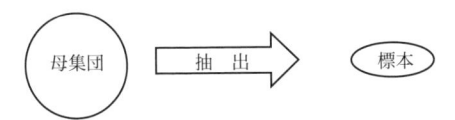

(2) 得られた標本の分布の特徴を調べ，そこから母集団の分布を推測する。

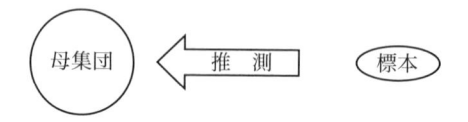

母集団 ⇐ 推　測　標本

### ■ 無作為抽出

推測統計においては，標本から母集団の特性を明らかにすることが目的となるので，抽出の仕方に気をつけなくてはならない。例えば，日本人の平均所得を調べようとするとき，六本木ヒルズの住人だけを標本として抽出しても，それは明らかに不適切である。日本人で六本木ヒルズに住める人間などほんの一握りの高所得者に限られるからだ。そのため，母集団の分布の特徴をうまくつかむためには，特定のグループに偏ることなく，母集団の中から満遍なく平等に標本抽出を行わなければならないのが原則である。これを無作為抽出という。

厳密には，無作為抽出とは，標本 $X_1, X_2, ..., X_n$ がそれぞれ独立な確率変数であることを意味する。独立とは，確率変数がお互いに影響を与えないということで，例えば100回サイコロを投げたとき，それぞれの出目が他の出目に影響を与えることはない。つまり，サイコロの出目はそれぞれ独立である。従って，標本抽出にあたってはサイコロを振るようにして母集団の中から毎回独立にデータを選ばなければならない。日本人の平均所得を調べる際に，たまたま高級マンションの住人を選ぶのは良いが，次のデータを得る時に恣意的に隣の部屋の住人を選んだ場合は後の結果が前の結果に影響されてしまっているため，独立ではなくなる。

また，当然のことながら，標本は同じ母集団の中から選ばれなくてはいけない。10歳児の平均身長を調べる際，18歳が混じっていてはいけないし，日本人の平均所得の調査の際に他国の発展途上国の住人のデータが入っていてはいけない。これは，標本 $X_1, X_2, ..., X_n$ が同じ確率分布に従ってなくてはいけないということである。

以下では，標本は同一の確率分布の下で，独立に抽出されたものとして議論

を行う[1]。

## 3.2 母数と推定量

### ■ 母数

母数とは，母集団の分布の特徴となる値のことで，つまりは
- 母平均・・・母集団の平均値 $\mu$
- 母分散・・・母集団の分散 $\sigma^2$

などの母集団の統計量である。
推測統計においては，この母数を標本から推測することが目的となる。

### ■ 推定量

推定量とは，母数を標本から推測するための統計量である。記述統計における平均値と分散は，それぞれ

$$\bar{X} = \frac{X_1 + X_2 + \cdots + X_n}{n}$$

$$\sigma^2 = \frac{(X_1 - \bar{X})^2 + (X_2 - \bar{X})^2 + \cdots + (X_n - \bar{X})^2}{n}$$

であった。平均値も分散も，データ $X_1, X_2, X,..., X_n$ が与えられれば，何か１つの数値が得られることになる。このように，統計量はデータが与えられれば１つの値が出てくるデータの関数になっているのである。

記述統計においては，母集団全体のデータが得られた下で，母集団の分布の特徴を記述するだけだから，単純に上の式に従って，平均と分散を計算すれば良いだけであった。しかし，推測統計においては，あくまで得られたデータは母集団の一部の標本であって，標本から平均や分散を出しても，それが母集団の真の平均や分散になっているかは分からない。推測統計においては，標本の

---
[1] このように，同一で独立な確率分布に従うことを，i. i. d.(independently identically distributed) と呼ぶ。

統計量と，母集団の真の統計量が異なる可能性があるところに，記述統計との違いがある。推測統計の目的は，あくまで標本から母数を推定することにあるので，母数の推定のために使う統計量を特に推定量と呼ぶのである。また，推定量に標本のデータの値を入れて具体的な数値を出したものを推定値と呼ぶ。

データは確率変数であるために，その関数である推定量も確率変数になることに注意しよう。例えば，日本人男性の平均身長を調べるために，道行く人から10人を標本として選び，その平均身長を測ったとする。このとき，調査を行うたびに出てくる平均身長は異なる。例え無作為抽出であっても，たまたま小さい人を多く選んでしまうこともあるだろうし，逆に大きい人ばかり選んでしまうこともあるだろう。そのため，この調査を繰り返し何回も行ったとすれば，身長の標本平均もまた様々な値をとって確率分布することは想像がつく。

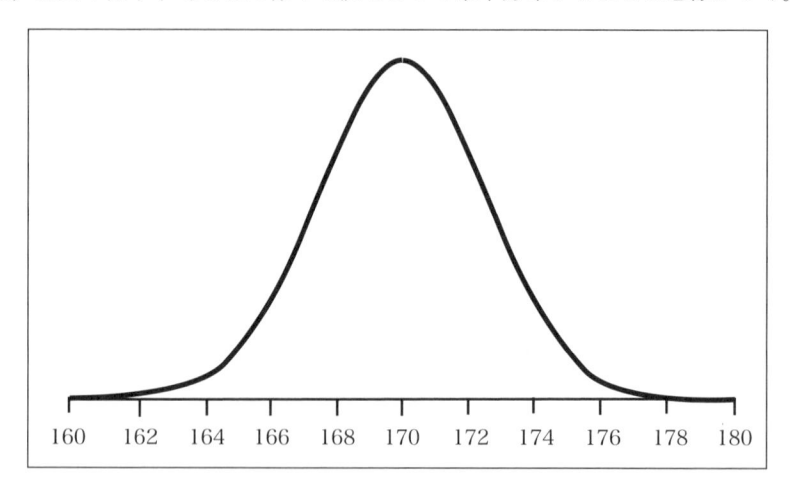

**図 3.1　身長の調査を繰り返し行った場合の標本平均の分布**

日本人全体の身長が確率分布していると同様に，その母数の推定のために行った調査によって得られた身長の平均値もまた確率分布する。様々なデータの実現値が確率を伴って生じるわけだから，その関数である推定量もまた確率変数になるのである。

## 3.3 標本平均と標本分散

推定量の代表的なものに，標本平均と標本分散がある。

### ■ 標本平均

標本 $X_1, X_2, ..., X_n$ が与えられた時，その標本平均は次のように定義される。

$$\bar{X} = \frac{X_1 + X_2 + \cdots + X_n}{n} = \frac{1}{n} \sum_{i=1}^{n} X_i$$

見れば分かるように，記述統計のときの平均値と同じである。違いは，母集団の全ての標本から計算されるものが記述統計のときの平均値であり，母集団の一部の標本から計算されるものがこの標本平均ということである。そのため，記述統計の平均値を，標本平均と区別して全標本平均と呼んだりする。

先に述べたように，標本平均は確率分布するため，平均値や分散を考える必要がある。

母集団の分布が平均，分散 である場合，その標本平均の平均値と分散は，

$$E(\bar{X}) = \mu$$

$$V(\bar{X}) = \frac{\sigma^2}{n}$$

となることが知られている。

従って，標本平均の分布は，母集団の分布と平均が同じで，分散が 1/n の分布になる。身長の例では，母集団の分布と標本平均の分布は次のようになる。なお，母集団が正規分布の場合，その標本平均も正規分布するという性質がある。

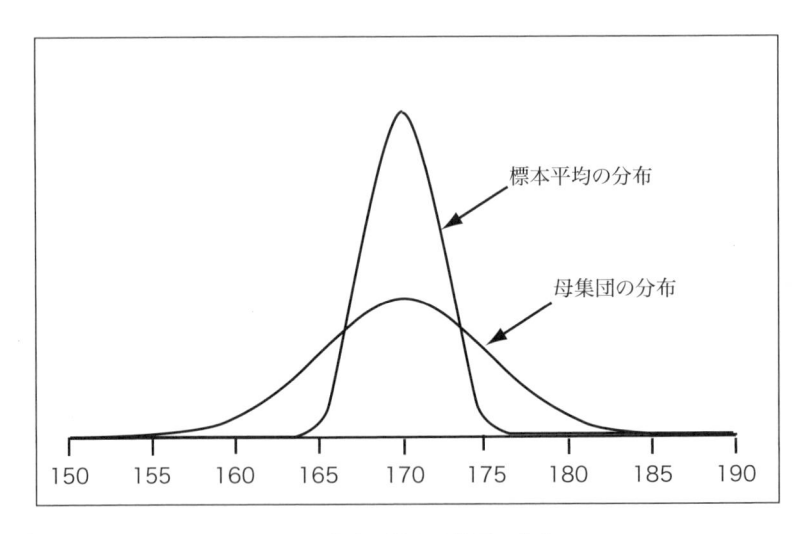

図3.2 標本平均と母集団の分布

$E(\bar{X}) = \mu$ というのは，平均的に標本平均は母集団の平均と一致するということである。平均の平均などと言われると混乱するが，次のように整理していこう。

まず，母集団の母平均を求めるために，標本をとってきて標本平均を求める。この標本平均は，必ずしも母平均そのものと一致するとは限らない。無作為に10人集めたとしても，そこでの平均身長が日本国民全体の平均身長とピッタリ一致することはよほどの偶然でもない限りあり得ないからである。しかし，この作業を何回も繰り返していけば，調査結果の平均は真の平均と大体等しくなるということである。

このように，推定量の平均値が母集団の平均値と等しいことを不偏性と呼ぶ。

## ■ $E(\bar{X}) = \mu$ となることの証明

$$E(\bar{X}) = E\left[\frac{1}{n}\sum_{i=1}^{n} X_i\right]$$

$$-\frac{1}{n}E[X_1+X_2+\cdots+X_n]$$

$$=\frac{1}{n}[E(X_1)+E(X_2)+\cdots+E(X_n)]$$

$$=\frac{1}{n}\sum_{i=1}^{n}\underbrace{E(X_i)}_{\mu}$$

$$=\frac{1}{n}\underbrace{\sum_{i=1}^{n}\mu}_{n\mu}$$

$$=\mu$$

証明にあたっては，標本は全て母集団と同じ確率分布に従う確率変数であるために，平均値も同じであることと，平均値の公式から $E[X_1+X_2]=E(X_1)+E(X_2)$ となることを利用している。

### ■ 標本分散

標本 $X_1, X_2, ..., X_n$ が与えられた時，その標本分散は次のように定義される。

$$s^2=\frac{(X_1-\bar{X})^2+(X_2-\bar{X})^2+\cdots+(X_n-\bar{X})^2}{n-1}=\frac{1}{n-1}\sum_{i=1}^{n}(X_i-\bar{X})^2$$

また，標本標準偏差は $s=\sqrt{s^2}$ として定義される。

標本平均は記述統計における平均値と同じものであったが，標本分散は記述統計における分散（全標本分散）と異なっている。具体的には，記述統計における分散は偏差の二乗和をnで割っていたのに，標本分散は n - 1 で割っている。これは，記述統計における分散をそのまま使うと不偏性を満たさないからである。これを確かめてみよう。

$$
\begin{aligned}
E(s^2) &= E\left[\frac{1}{n-1}\sum_{i=1}^{n}(X_i - \bar{X})^2\right] \\
&= \frac{1}{n-1}E\left[\sum_{i=1}^{n}\underbrace{\{(X_i - \mu) - (\bar{X} - \mu)\}^2}_{\mu\text{を足して引く}}\right] \\
&= \frac{1}{n-1}E\left[\sum_{i=1}^{n}\{(X_i - \mu)^2 - 2(X_i - \mu)(\bar{X} - \mu) + (\bar{X} - \mu)^2\}\right] \\
&= \frac{1}{n-1}E\left[\sum_{i=1}^{n}(X_i - \mu)^2 - 2(\bar{X}_i - \mu)\underbrace{\sum_{i=1}^{n}(X - \mu)}_{\sum X_i - \sum \mu = n\bar{X} - n\mu} + \underbrace{\sum_{i=1}^{n}(\bar{X}_i - \mu)^2}_{n(\bar{X} - \mu)^2}\right] \\
&= \frac{1}{n-1}E\left[\sum_{i=1}^{n}(X_i - \mu)^2 - 2(\bar{X}_i - \mu)\underbrace{\left\{\sum_{i=1}^{n}X_i - \sum_{i=1}^{n}\mu\right\}}_{n\bar{X}_i - n\mu = n(\bar{X} - \mu)} + n(\bar{X}_i - \mu)^2\right] \\
&= \frac{1}{n-1}E\left[\sum_{i=1}^{n}(X_i - \mu)^2 - 2n(\bar{X} - \mu)^2 + n(\bar{X} - \mu)^2\right] \\
&= \frac{1}{n-1}E\left[\sum_{i=1}^{n}(X_i - \mu)^2 - n(\bar{X} - \mu)^2\right] \\
&= \frac{1}{n-1}E\left[\sum_{i=1}^{n}(X_i - \mu)^2\right] - \frac{n}{n-1}\underbrace{E[(\bar{X} - \mu)^2]}_{\bar{X}\text{の分散} = \sigma^2/n} \\
&= \frac{1}{n-1}\left[\sum_{i=1}^{n}\underbrace{E(X_i - \mu)^2}_{\sigma^2}\right] - \frac{1}{n-1}\sigma^2 \\
&= \frac{n}{n-1}\sigma^2 - \frac{1}{n-1}\sigma^2 \\
&= \frac{n-1}{n-1}\sigma^2 \\
&= \sigma^2
\end{aligned}
$$

以上より，標本分散の平均値は母集団の真の分散と等しくなる。もし標本分散

ではなく，記述統計における分散を使うと，その平均値は$\frac{n-1}{n}\sigma^2$となり，真の分散よりも小さくなってしまうことが上の計算式から分かる。このため，nではなくn - 1で割るのである。

## 3.4 推 定

　標本を抽出し，得られたデータから母集団の分布を推測することを推定という。母集団の分布は，確率密度関数の形，及び母数によって決まる。例えば，母集団が正規分布に従っているのならば，確率密度関数は

$$f(x) = \frac{1}{\sqrt{2\pi\sigma^2}} \cdot e^{\frac{(x-\mu)^2}{2\sigma^2}}$$

で与えられた。あとは母数の母平均$\mu$と母分散$\sigma^2$が決まれば，母集団の分布が完全に分かることになる。

　言い換えれば，推定とは，データからこの母集団の確率密度関数を推測する作業である。母集団が正規分布に従っているとは限らないので，本来ならば確率密度関数の形も推定することが理想だが，これは非常に難しい。よって，ここでは母集団の確率密度関数は正規分布であるという前提のもと，母平均を推定するやり方を解説する。

### ■ 母平均の推定（分散が既知）

　いま，日本人男性の身長の平均値を推定したいとする。このとき，日本人男性の身長は正規分布に従い，分散は25と分かっているとする。分散が分からない場合は後述する。無作為に25人を標本抽出した結果，標本平均は174cmであった。このとき，母平均はどのように推定されるだろうか。

#### (1) 点推定

　母平均を推定するにあたり，差し当たってはこの標本平均の174cmを日本人男性の平均身長の推定値とすることが考えられる。このように，推定量を用

いて一つの値を計算することを点推定と呼ぶ。

### (2) 区間推定

点推定とは，単に標本平均や標本分散を計算するだけである一方で，母数の入る区間を推定することを，区間推定と呼ぶ。

母集団が平均 $\mu$，分散 $\sigma^2$ の正規分布に従って分布している場合，その標本平均は平均 $\mu$，分散 $\sigma^2/n$（標準偏差 $\sigma^2/\sqrt{n}$）の正規分布に従うので，標準化した $\dfrac{\bar{X} - \mu}{\sigma/\sqrt{n}}$ は標準正規分布に従う。

標準正規分布の性質より

$$P\left(-1.96 \leq \dfrac{\bar{X} - \mu}{\sigma/\sqrt{n}} \leq 1.96\right) = 0.95$$

$$P\left(-2.58 \leq \dfrac{\bar{X} - \mu}{\sigma/\sqrt{n}} \leq 2.58\right) = 0.99$$

が成り立つ。

ここで，$-1.96 \leq \dfrac{\bar{X} - \mu}{\sigma/\sqrt{n}} \leq 1.96$ を変形すると，

$$\underbrace{-1.96 \, \dfrac{\sigma}{\sqrt{n}} \leq \bar{X} - \mu \leq 1.96 \, \dfrac{\sigma}{\sqrt{n}}}_{\text{全てに } \frac{\sigma}{\sqrt{n}} \text{ をかけた}}$$

$$\underbrace{-\bar{X} - 1.96 \, \dfrac{\sigma}{\sqrt{n}} \leq -\mu \leq -\bar{X} + 1.96 \, \dfrac{\sigma}{\sqrt{n}}}_{\text{全てから } \bar{X} \text{ を引いた}}$$

$$\underbrace{X + 1.96 \, \dfrac{\sigma}{\sqrt{n}} \geq \mu \geq \bar{X} - 1.96 \, \dfrac{\sigma}{\sqrt{n}}}_{\text{全てにマイナスをかけた（不等号が逆転する）}}$$

となるため，

$$P(\bar{X} - 1.96 \frac{\sigma}{\sqrt{n}} \leqq \mu \leqq \bar{X} + 1.96 \frac{\sigma}{\sqrt{n}}) = 0.95$$

と書くことができる。

　従って、標本平均と母分散（及び標本の大きさ）から、母平均 $\mu$ が入る範囲の確率が分かる。すなわち、母平均は 95% の確率で $\bar{X} - 1.96 \frac{\sigma}{\sqrt{n}} \leqq \mu \leqq \bar{X} + 1.96 \frac{\sigma}{\sqrt{n}}$ の間に入る。同様に、$\bar{X} - 2.58 \frac{\sigma}{\sqrt{n}} \leqq \mu \leqq \bar{X} + 2.58 \frac{\sigma}{\sqrt{n}}$ の間には 99% の確率で入ることになる。

　このように、母数が a から b までの区間に入る確率が $1 - \alpha$ であった場合、

$$P(a \leqq 母数 \leqq b) = 1 - \alpha$$

と書ける。この a から b の区間を $1 - \alpha$ 信頼区間と呼び、$\alpha$ を有意水準と呼ぶ。

　例えば、$P(160 \leqq 母数 \leqq 180) = 0.95$ であったならば、160～180 を 95% 信頼区間と呼び、有意水準は 5% となる。

　日本人男性の平均身長を推定するうえでは、標本平均は 174、母標準偏差は 5、標本の大きさは 25 であったから、

$$P(174 - 1.96 \underbrace{\frac{5}{\sqrt{25}}}_{1} \leqq \mu \leqq 174 + 1.96 \underbrace{\frac{5}{\sqrt{25}}}_{1}) = 0.95$$

$$P(174 - 1.96 \leqq \mu \leqq 174 + 1.96) = 0.95$$

$$P(172.04 \leqq \mu \leqq 176.96) = 0.95$$

となり、日本人男性の平均身長は 95% の確率で 172.04cm ～ 175.96cm の間に入ることが分かる。

　また、信頼区間を 99% とすれば、

$$P(174 - 2.58 \frac{5}{\sqrt{25}} \leqq \mu \leqq 174 + 2.58 \frac{5}{\sqrt{25}}) = 0.99$$

$$P(174 - 2.58 \leqq \mu \leqq 174 + 2.58) = 0.99$$

$$P(171.42 \leqq \mu \leqq 176.58) = 0.99$$

となり、99% の確率で日本人男性の平均身長は 171.42～176.58cm の間にあることになる。

## ■ 母平均の推定（分散が未知）

先の例では，分散が分かっているものとして推定を行ったが，実際は平均が分かっていないのに分散だけは分かっているということは稀であろう。従って，分散も分からない場合の推定を考える必要がある。母分散が分からない場合は，標本分散を使って推定を行うことになる。

$\dfrac{\bar{X} - \mu}{\sigma / \sqrt{n}}$ は標準正規分布に従ったが，母標準偏差を標本標準偏差に置き換えた

$$\dfrac{\bar{X} - \mu}{s / \sqrt{n}}$$

は，自由度 n - 1 の t 分布という確率分布に従うことが知られている。ここでは自由度の意味については詳しく述べないが，差し当たりは「自由度＝データの数 - 1」と考えれば良い。標本分散を n - 1 で割るのも，この自由度のためである。

t 分布は，標準正規分布と非常によく似た形になる。

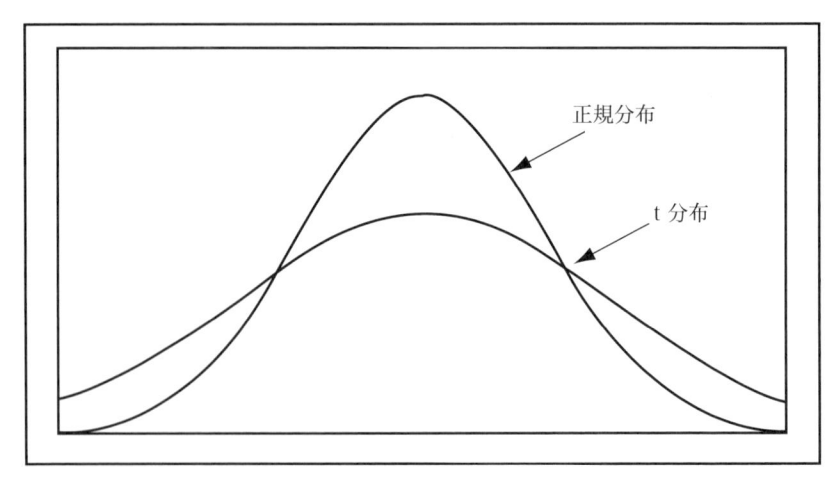

図 3.3 正規分布と t 分布

t 分布は，標準正規分布よりも広がりが大きい形になるが，自由度が大きくなるほど（データの数が増えるほど），標準正規分布に近づき，自由度が 30 以上

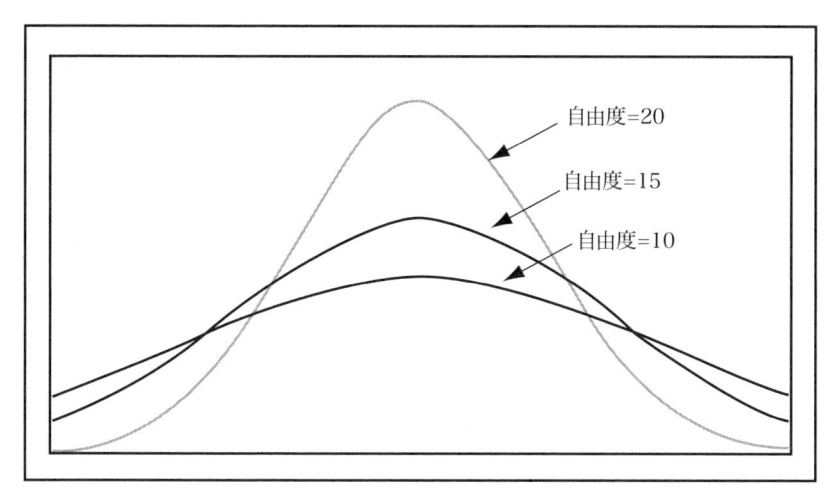

図3.4 自由度の違い

になると標準正規分布とほぼ一致する。

先の例では、標本の数は25であったので、自由度は2になる。確率変数T が自由度24のt分布に従う場合、

$$P(2.06 \leq T \leq 2.06) = 0.95$$

となる。よって、$T = \dfrac{\bar{X} - \mu}{\dfrac{s}{\sqrt{n}}}$ とすれば、

$$P(2.06 \leq \dfrac{\bar{X} - \mu}{\dfrac{s}{\sqrt{n}}} \leq 2.06) = 0.95$$

$$P(\bar{X} - 2.06 \dfrac{s}{\sqrt{n}} \leq \mu \leq \bar{X} + 2.06 \dfrac{s}{\sqrt{n}}) = 0.95$$

となる。データから標本平均は174であり、標本分散が36(標準偏差6)と計算されたとすれば、

$$P(174 - 2.06 \underbrace{\dfrac{6}{\sqrt{25}}}_{1.2} \leq \mu \leq 174 + 2.06 \underbrace{\dfrac{6}{\sqrt{25}}}_{1.2}) = 0.95$$

$$P(174 - 2.472 \leq \mu \leq 174+2.472) = 0.95$$
$$P(171.528 \leq \mu \leq 176.472) = 0.95$$

従って，日本人男性の平均身長は95%の確率で171.528cm～176.472cmの間に入ると推定された。

## 3.5 仮説検定

仮説検定とは，母数の値についての仮説を立て，その仮説が統計的に妥当か否かを判断することである。例えば，日本人男性の平均身長は172cmという仮説を立てたとしよう。そして，データを集めて区間推定を行った結果，

$$P(171.5 \leq \mu \leq 176.5) = 0.95$$

という結果が得られたとする。

このとき，172cmという仮説は，95%信頼区間（有意水準5%）の中に入るので，それなりに妥当と言える。

一方で，170cmという仮説を立てた場合，これは95%信頼区間に入らない。このとき，二つの考え方がある。一つは，平均身長は本当は170cm程度なのだが，たまたま身長の高い人を集めてしまって標本平均を計算してしまったというもので，もう一つは平均が170cmという仮説が正しくないというものである。統計学では，170cmという仮説が正しくないという判断の方を採用する。

このように，仮説を立てた上で区間推定を行ない，その仮説が統計的に妥当か否かを判断することが仮説検定である。なお，確かめたい仮説（$\mu = 170$）のことを帰無仮説と呼び，そうでない場合に成り立つ仮説（$\mu \neq 170$）を対立仮説と呼ぶ。そして，帰無仮説が妥当でないと判断する場合，仮説を棄却するという。帰無仮説が棄却された場合，対立仮説が採択されることになる。逆に，帰無仮説が棄却されない場合は，帰無仮説が採択されることになる。

さて，先では信頼区間を95%にしたが，信頼区間が99%の場合は次のようになったとする。

$$P(169.8 \leq \mu \leq 178.2) = 0.99$$

この場合，身長 170cm という仮説は信頼区間に入るので棄却できない。つまり，信頼区間を 95% ととった場合は $\mu = 170$ という帰無仮説は棄却できるが，信頼区間を 99% ととった場合は $\mu = 170$ という帰無仮説は棄却できなくなる。このように，信頼区間によって仮説が棄却できるかは変わってしまうため，あくまでどの範囲の信頼区間でならば仮説が棄却できるのかを示す必要がある。

　信頼区間が 95% で帰無仮説が棄却できる場合，有意水準は 5% なので，この仮説は有意水準 5% で棄却されるという。信頼区間が 99% で棄却できる場合は，有意水準 1% で棄却されるという。従って，$\mu = 170$ という帰無仮説は，有意水準 5% では棄却されるが，有意水準 1% では棄却されないことになる。

　仮説検定を行う際にどのような有意水準を設定するかは分析者によるが，大体 5% 以下の有意水準ならば妥当であると判断され，1% 以下であればほぼ間違いないと判断される。分析によっては 10% まで許容することもあるが，それ以上になると統計学的に妥当とは言い難い。

# 第4章 回帰分析

## 4.1 単回帰分析

回帰分析は，2つ，もしくはそれ以上の数の変数の間の関係を考察するものである。

例えば，ある学校の生徒の5段階評価での成績と，親の年収のデータから散布図を書いたとき，次のようになったとする。

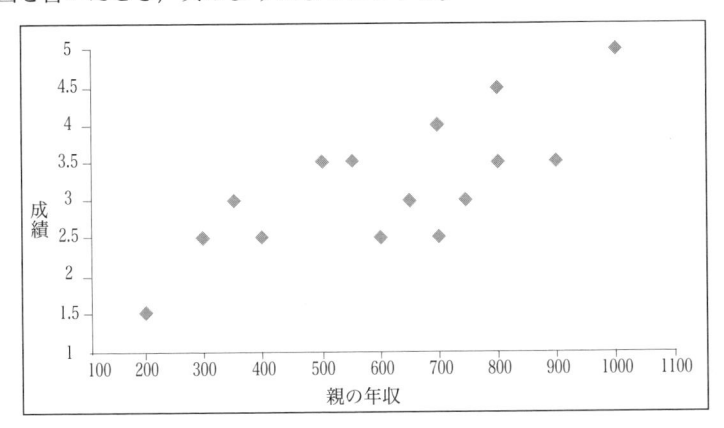

**図 4.1 成績と親の年収**

成績と親の年収の間にはある程度の相関関係があることが見てとれるが，回帰分析においてはより具体的に X と Y の関係を

$$Y_i = \alpha + \beta X_i + u_i \quad (i = 1, 2, \ldots, n)$$

という明確な関係式で表すことを考える。$u_i$ は誤差項と呼ばれ，平均 0，分散 $\sigma^2$ で，各々（$i = 1, 2, \ldots, n$）の間で独立な確率変数である。X と Y が完全に

$Y_i = \alpha + \beta X_i$ という一次式で表されることは散布図の点が一直線に並んでいる場合(相関係数が±1)でない限りはあり得ないので,このような誤差項を導入するのである。このような方程式を,回帰方程式と呼ぶ。

ここで,親の年収は教育投資などを通じて子供の成績に影響を与えるだろうことは容易に想像がつくが,子供の成績が親の給料に影響を与えるということは通常ないだろう。従って,親の年収は原因であり,成績は結果であるとみなせる。いま,Xが原因で,Yが結果だとすれば,Xを独立変数または説明変数と呼び,Yを従属変数または被説明変数と呼ぶ。

このように,XとYの単なる相関関係ではなく,因果関係を考え,YがXによってどれだけ説明できるかを考えるのが回帰分析の主な目的である。もちろん,成績に影響を与える変数は親の所得だけではなく,他にも様々な要因が考えられるが,これら他の要因の影響は誤差項によって吸収されることになる。説明変数が1つの場合を単回帰分析と呼び,説明変数が複数ある場合を重回帰分析と呼ぶ。

### ■ 直線の当てはめと残差

XとYの関係を考えるために,散布図における最も当てはまりの良い直線というものを考えよう。最も当てはまりが良い直線ということは,最もXと

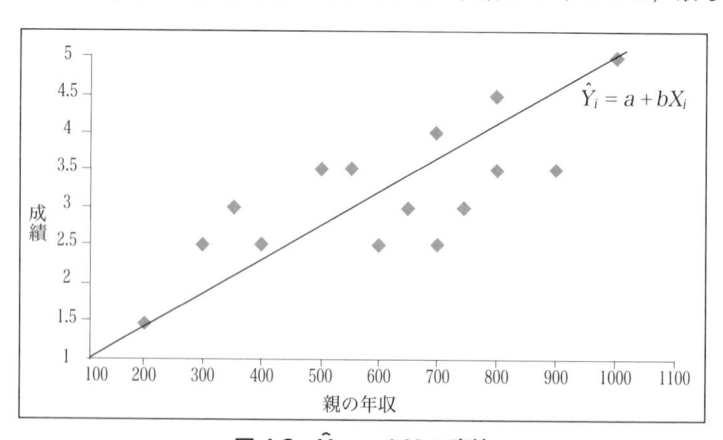

図 4.2　$\hat{Y}_i = a+bX_i$ の直線

Yの関係をうまく表す直線ともいえるだろう。このような直線を回帰直線と呼ぶ。

いま，回帰方程式の定数項と傾きに具体的な値を与えて，それをa，bと表すとしよう。このとき，散布図に前ページ図のような直線を引くことができる。

データは一直線上に並んでいるわけではないので，直線と散布図の点の間には乖離がある。直線から散布図の点までの距離を残差と呼ぶ。

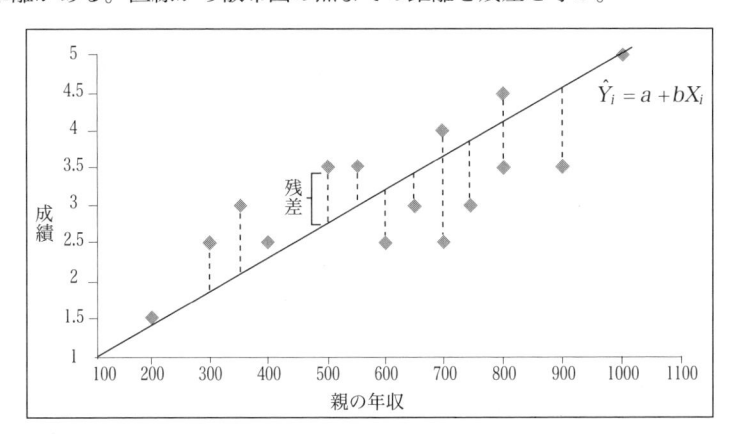

**図4.3 残差**

残差とは，それぞれの誤差項の実現値 $\hat{u}_i$ である。直線上にある点はあくまでで $\hat{Y}_i$ あり，それに残差 $\hat{u}_i$ が足されて実際のデータの値 $Y_i$ となるので，

$$Y_i = a + bX_i + \hat{u}_i$$

となる。なお，直線上の $\hat{Y}_i$ を $Y_i$ の理論値と呼ぶ。残差とは，実際のデータと理論値と乖離であり，

$$\hat{u}_i = Y_i - \hat{Y}_i = Y_i - a - bX_i$$

という関係になっている。

この残差の合計が少ないほど，より当てはまりが良い直線と考えられる。しかし，分散のときと同様，残差はそのまま足し合わせるとプラス部分とマイナス部分が相殺されてしまうので，二乗和を最小にするという基準が最もよく使われる。これを，最小二乗法と呼ぶ。

## ■ 最小二乗法

残差の二乗和を,

$$J = \sum_{i=1}^{n} \hat{u} = \sum_{i=1}^{n} (Y - a - bX_i)^2$$

と定義する。

最小二乗法は，この残差の二乗和Jを最小にするような直線の切片aと傾きbを求めるものである。Jはaとbの関数になっているために，Jをaとbでそれぞれ微分してゼロと置くことで最小値を求めることができる[1]。

まず，aについて微分すると，

$$\frac{\partial J}{\partial a} = \frac{\partial (Y_1 - a - bX_1)^2}{\partial a} + \frac{\partial (Y_2 - a - bX_2)^2}{\partial a} + \cdots + \frac{\partial (Y_n - a - bX_n)^2}{\partial a}$$

$$= -2(Y_1 - a - bX_1) - 2(Y_2 - a - bX_2) \cdots - 2(Y_n - a - bX_n)$$

$$= -2 \sum_{i=1}^{n} (Y_i - a - bX_i)$$

また，bについて微分すると，

$$\frac{\partial J}{\partial b} = \frac{\partial (Y_1 - a - bX_1)^2}{\partial b} + \frac{\partial (Y_2 - a - bX_2)^2}{\partial b} + \cdots + \frac{\partial (Y_n - a - bX_n)^2}{\partial b}$$

$$= -2X_1(Y_1 - a - bX_1) - 2X_2(Y_2 - a - bX_2) \cdots - 2X_n(Y_n - a - bX_n)$$

$$= -2 \sum_{i=1}^{n} X_i (Y_i - a - bX_i)$$

上の2つの結果を0とおくと，

$$-2 \sum_{i=1}^{n} (Y_i - a - bX_i) = 0$$

$$-2 \sum_{i=1}^{n} X_i (Y_i - a - bX_i) = 0$$

両辺を-2で割ると，

---

[1] 一般的に，ある関数の最大値，または最小値を求めるためには，その関数の一階微分を求めてゼロとおいて解を求める。微分などについての知識がない読者は，証明は飛ばして結果に飛んで構わない。

$$\sum_{i=1}^{n}(Y_i - a - bX_i) = 0$$

$$\sum_{i=1}^{n} X_i(Y_i - a - bX_i) = 0$$

これを整理すると,

$$(1) \sum_{i=1}^{n} Y_i = an + b\sum_{i=1}^{n} X_i$$

$$(2) \sum_{i=1}^{n} X_i Y_i = a\sum_{i=1}^{n} X_i + b\sum_{i=1}^{n} X_i^2$$

これは, a と b に関する 2 本の連立方程式になっている。従って, この連立方程式の解として得られた a と b が J を最小化する a と b の値になる。このような方程式を, 正規方程式という。

これを解いていこう。まず, 次に, 上の式の両辺に $\sum_{i=1}^{n} X_i$ をかけ, 下の式の両辺に n をかける。

$$\sum_{i=1}^{n} X_i \sum_{i=1}^{n} Y_i = an\sum_{i=1}^{n} X_i + b\left(\sum_{i=1}^{n} X_i\right)^2$$

$$n\sum_{i=1}^{n} X_i Y_i = an\sum_{i=1}^{n} X_i + bn\sum_{i=1}^{n} X_i^2$$

下の式から上の式を引くと,

$$n\sum_{i=1}^{n} X_i Y_i - \sum_{i=1}^{n} X_i \sum_{i=1}^{n} Y_i = \underbrace{an\sum_{i=1}^{n} X_i - an\sum_{i=1}^{n} X_i}_{0} + bn\sum_{i=1}^{n} X_i^2 - b\left(\sum_{i=1}^{n} X_i\right)^2$$

$$= bn\sum_{i=1}^{n} X_i^2 - b\left(\sum_{i=1}^{n} X_i\right)^2$$

$$= b\left(n\sum_{i=1}^{n} X_i^2 - \left(\sum_{i=1}^{n} X_i\right)^2\right)$$

両辺を $n\sum_{i=1}^{n} X_i^2 - \left(\sum_{i=1}^{n} X_i\right)^2$ で割ると, b の解が求まる。この解として得られる b の値を $\hat{\beta}$ と表すと,

$$\hat{\beta} = \frac{n\sum_{i=1}^{n}X_iY_i - \sum_{i=1}^{n}X_i\sum_{i=1}^{n}Y_i}{n\sum_{i=1}^{n}X_i^2 - \left(\sum_{i=1}^{n}X_i\right)^2}$$

これを，正規方程式の(1)式に代入すると，
$$\sum_{i=1}^{n}Y_i = an + \hat{\beta}\sum_{i=1}^{n}X_i$$
$$n\bar{Y}_i = na + \hat{\beta}\,n\bar{X}$$
$$\bar{Y} = a + \hat{\beta}\,\bar{X}$$

だから，これを a について解くと a の解が求まる。解として得られる a の値を $\hat{\alpha}$ と書くと，
$$\hat{\alpha} = \bar{Y} - \hat{\beta}\,\bar{X}$$
まとめると，残差の二乗和を最小化する a と b の解は，
$$\hat{\beta} = \frac{n\sum_{i=1}^{n}X_iY_i - \sum_{i=1}^{n}X_i\sum_{i=1}^{n}Y_i}{n\sum_{i=1}^{n}X_i^2 - \left(\sum_{i=1}^{n}X_i\right)^2}$$

$$\hat{\alpha} = \bar{Y} - \hat{\beta}\,\bar{X}$$

となる。これが，最小二乗法の推定量である。具体的なデータが与えられれば，$\hat{\beta}$ と $\hat{\alpha}$ の値が一つ決まり，最小二乗法の推定値となる。

$\hat{\beta}$ の右辺の分母と分子を $\frac{1}{n^2}$ でそれぞれ割ると，

$$\hat{\beta} = \frac{\frac{1}{n}\sum_{i=1}^{n}X_iY_i - \frac{1}{n^2}\sum_{i=1}^{n}X_i\sum_{i=1}^{n}Y_i}{\frac{1}{n}\sum_{i=1}^{n}X_i^2 - \frac{1}{n^2}(n\bar{X})^2}$$

$$= \frac{\frac{1}{n}\sum_{i=1}^{n}X_iY_i - \bar{X}\bar{Y}}{\frac{1}{n}\sum_{i=1}^{n}X_i^2 - \bar{X}^2}$$

となる。この分母と分子は，第1章で見た分散の簡便式と共分散の簡便式になっている。

よって，

$$\hat{\beta} = \frac{X と Y の共分散}{X の分散}$$

が成立する。

最小二乗法による回帰直線は，次のようになる。

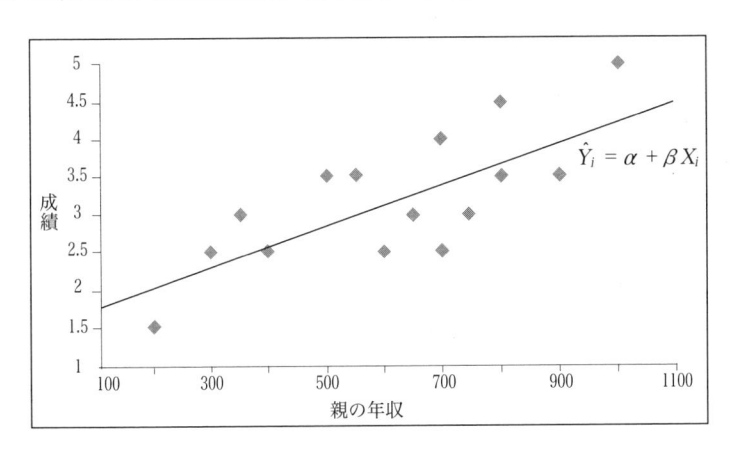

**図 4.4　最小二乗法の回帰直線**

$\hat{\alpha} = \bar{Y} - \hat{\beta}\bar{X}$ から $\bar{Y} = \hat{\alpha} + \hat{\beta}\bar{X}$ なので，回帰直線は必ず X と Y の両方の平均値の点を通る。

また，残差の平均値はゼロになる。

証明：

$$\frac{1}{n}\sum_{i=1}^{n}\hat{u} = \frac{1}{n}\sum_{i=1}^{n}(Y_i - \hat{\alpha} - \hat{\beta}X_i)$$

$$= \frac{1}{n}\sum_{i=1}^{n}(Y_i - \bar{Y} + \hat{\beta}\bar{X} - \hat{\beta}X_i)$$

$$= \frac{1}{n}\sum_{i=1}^{n}Y_i - \frac{1}{n}\sum_{i=1}^{n}\bar{Y} - \hat{\beta}\frac{1}{n}\sum_{i=1}^{n}\bar{X} + \hat{\beta}\frac{1}{n}\sum_{i=1}^{n}X_i$$

$= \bar{Y} - \bar{Y} - \hat{\beta}\bar{X} + \hat{\beta}\bar{X}$

$= 0$

## ■ 決定係数

決定係数とは，回帰直線の当てはまりの良さを示す尺度である。例えば，違うデータからそれぞれ最小二乗法によって回帰直線を求めた結果，同じ回帰直線が描かれたとしても，その当てはまりには違いがある。

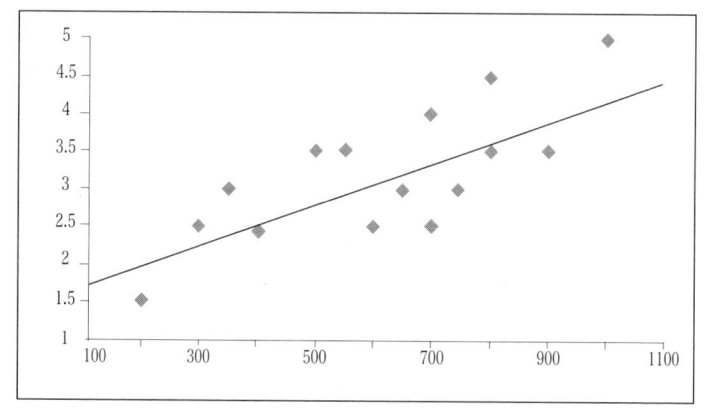

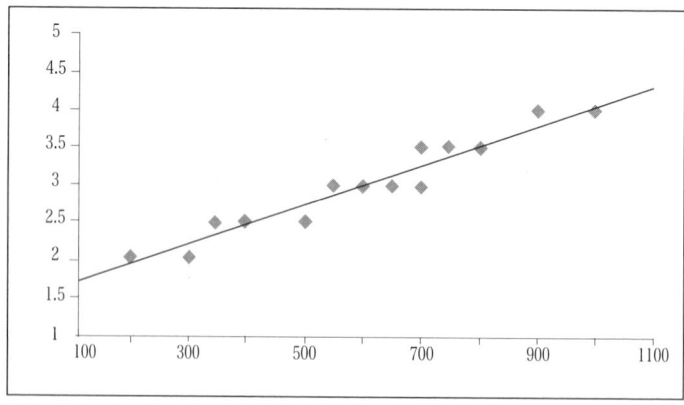

**図4.5 当てはまりの違い**

上の図よりも，下の図の方が当てはまりがよい。つまり，最小二乗法とは，ある散布図の下で最も当てはまりの良い直線を引いたものであって，異なる散布図同士を比べてどの程度当てはまりが良いか見る場合は別の基準を設ける必要がある。それが決定係数なのである。

決定係数は，次のように定義される。

$$R^2 = \frac{\sum_{i=1}^{n}(\hat{Y}_i - \bar{Y})^2}{\sum_{i=1}^{n}(Y_i - \bar{Y})^2}$$

分母の $\sum_{i=1}^{n}(Y_i - \bar{Y})^2$ は，実際のデータ $Y_i$ の全変動であり，分子は回帰直線上の理論値 の全変動となっている。つまり，決定係数とは，実際のデータの変動のうち，どれだけの割合を回帰直線の変動によって説明できるかを示している。回帰直線で説明できない部分は残差となるので，全体の残差の部分が大きいほど決定係数は下がり，残差が小さいほど決定係数は下がることになるので，当てはまりの基準となる。

もし，実際のデータが回帰直線の上に一直線に並んでいれば，全てが回帰直線によって説明できるために，決定係数は1となる。

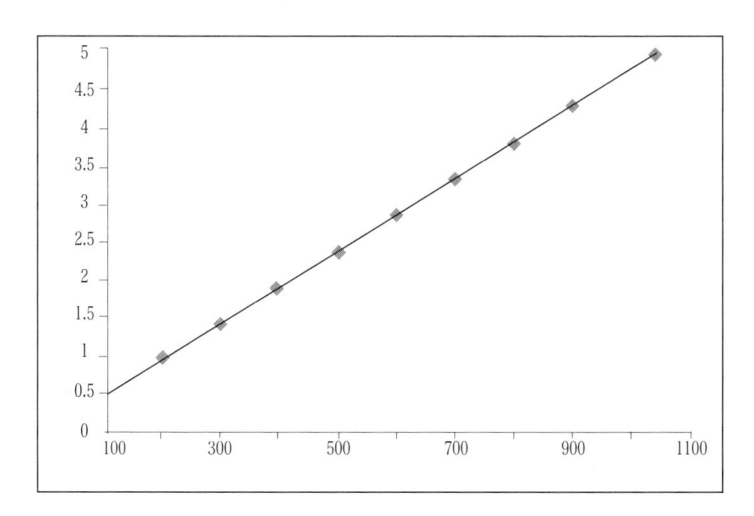

**図 4.6　$R^2 = 1$**

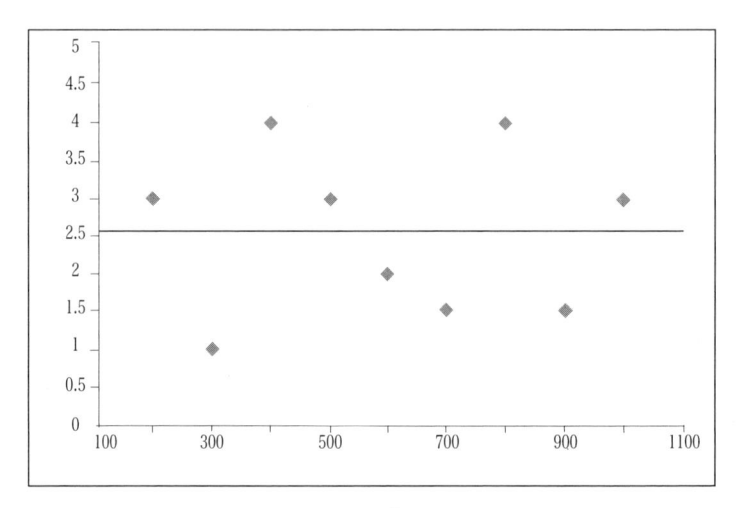

図 4.7  $R^2 = 0$

　一方で，回帰直線が全くデータの変動を説明しない場合，決定係数はゼロとなる．

　第 1 章における相関係数でも同様の関係が成立していたが，相関係数と決定係数の間には次の関係がある．

$$\boxed{\text{決定係数} = \text{相関係数の二乗}}$$

決定係数を $R^2$ と表記していたのはこのためである．


証明：
$\hat{Y}_i = \hat{\alpha} + \hat{\beta} X_i$ であり，$\hat{\alpha} = \bar{Y} - \hat{\beta} \bar{X}$ なので，

$$\hat{Y}_i = \bar{Y} - \hat{\beta} \bar{X}_i + \hat{\beta} X_i$$
$$= \bar{Y} + \hat{\beta} (X_i - \bar{X}_i)$$

となる．また，$\hat{\beta} = \dfrac{X と Y の共分散}{X の分散}$ なので，

$$Y_i = \bar{Y} + \dfrac{X と Y の共分散}{X の分散}(X_i - \bar{X}_i)$$

よって，

$$R^2 = \frac{\frac{1}{n}\sum_{i=1}^{n} = (\hat{Y}_i - \bar{Y})^2}{\frac{1}{n}\sum_{i=1}^{n} = (Y_i - \bar{Y})^2}$$

$$= \frac{\frac{1}{n}\sum_{i=1}^{n}\left[\bar{Y} + \frac{X と Y の共分散}{X の分散}(X_i - \bar{X}) - \bar{Y}\right]^2}{\frac{1}{n}\sum_{i=1}^{n} = (Y_i - \bar{Y})^2}$$

$$= \frac{\frac{1}{n}\sum_{i=1}^{n}\left[\frac{X と Y の共分散}{X の分散}(X_i - \bar{X})\right]^2}{\frac{1}{n}\sum_{i=1}^{n} = (Y_i - \bar{Y})^2}$$

$$= \left(\frac{X と Y の共分散}{X の分散}\right)^2 \frac{\overbrace{\frac{1}{n}\sum_{i=1}^{n} = (X_i - \bar{X})^2}^{X の分散}}{\underbrace{\frac{1}{n}\sum_{i=1}^{n} = (Y_i - \bar{Y})^2}_{Y の分散}}$$

$$= \frac{(X と Y の共分散)^2}{(X の分散)^2} \cdot \frac{X の分散}{Y の分散}$$

$$= \frac{(X と Y の共分散)^2}{X の分散 \times Y の分散}$$

$$= \frac{(X と Y の共分散)^2}{(X の標準偏差)^2 \times (Y の標準偏差)^2}$$

$$= \left(\frac{X と Y の共分散}{X の標準偏差 \times Y の標準偏差}\right)^2$$

$$= (相関関数)^2$$

## ■ t検定

XとYの標本をとってきたとき，標本抽出の度に回帰直線は変わるだろう。すなわち，他の推定量と同じく $\hat{\alpha}$ と $\hat{\beta}$ は確率分布する。従って，区間推定と

仮説検定を行うことができる。

回帰分析においては，説明変数の係数 $\beta$ がゼロかどうかという仮説検定が特に重要になる。なぜなら，$\beta$ がゼロならば X は Y を説明する上で何も役に立たないということだからである。逆に，$\beta$ がゼロという帰無仮説が棄却されたのであれば，X は Y に統計的に有意に影響を与えていることになる。

### ■ t値

まず，残差の標本分散が次のように定義される。

$$s_u^2 = \frac{1}{n-2}\sum_{i=1}^{n} u_i^2$$

残差の平均値はゼロなので，$\sum_{i=1}^{n} u_i^2$ は残差の偏差の二乗和となる。そして，通常の標本分散は n‐1 で割っていたが，ここでは n‐2 で割る。

このとき，

$$T_\beta = \frac{\hat{\beta} - \beta}{\sqrt{\dfrac{s_t^2}{\sum_{i=1}^{n}(X_i - \bar{X})^2}}} = \frac{\hat{\beta} - \beta}{\sqrt{\dfrac{残差の標本分散}{X の全変動}}}$$

は自由度 n‐2 の t 分布に従うことが知られている。従って，今データの数が 26 だったとすれば，自由度 24 の t 分布に従うので，その 95% 信頼区間は，

$$P(-2.06 \leq \frac{\hat{\beta} - \beta}{\sqrt{\dfrac{残差の標本分散}{X の全変動}}} \leq 2.06) = 0.95$$

$$P(\hat{\beta} - 2.06\sqrt{\dfrac{残差の標本分散}{X の全変動}} \leq \beta \leq \hat{\beta} + 2.06\sqrt{\dfrac{残差の標本分散}{X の全変動}}) = 0.95$$

と区間推定される。

もし，$\beta$ が 0 を含む区間に入るのであれば，$\beta = 0$ という帰無仮説は棄却で

きず，XがYに影響を及ぼしているとは言えない。一方で，がプラスであろうがマイナスであろうが，0を含まない区間にあるならば，$\beta=0$という帰無仮説は棄却されるので，XはYに有意に影響を与えていることになる。プラスの領域ならば正に有意，マイナスの領域ならば負に有意という。

$\beta$が0を含む区間に入る場合，

$$P(\hat{\beta} - 2.06\sqrt{\frac{残差の標本分散}{Xの全変動}} \leq 0 \leq \hat{\beta} + 2.06\sqrt{\frac{残差の標本分散}{Xの全変動}}) = 0.95$$

となるので，$\beta=0$が棄却できないということは，

$$P(-2.06 \leq \frac{\hat{\beta}}{\sqrt{\frac{残差の標本分散}{Xの全変動}}} \leq 2.06) = 0.95$$

ということを意味する。

よって，$T_\beta$において$\beta=0$と置いた

$$t_\beta = \frac{\hat{\beta}}{\sqrt{\frac{残差の標本分散}{Xの全変動}}}$$

がt分布における信用区間に入るかどうかを見ればよい。

この $T_\beta$を，t値と呼ぶ。この場合は，t値の絶対値が2.06よりも大きければ，$\beta=0$という帰無仮説は有意水準5%で棄却され，XはYに有意に影響を与えていることになる。自由度が30を超えればt分布は標準正規分布で近似されるので，t値の絶対値が大体2を超えれば有意であると判断できる。

同様に，$\hat{\alpha}$のt値は

$$t_\alpha = \frac{\hat{\alpha}}{\sqrt{残差の標本分散\left[\frac{1}{データの数} + \frac{(Xの平均値)^2}{Xの全変動}\right]}}$$

で与えられ，同じく絶対値が2より大きいか見れば良い。ただし，定数項のαについては，経済理論上特に重要な意味を持つ場合でなければ，有意でなくてもそれほど気にしなくても良い。

## 4.2 重回帰分析

### ■ 3変数以上の最小二乗法

説明変数が2個以上ある場合の回帰分析を，重回帰分析という。説明変数が複数になっても，基本的な手順は単回帰の場合と全く同じである。

被説明変数をY，説明変数をXとZとすれば，回帰方程式は次のように与えられる。

$$Y_i = \alpha + \beta_1 X_i + \beta_2 Z_i + u_i \quad (i=1, 2, ...., n)$$

重回帰分析においても，残差の二乗和が最小になるように $\hat{\alpha}$, $\hat{\beta}_1$, $\hat{\beta}_2$ を推定すればよい。計算が若干複雑になるためここでは証明しない。後で見るように，Excelなどの統計ソフトを使えば係数の推定値やt値は自動で計算してくれるので，前節で解説したt値や決定係数の概念だけを抑えておけば良い。

### ■ 自由度修正済み決定係数

重回帰においても，決定係数が当てはまりの基準として用いられるが，決定係数は説明変数の数を増やすと自動的に大きくなってしまうという欠陥がある。その理由は,説明力を持たない説明変数でも,追加すると残差が小さくなってしまうという現象が生じるためである。そのため，重回帰においては，単なる決定係数ではなく，自由度修正済み決定係数という基準を用いる。

重回帰分析における自由度修正済み決定係数は，次のように与えられる。

$$\bar{R}^2 = 1 - \frac{n-1}{n - 説明変数の数 - 1}(1 - R^2)$$

## ■ t値

残差の標本分散は，

$$S_u{}^2 = \frac{1}{n - 説明変数の数 - 1}\sum_{i=1}^{n}\hat{u}_i{}^2$$

となる。この場合は，説明変数が2つなので，n - 3で割ることになる。単回帰の場合は，説明変数が1つなので，n - 2になっていたのである。

$\hat{\alpha}$，$\hat{\beta}_1$，$\hat{\beta}_2$のt値は次のように非常に複雑になるが，これらも統計ソフトを使えば全て自動で計算してくれるので，手計算ができる必要はない。

$$t_\alpha = \frac{\hat{\alpha}}{\sqrt{S_u{}^2\left[\frac{1}{n} + \frac{\bar{X}^2\sum_{i=1}^{n}(Z_i - \bar{Z})^2 + \bar{Z}^2\sum_{i=1}^{n}(X_i - \bar{X})^2 - 2\bar{X}\bar{Z}\sum_{i=1}^{n}(X_i - \bar{X})(Z_i - \bar{Z})}{\sum_{i=1}^{n}(X_i - \bar{X})^2\sum_{i=1}^{n}(Z_i - \bar{Z})^2 - \left[\sum_{i=1}^{n}(X_i - \bar{X})(Z_i - \bar{Z})\right]^2}\right]}}$$

$$t_{\beta_1} = \frac{\hat{\beta}_1}{\sqrt{S_u{}^2\left[\frac{\sum_{i=1}^{n}(Z_i - \bar{Z})^2}{\sum_{i=1}^{n}(X_i - \bar{X})^2\sum_{i=1}^{n}(Z_i - \bar{Z})^2 - \left[\sum_{i=1}^{n}(X_i - \bar{X})(Z_i - \bar{Z})\right]^2}\right]}}$$

$$t_{\beta_2} = \frac{\hat{\beta}_2}{\sqrt{S_u{}^2\left[\frac{\sum_{i=1}^{n}(X_i - \bar{X})^2}{\sum_{i=1}^{n}(X_i - \bar{X})^2\sum_{i=1}^{n}(Z_i - \bar{Z})^2 - \left[\sum_{i=1}^{n}(X_i - \bar{X})(Z_i - \bar{Z})\right]^2}\right]}}$$

単回帰の時と同様に，t値の絶対値が大体2より大きければ，その説明説明は有意といえる。

## 4.3 Excelによる回帰分析

実際の回帰分析をはじめとした多くの統計分析は，統計ソフトを用いて行うことがほとんどである。ここでは，Excelを用いた単回帰分析，及び重回帰分析のやり方について説明したい。

■ **単回帰分析**

まず，データをセルに入力する。ここでは，A~Oまでの生徒の成績と親の所得のデータが次のように得られたとしよう。

|   | A | B | C |
|---|---|---|---|
| 1 |   | 成績 | 親の所得 |
| 2 | A | 4 | 1000 |
| 3 | B | 3.5 | 750 |
| 4 | C | 3.5 | 800 |
| 5 | D | 2 | 200 |
| 6 | E | 3.5 | 700 |
| 7 | F | 4 | 900 |
| 8 | G | 2 | 300 |
| 9 | H | 3 | 600 |
| 10 | I | 3 | 700 |
| 11 | J | 2.5 | 350 |
| 12 | K | 2.5 | 500 |
| 13 | L | 3.5 | 800 |
| 14 | M | 3 | 650 |
| 15 | N | 3 | 550 |
| 16 | O | 2.5 | 400 |

「データ分析」→「回帰分析」をクリックすると，次の画面が出る。

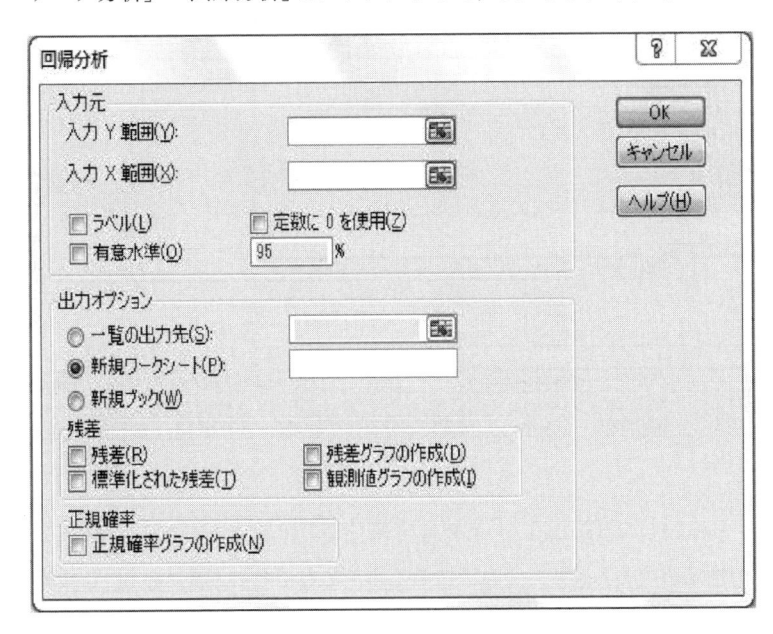

入力 Y 範囲に成績のデータ，入力 X 範囲に親の所得のデータをそれぞれ入力する。

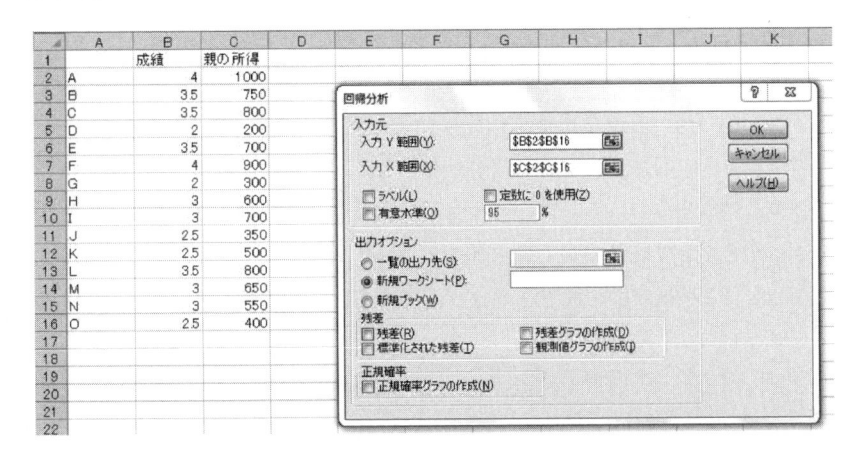

| | A | B | C |
|---|---|---|---|
| 1 | | 成績 | 親の所得 |
| 2 | A | 4 | 1000 |
| 3 | B | 3.5 | 750 |
| 4 | C | 3.5 | 800 |
| 5 | D | 2 | 200 |
| 6 | E | 3.5 | 700 |
| 7 | F | 4 | 900 |
| 8 | G | 2 | 300 |
| 9 | H | 3 | 600 |
| 10 | I | 3 | 700 |
| 11 | J | 2.5 | 350 |
| 12 | K | 2.5 | 500 |
| 13 | L | 3.5 | 800 |
| 14 | M | 3 | 650 |
| 15 | N | 3 | 550 |
| 16 | O | 2.5 | 400 |

「OK」をクリックすると，次の結果が新しいワークシートの出力される。

| | A | B | C | D | E | F | G | H | I |
|---|---|---|---|---|---|---|---|---|---|
| 1 | 概要 | | | | | | | | |
| 2 | | | | | | | | | |
| 3 | | 回帰統計 | | | | | | | |
| 4 | 重相関 R | 0.969492 | | | | | | | |
| 5 | 重決定 R2 | 0.939915 | | | | | | | |
| 6 | 補正 R2 | 0.935294 | | | | | | | |
| 7 | 標準誤差 | 0.162785 | | | | | | | |
| 8 | 観測数 | 15 | | | | | | | |
| 9 | | | | | | | | | |
| 10 | 分散分析表 | | | | | | | | |
| 11 | | 自由度 | 変動 | 分散 | 測された分散 | 有意 F | | | |
| 12 | 回帰 | 1 | 5.388849 | 5.388849 | 203.3619 | 2.57E-09 | | | |
| 13 | 残差 | 13 | 0.344485 | 0.026499 | | | | | |
| 14 | 合計 | 14 | 5.733333 | | | | | | |
| 15 | | | | | | | | | |
| 16 | | 係数 | 標準誤差 | t | P-値 | 下限 95% | 上限 95% | 下限 95.0% | 上限 95.0% |
| 17 | 切片 | 1.375226 | 0.123636 | 11.12316 | 5.16E-08 | 1.108126 | 1.642326 | 1.108126 | 1.642326 |
| 18 | X 値 1 | 0.002703 | 0.00019 | 14.2605 | 2.57E-09 | 0.002294 | 0.003113 | 0.002294 | 0.003113 |
| 19 | | | | | | | | | |

切片の係数の1.375226が $\hat{\alpha}$ の推定値であり，X値1の係数の0.002703が $\hat{\beta}$ の推定値である。また，tの欄にあるのがそれぞれのt値である。ここでは，$\hat{\alpha}$ のt値は11.12316，$\hat{\beta}$ のt値は14.2605となっており，明らかに2より大きい。従って，親の所得は成績に有意に正の影響を与えているといえる。

なお，t値の隣にあるP値（画面の表記ではP-値）というのは，どれくらいの有意水準でそれぞれの係数が0であるという帰無仮説が棄却されるかを示している。第3章で見たように，有意水準を下げれば帰無仮説は棄却されにくくなる。絶対値が2より大きければ良いというのは，あくまで有意水準5%の場合であって，有意水準を1%やそれ以下にしていった場合，帰無仮説が棄却されるとは限らない。そこで，どこまでの有意水準までならば帰無仮説が棄却できるかを示しているのがこのP値である。

E-08，E-09は浮動小数点と呼ばれ，その前にいくつ0がつくかを表している。すなわち，

$$5.16\text{E-}08 = 0.0000000516$$
$$2.75\text{E-}09 = 0.00000000275$$

ということである。従って，$\hat{\alpha}$ がゼロという帰無仮説は0.00000516%までの

有意水準で棄却され，$\hat{\beta}$ がゼロという帰無仮説は 0.000000275% までの有意水準まで棄却されることになる。つまり，ほぼ確実に有意である。

また，決定係数は重決定 R2 の欄に示されており，およそ 0.94 となっている。

■ **重回帰分析**

親の所得に加え，学校までの通学時間を説明変数に追加してみよう。

| | A | B | C | D |
|---|---|---|---|---|
| 1 | | 成績 | 親の所得 | 通学時間 |
| 2 | A | 4 | 1000 | 60 |
| 3 | B | 3.5 | 750 | 20 |
| 4 | C | 3.5 | 800 | 30 |
| 5 | D | 2 | 200 | 35 |
| 6 | E | 3.5 | 700 | 40 |
| 7 | F | 4 | 900 | 15 |
| 8 | G | 2 | 300 | 20 |
| 9 | H | 3 | 600 | 45 |
| 10 | I | 3 | 700 | 15 |
| 11 | J | 2.5 | 350 | 10 |
| 12 | K | 2.5 | 500 | 5 |
| 13 | L | 3.5 | 800 | 30 |
| 14 | M | 3 | 650 | 80 |
| 15 | N | 3 | 550 | 40 |
| 16 | O | 2.5 | 400 | 15 |

同じように，「データ分析」→「回帰分析」をクリックし，入力 X 範囲に親の所得のデータと通学時間をまとめて指定する。

70　第1部　統計・計量経済学の基礎

OK を押せば，結果が出力される。

|  | A | B | C | D | E | F | G | H | I |
|---|---|---|---|---|---|---|---|---|---|
| 1 | 概要 | | | | | | | | |
| 2 | | | | | | | | | |
| 3 | | 回帰統計 | | | | | | | |
| 4 | 重相関 R | 0.969523 | | | | | | | |
| 5 | 重決定 R2 | 0.939975 | | | | | | | |
| 6 | 補正 R2 | 0.929971 | | | | | | | |
| 7 | 標準誤差 | 0.169348 | | | | | | | |
| 8 | 観測数 | 15 | | | | | | | |
| 9 | | | | | | | | | |
| 10 | 分散分析表 | | | | | | | | |
| 11 | | 自由度 | 変動 | 分散 | 測された分 | 有意 F | | | |
| 12 | 回帰 | 2 | 5.389189 | 2.694595 | 93.95809 | 4.68E-08 | | | |
| 13 | 残差 | 12 | 0.344144 | 0.028679 | | | | | |
| 14 | 合計 | 14 | 5.733333 | | | | | | |
| 15 | | | | | | | | | |
| 16 | | 係数 | 標準誤差 | t | P-値 | 下限 95% | 上限 95% | 下限 95.0% | 上限 95.0% |
| 17 | 切片 | 1.379035 | 0.133288 | 10.34631 | 2.48E-07 | 1.088626 | 1.669443 | 1.088626 | 1.669443 |
| 18 | X 値 1 | 0.00271 | 0.000206 | 13.15066 | 1.73E-08 | 0.002261 | 0.003159 | 0.002261 | 0.003159 |
| 19 | X 値 2 | -0.00025 | 0.002335 | -0.10895 | 0.915046 | -0.00534 | 0.004833 | -0.00534 | 0.004833 |

切片の係数の 1.379035 が $\hat{\alpha}$ の推定値であり，X 値 1 の係数の 0.00271 が $\hat{\beta}_1$（親の所得の係数）の推定値であり，X 値 2 の係数 -0.00025 が $\hat{\beta}_2$（通学時間の係数）の推定値である。$\hat{\alpha}$ と $\hat{\beta}_1$ の推定値と t 値はほとんど変わらないが，$\hat{\beta}_2$ の推定値はマイナスであるものの，t 値の絶対値は 2 より小さい。P 値は 0.915 となっているので，有意水準を 92% にしない限りは $\hat{\beta}_2 = 0$ という帰無仮説は棄却できない。従って，通学時間は成績に有意な影響を与えていない。

また，自由度修正済み決定係数は補正 R2 に示されており，0.929971 となっている。これは，通常の決定係数である重決定 R2 の 0.939975 より小さくなっている。

**第 1 部　参考文献**
小島寛之『完全独習　統計学入門』ダイヤモンド社，2006 年。
白砂堤津耶『例題で学ぶ　初歩からの計量経済学(第 2 版)』日本評論社，2007 年。
東京大学教養学部統計学教室編『統計学入門』東京大学出版会，1991 年。
西岡康夫『単位が取れる統計ノート(単位が取れるシリーズ)』講談社，2004 年。

# 第2部　経済統計資料

## 表1　旧ソ連・東欧特定諸国（11ヶ国）の統計総覧

表Ⅱ—1　旧ソ連・東欧特定諸国（11ケ国）の統計総覧
国名（1段目）面積（2段目）日本に匹敵する面積（3段目），人口（4段目）」5段目実質ＧＤＰ成長率
GDP（1段目）単位億ﾄﾞﾙ，一人当たりGDP（2段目）単位ドル，1989年を100とする実質GDP（3段目），失業率(%)（4段

|  | 1991 | 1993 | 1995 | 1998 | 2000 | 2001 | 2002 | 2003 | 2004 | 2005 | 2006 | 2007 | 2008 | 2009 | 2010 |
|---|---|---|---|---|---|---|---|---|---|---|---|---|---|---|---|
| ①ハンガリー-333 | 386 | 442.5 | 470 | 456.3 | 519.2 | 649 | 828 | 1007 | 1092 | 1127 | 1378 | 1554 | 1287 | 1286 |
| 9.30万km² | 3230 | 3752 | 4374 | 4689 | 4683 | 5238 | 6577 | 8344 | 10116 | 10948 | 11127 | 13759 | 14527 | 12886 | 12879 |
| [北海道四国9.6] |  | 89 | 104 | 112 | 112 | 115 | 120 | 129 | 134 | 135 | 136 | 128 | 129 |
| 998万(11) | 12.3 | (92)12.1 | 12.1 | 10.1 | 9.1 | 5.7 | 5.8 | 5.9 | 6.3 | 7.3 | 7.5 | 7.4 | 7.8 | 10.0 | 11.2 |
|  | -11.9 | -0.6 | 1.5 | 4.9 | 5.2 | 4.1 | 4.4 | 4.2 | 4.8 | 4.2 | 3.9 | 1.0 | 0.6 | -6.5 | 1.1 |
| ②ポーランド764 | 859 | 1192 | 1586 | 1577 | 1762 | 1913 | 2096 | 2552 | 3032 | 3409 | 4201 | 5293 | 4306 | 4717 |
| 31.25万 |  | 2234 | 3085 | 4066 | 4433 | 4930 | 5185 | 5676 | 6625 | 7968 | 8939 | 11037 | 13854 | 11311 | 12402 |
| [本州北海道四国32.3] |  | 117 | 127max129max130 | 135 | 142 | 148 | 158 | 169 | 179 | 181 | 188 |
| 3829万(11) | 14.3 | (92)16.4 | 14.9 | 10.4 | 15.1 | 18.9 | 20.0 | 189.6 | 18.2 | 16.9 | 12.3 | 8.5 | 6.7 | 11.9 | 12.1 |
|  | -7.0 | 3.8 | 7.0 | 4.8 | 4.3 | 1.2 | 1.4 | 3.9 | 5.3 | 3.6 | 6.1 | 6.8 | 5.1 | 1.6 | 3.8 |
| ③チェコ | 243 | 312 | 508.1 | 564 | 507.7 | 567 | 695 | 854 | 1070 | 1246 | 1418 | 1742 | 2160 | 1902 | 1986 |
| 7.88万km² |  | 2906 | 3977 | 5620 | 5242 | 5520 | 6059 | 7378 | 8947 | 10726 | 12216 | 12680 | 15780 | 19996 | 18344 | 19986 |
| [北海道7.8] |  | 93 | 98 | 106 | 105 | 108 | 111 | 121 | 130 |  |  |  |
| 1053万(11) | 2.6 | (92)3.5 | 2.9 | 7.5 | 8.7 | 8.0 | 7.3 | 7.8 | 8.3 | 7.9 | 7.2 | 5.3 | 4.4 | 6.7 | 7.3 |
|  | -11.5 | 0.6 | 5.9 | -1.2 | 3.6 | 2.5 | 1.9 | 3.6 | 4.6 | 6.5 | 6.8 | 6.1 | 「2.5 | -4.1 | 2.3 |
| ④スロヴァキア |  | 120.2 | 173.9 | 203.6 | 191.2 | 204 | 457 | 570 | 411 | 475 | 552 | 750 | 945 | 875 | 878 |
| 4.90万km² |  | 2253 | 3240 | 3793 | 3771 | 3910 | 4559 | 6131 | 7811 | 8817 | 10250 | 15529 | 18210 | 16203 | 16240 |
| [九州+愛媛高知4.8] |  | 99 | 103 | 110 | 111 | 114 | 121 | 127 | 137 | 157 | 164 | 158 | 162 |
| 547万(11) | 8.3 | (92 | 14.4 | 13.1 | 15.8 | 17.9 | 19.2 | 18.5 | 17.4 | 18.1 | 16.1 | 13.3 | 11.0 | 9.5 | 12.0 | 14.4 |
|  | -14.6 | -3.7 | 6.9 | 4.4 | 0.7 | 3.2 | 4.1 | 4.2 | 5.4 | 6.0 | 8.3 | 10.6 | 5.8 | -4.8 | 4.0 |
| ⑤ルーマニア370 | 263.8 | 354.7 | 381.5 | 367.1 | 387 | 457 | 570 | 732 | 986 | 1226 | 1706 | 2043 | 1611 | 1656 |
| 23.83万km² |  | 1158 | 1243 | 1845 | 1652 | 1793 | 2103 | 2738 | 4548 | 5616 | 7636 | 9246 | 7573 | 7819 |
| [本州22.7] |  | 76 | 77 | 84 | 87 | 92 | 100 | 105 | 113 | 118 | 127 | 117 | 115 |
| 2143万(11) | 8.2 | (92)10.4 | 9.5 | 10.3 | 10.5 | 6.6 | 8.4 | 7.0 | 6.3 | 5.9 | 5.2 | 4.0 | 5.8 | 13.7 | 17.8 |
|  | -12.9 | 1.5 | 7.1 | -5.4 | 2.1 | 5.7 | 5.1 | 5.2 | 8.5 | 4.1 | 7.7 | 6.3 | 7.4 | -7.1 | -1.3 |
| ⑥ブルガリア(365) | 105.2 | 131.0 | 122.5 | 119.9 | 135 | 156 | 199 | 241 | 288 | 332 | 421 | 518 | 487 | 477 |
| 11.09万km² |  | 1281 | 1563 | 1477 | 1546 | 1723 | 1984 | 2561 | 3175 | 3522 | 4111 | 5204 | 6561 | 6458 | 6360 |
| [北海道九州11.4] |  | 66 | 71 | 80 | 80 | 84 | 89 | 94 | 101 | 110 | 116 | 111 | 111 |
| 744万(11) | 15.3 | (92)16.4 | 11.1 | 12.2 | 16.1 | 19.7 | 16.8 | 13.7 | 12.0 | 10.1 | 9.0 | 6.9 | 5.6 | 6.8 | 10.2 |
|  | -11.7 | -2.4 | 2.9 | 3.5 | 4.1 | 4.5 | 6.0 | 6.2 | 6.1 | 6.4 | 6.2 | 5.4 | -5.5 | 0.2 |
| ⑦スロヴェニア |  | 126.7 | 187.4 | 196 | 181.2 | 188 | 220 | 263 | 322 | 340 | 389 | 473 | 546 | 491 | 472 |
| 2.02万km² |  | 6370 | 9418 | 9762 | 9194 | 9227 | 10745 | 14021 | 16250 | 17951 | 19379 | 23564 | 27134 | 24333 | 23261 |
| [四国1.88] |  | 104 | 114 | 121 | 120 | 126 | 132 | 141 | 152 | 158 | 143 | 145 |
| 203万(11) | 8.3 | (92)9.1 | 7.4 | 7.6 | 7.2 | 6.9 | 6.5 | 6.7 | 6.4 | 7.2 | 5.6 | 4.9 | 4.4 | 5.9 | 7.3 |
|  | -8.9 | 2.8 | 4.1 | 3.9 | 3.3 | 3.7 | 2.8 | 4.1 | 5.7 | 6.9 | 3.1 | -8.1 | 1.3 |
| ⑧クロアチア |  | 158.4 | 209.3 | 190.3 | 202 | 228 | 287 | 343 | 385 | 429 | 585 | 693 | 630 | 608 |
| 5.65万km² |  | 2349 | 4029 | 4833 | 4206 | 4742 | 6036 | 7625 | 9167 | 10003 | 11040 | 13196 | 15608 | 14273 | 13798 |
| [近畿中国5.89] |  | 78 | 80 | 85 | 87 | 91 | 94 | 100 | 105 | 110 | 112 | 106 | 105 |
| 439万(11) | 13.2 | (92)14.8 | 14.5 | 11.4 | 16.1 | 16.4 | 14.5 | 14.4 | 13.8 | 12.3 | 10.5 | 9.9 | 9.2 | 11.8 |
|  | -21.1 | -8.0 | 6.8 | 2.5 | 2.9 | 4.4 | 5.6 | 5.3 | 4.3 | 4.3 | 4.8 | 5.5 | 2.2 | -6.0 | -1.2 |
| ⑨リトアニア |  | 60.2 | 106.9 | 113.1 | 119 | 141 | 182 | 223 | 260 | 300 | 390 | 472 | 368 | 365 |
| 6.52万km² |  | 716 | 1623 | 2961 | 3069 | 3478 | 4068 | 5391 | 6564 | 7731 | 8861 | 11590 | 14034 | 11211 | 11216 |
| [東北6.6] |  | 65 | 64 | 72 | 77 | 84 | 89 | 98 | 108 | 118 | 120 | 113 | 114 |
| 330万(11) | 1.3 | (92)4.1 | 17.5 | 13.3 | 15.4 | 17.4 | 13.8 | 12.4 | 11.4 | 8.3 | 5.6 | 4.3 | 5.8 | 13.7 | 17.8 |
|  | -5.7 | -16.2 | 3.3 | 5.1 | 4.1 | 6.6 | 6.9 | 10.3 | 7.3 | 7.7 | 7.6 | 9.8 | 2.8 | -14.7 | 1.3 |
| ⑩ロシア |  |  | 3476 | 2766 | 2511 | 3099 | 3456 | 4329 | 5823 | 7645 | 9894 | 13001 | 16676 | 12307 | 15178 |
| 1707.54万km² |  | 1133 | 2343 | 1840 | 1789 | 2123 | 2975 | 4103 | 5328 | 6928 | 9102 | 11806 | 8736 | 10813 |
| [日本の45倍] |  | 55 | 62 | 64 | 65 | 77 | 82 | 88 | 93 | 103 | 110 | 100 | 104 |
| 1億4283万(11) | (92)6.0 | 9.0 | 13.2 | 10.5 | 8.7 | 8.8 | 8.6 | 8.3 | 7.6 | 7.2 | 5.7 | 6.0 | 8.5 | 5.2 | -7.8 | 4.0 |
|  | -5.0 | -8.7 | -4.1 | -4.6 | 10.0 | 5.1 | 4.7 | 7.3 | 7.2 | 6.4 | 6.7 | 8.5 | 5.2 | -7.8 | 4.0 |
| ⑪ウクライナ |  | 370.0 | 430.7 | 317.9 | 375 | 424 | 495 | 650 | 861 | 1077 | 1427 | 1799 | 1174 | 1379 |
| 60.37万km² | 635.5 | 718.6 | 845.2 | 639 | 785 | 883 | 1057 | 1374 | 1843 | 2317 | 3094 | 3930 | 2569 | 3036 |
| [日本の1.6倍] |  | 37 | 39 | 46 | 46 | 51 | 57 | 59 | 63 | 70 | 72 | 60 | 62 |
| 4519万(11) | 0.2 | (92)18.0 | 5.0 | 3.7 | 4.2 | 3.7 | 9.3 | 8.6 | 7.2 | 6.8 | 6.4 | 6.4 | 8.8 | 1.7 |
|  | -11.6 | -14.2 | -12.2 | -1.7 | 5.9 | 9.2 | 5.2 | 9.6 | 12. | 2.7 | 9.0 | 7.9 | 2.3 | -14.8 | 4.2 |

[備考] ③，④：チェコ・スロヴァキア連邦共和国は，1993.1.1.より，チェコ共和国とスロヴァキア共和国に分離。
[出所] Transition report 2011, EBRD, 15 November 2011. 過去の各年版も参照。Czechは，2008年より資料無

## 表2 旧ソ連・東欧諸国（11ヶ国）の貿易統計等（単位：億ドル，5段目，9段目，

```
表II-2  旧ソ連東欧諸国(11ケ国)の貿易統計等(単位: 億ドル,5段目,9段目,10段目除く)
輸出(1段目)/輸入(2段目)/貿易収支(3段目) / 経常収支(4段目)/ 為替レート(年平均)(5段目) 対外債務(6段目)
外貨準備(7段目)/直接投資額(ネット)(8段目)/一般政府収支( 対GDP 比)(9段目)/消費者物価指数(年平均10段目)
          93     95     96     97     98     99   2000   2001   2002   2003   2004   2005   2006   2007   2008   2009  2010
① 89.4  124.3  126.4  186.1  229.5  218.4  288.2  310.5  346.8  433.2  559.0  629.9  683.0  934. 31058.3  845. 8947.5
ハ126.3  150.4  158.5  206.5  255.9  240.1  317.5  332.5  367.8  465.2  589.3  650.3  728.0  929. 91057.1  780. 3876.1
ン-36.9  -26.1  -32.0  -20.3  -26.4  -21.7  -29.3  -22.0  -20.7  -32.3  -30.3  -20.3  -45.0    4.3    1.2   65.7  5 71.4
ガ  3.2  -39.1  -24.6  -16.7   -9.8  -20.7  -40.1  -32.0  -46.4  -71.9  -86.4  -82.5  -86.0  -88.9-130.2  -6.9
リ 92.0  125.7  152.6  186.8  214.5  237.1  282.2  266.5  257.9  224.3  202.7  199.6  210.4  183.6  172.1 1202.3207.9
|178.7  194.8  179.3  153.4  174.3  183.3  190.5  231.8  264.9  409.7  591.8  638.2  817. 41118. 41417.8
          66.9  119.6   96.8   84.0   93.1  109.4  112.2  107.6  119.9  127.9  159.6  186.0  205.3  223.1  350.9  440.7448.5
          23.2   44.1   19.8   16.5   14.5   14.1   21.5   35.7   27.2    4.7   35.4   53.5   35.0   21.9   46.8   24.0
          -6.6   -6.7   -5.0   -6.6   -5.6   -5.6   -3.0   -8.4   -6.4   -5.4   -7.9   -9.3   -5.0   -3.6   -4.4   -4.2
          21.1   28.3   19.8   18.4   10.3   10.0    9.8    9.2    5.3    4.6    6.8    3.5    3.0    4.2    4.0    2.7
②141.4  228.9  244.4  257.5  271.9  263.5  369.0  416.6  467.4  610.0  818.6  958. 41109. 41387. 51686.71367. 81557.
ポ188.3  290.5  371.3  423.0  464.9  407.1  482.0  493.2  539.9  667.3  874.8  985. 41150. 01624. 32048. 71497. 21737.
| -46.9  -61.5 -126.9 -165.5 -193.0 -143.5 -123.0  -76.6  -72.4  -57.2  -56.2  -26.9 -163.1 -236. 8 -362.0 -129.3 -179.
ラ -23.2   54.5  -13.5  -43.1  -68.4 -120.1  -99.8  -53.7  -50.0  -45.9 -105.2  -43.1  -93.9 -202.5 -255.5  -95.9
ン   1.8    2.4    2.7    3.3    3.5    4.0    4.3    4.1    4.1    3.9    3.7    3.2    2.7    2.4    3.1    3.0
ド 429.1  302.3  293.2  286.1  305.5  346.0  419.9  454.0  550.8  727.9  918.7  885.3                 2180.2
          42.8  149.6  180.3  202.9  263.1  244.0  274.6  265.6  297.9  341.6  367.8  425.7  463.8  629.7  593.8
           5.8   11.3   27.4   30.4   49.6   63.4   93.2   58.0   39.0   42.6  120.7   67.1  107.2  179.8   70.5   60.5   25.0
           2.4   -3.3   -3.3   -3.1   -3.2   -3.3   -2.3   -3.7   -3.2   -4.7   -3.9   -2.4   -2.8   -1.9   -3.7   -7.3   -7.9
          37.6   21.6   18.5   13.2    8.6    7.3   10.1    5.5    1.9    0.8    3.5    2.1    1.0    4.0    4.2    4.0    2.7
③132.0  216.8  201.6  227.5  264.1  264.4  290.5  333.7  383.1  485.6  670.2  783.0  951. 61226. 61464. 01131. 71321.
チ 126.9  253.0  290.0  271.8  288.1  288.6  321.8  364.4  404.9  510.4  680.5  766.2  934. 51184. 51421. 71052. 51256.
 ェ  5.1  -36.2  -88.4  -44.3  -23.9  -20.1  -31.3  -30.6  -21.7  -24.7  -10.2  -16.8   17.1   42.9   42.3   79.2   65.1
コ  4.5  -13.6  -42.9  -32.1  -10.5  -10.5  -27.1  -32.7  -41.6  -56.9  -65.1  -25.7  -35.5  -57.5  -12.4  -21.4
          29.2   26.6   27.1   31.7   32.3   34.6   38.6   38.0   32.7   28.2   25.7   23.9   22.4   17.0   19.0   19.0
          46.2   25.2   84.0  115.5  114.2   97.2   85.8   80.3   34.2   81.2  169.8  164.6
          38.7  140.2  124.3   98.0  126.3  128.9  130.1  143.4  235.5  267.7  292.5  293.3  312. 0345.7  366.7  411.8  419.3
           5.6   25.2   12.7   12.7   25.9   62.3   49.4   54.7   82.7   18.9   39.6  101.3   45.0
           0.5    1.4    0.9    1.7    2.0   -3.3   -3.8   -5.8   -6.8   -6.6   -2.9   -3.6   -2.6   -0.7   -2.7   -5.8   -4.7
          18.2    7.9    8.6    8.5    10.7    2.1    3.8    4.7    1.8    0.1    2.8    1.9    2.6    3.0    6.4    1.0    1.4
④ 54.6   85.9   88.3   82.5  107.2  101.9  118.7  126.4  143.8  218.4  276.2  320.2  397.0  574.8  699.2  524.4
ス 63.6   87.8  111.2  102.6  130.7  113.0  127.7  147.7  164.9  224.8  291.5  344.7  419.0  583.5  709.2  531.9
ロ -8.9   -1.9  -22.9  -20.1  -23.5  -11.0   -9.0  -21.2  -21.1   -6.3  -15.3  -24.5  -22.0   -8.6  -10.0   -7.5
ヴ -6.0    3.9    2.9   -2.9  -16.5  -20.5  -10.8   -7.0  -17.4  -19.2   -2.7  -15.0  -40.9  -34.0  -39.9  -61.9  -48.5
ア 30.8   29.7   30.7   33.6   35.2   41.4   46.8   48.4   45.3   36.8   32.3   31.0   29.7   24.7   21.4
キ 29.8   23.7   42.6   66.9   90.3   71.0   67.8   71.2   43.7   64.1   93.4  121.5  195.2  266.3  346.7
ア  3.9   33.0   34.0   32.0   28.6   33.6   40.2   41.4   48.8   70.8  176.7  144.1  149.0  128.6  176.7  178.5
           1.0    1.9    1.9    0.8    3.7    7.0   18.9   15.2   41.3    7.3   14.0   19.5   34.0
           7.0   -0.2   -1.9  -2.8  -3.6  -3.6 -12.6  -6.4  -7.5  -3.7  -3.0  -2.8  -3.2  -1.8  -2.1  -8.0  -7.9
          25.1    7.2    5.4    6.4    5.6   10.6   12.0    7.1    3.3    8.5    7.5    2.8    4.4    3.4    3.5    0.0   1.3
⑤ 48.9   79.1   80.8   84.3   83.0   85.0  103.6  113.8  138.6  176.2  235.1  281.4  354.6  401.7  430.0
ル 65.2  102.7  114.3  112.8  118.2   95.9  120.5  143.5  164.8  220.9  301.3  380.2  489.5  643.1  697.5
| -16.2  -23.6  -33.5  -28.4  -35.2  -10.8  -16.8  -29.6  -26.1   -1.4  -44.6  -66.1  -98.7 -131.2 -241.3 -267.5
マ -11.7  -17.7  -25.7  -21.3  -19.7  -13.4  -23.1  -19.5  -15.8  -33.4  -53.4  -83.7 -115.0 -238.4 -245.5
ニ 760    2558   3734   7960   8875  15333    2.2    2.9    3.3    3.3    2.9    2.8    2.4    2.5    3.0   3.1
ア 42.0   65.8   80.5   73.7   82.3   94.6   81.7   84.3   98.7  125.7  116.9  115.1                 1175
           0.4    2.7    5.4   20.9   13.7   15.4   24.9   39.6   61.4   80.5  148.0  256.6  322.4  382.1  370.4  409.4  435.
           0.87   4.1    2.6   12.2   20.4    8.0   10.5   11.5   10.8   21.5   63.6   65.8  109.5   70.4  136.0   49.3   35.8
          -0.4   -3.4   -6.5   -3.6   -4.6   -3.2   -4.5   -3.2  -2.0  -1.4  -0.8  -2.5  -5.5  -7.0  -4.2
         295.5   27.8   56.9  151.4   40.6   45.8   45.7   34.5   22.5   15.3   11.9    9.0    6.6    6.7    6.3    4.7    8.0
⑥ 35.8   53.5   48.3   53.2   42.9   39.5   48.2   51.1   56.9   75.4   98.4  117.4  152.6  185.7  225.8  163.7  206.
ブ 43.1   56.5   50.1   52.2   49.8   50.2   60.0   69.6   72.8  100.5  134.9  171.3  217.6  285.6  351.5  235.5  253.
          -7.3   -3.0   -1.82   0.99   -6.85 -10.6 -11.7  -15.8  -15.9  -25.1   -36.4  -53.9  -65.0  -99.9 -128.6  -71.7 -47.5
ガ -10.9   -0.6   0.0   -4.4   -4.4    -0.6   -4.0   -8.8   -9.2  -18.5  -14.1  -20.6  -42.7  -88.4 -100.3 -125.9
```

[引用文献] EBRD, Transition report 2009, 2010年以降ネットより。輸出/ 輸入/ 貿易収支:UN, Monthly Bulletin of Statistics, 経常収支/ 為替レート/外貨準備:IMF "International Financial Statistics"、 対外債務: World Bank, Global Development Finance,2011他。チェコ共和国はEBRDを2007年に脱退した為、08 年以降のは、別の資料で補ったリ

**10段目を除く）**

```
          0.028  0.067  0.178  1.674  1.76  1.836  2.1    2.2    2.1    1.7    1.6    1.6    1.5    1.4    1.3    1.1    1.4
      ア 131.8   89.1   89.9   75.5   74.2  71.0   77.0   70.3   69.0   71.4   85.0  108.6  162.8  260.7  337.6
            6.5   12.3   0.51   21.2   26.7   29.0  34.6   35.9   44.0   62.9   87.7   85.1  109.4  164.8  168.8  171.9  174.9
            0.4   0.98   1.3    5.0    5.3    8.0    9.9    8.0    8.7   20.7   28.7   40.0   75.8  114.3   84.7   57.8
           -8.7   -6.3  -12.7  -2.5    1.5   -0.9   -0.5   1.9    0.1    0.3    1.9    3.1    3.0    3.3    2.9   -0.9   -3.9
           63.9   32.9  310.8  578.6   1.0    2.6    8.2    7.5    5.8    2.3    6.1    5.0    7.3   12.5    7.2    1.6    4.4
      ⑦ 60.8    83.5   83.7   84.0   90.9   86.0   88.0   93.4  104.7  129.1  160.6  180.4  192.7  270.9  296.0  222.9 241.8
      ス 62.3   93.0   92.5   91.7   98.7   97.6   99.4   99.6  107.1  135.3  173.2  193.1  208.9  294.2  334.8  238.5260.5
      ロ -1.5   -9.5   -8.8   -7.7  -11.5 -11.3   -6.1  -24.8  -6.2  -12.5  -12.7  -16.1  -23.3  -38.8  -15.5 -18.6
      ヴ  1.9   -0.23   0.39   0.37  -0.04  -5.8   -5.4   0.3    3.3   -0.8   -6.7   -3.6   -6.7  -22.4 -33.2
      エ 113.2 118.5  135.4  159.7  166.1  181.8  222.7  242.7  240.2  207.1  192.4  192.7   na   「0.7    0.7
      二  11.0   11.6   17.3   0.87  13.8   24.3   56.3   48.3   50.6   82.4  120.0  170.8  246.5 501.5 542.8
      ア  7.7   18.0   22.7   32.9   35.7   30.5   31.9   43.3   69.8   84.9   87.9   80.7   70.3    9.7    8.7
            1.1    1.7    1.7    2.9    2.5    1.4    0.7    2.2   14.8   -1.7    2.8   -0.6   -2.1   -2.7    5.1   -7.4
            0.6   -0.3   -0.2   -1.7   -1.4   -0.9   -1.3   -1.3   -2.9   -1.3   -1.4   -1.1   -1.5    0.0   -1.8   -6.0   -5.6
           22.3    8.9    9.0    8.9    6.5    6.2    8.8    8.4    7.5    5.6    3.6    2.5    2.5    5.6    1.7    2.1    2.2
      ⑧ 39.0   46.3   45.4   42.1   46.0   43.8   45.6   47.5   50.0   63.0   82.1   89.9  106.4  126.2  143.5  105.8 118.0
      ク 46.4   79.0   82.3   94.3   87.7   77.7   77.7   88.6  106.5  142.1  165.6  182.8 211.3   255.5  304.1  245.7 200.5
      ロ -4.7  -32.6  -36.9  -52.2  -41.6  -34.9  -32.0  -41.0  -56.4  -79.0  -83.5  -92.9 -104.8 -129.3 -160.6 -139.9 -82.4
      ア  6.0  -14.5  -11.4  -23.4  -15.5  -14.4   -4.5   -7.2  -19.1  -21.4  -18.4  -25.4  -32.8 -44.3  -63.3 -51.8
      チ  3.6    5.2    5.4    6.2    6.4    7.1    8.3    8.3    7.9    6.7    6.0    5.9    5.8    5.3    4.9    5.2    5.4
      ア 20.2   19.1   29.9   49.1   67.6   64.7   71.6   97.9   165.6  222.4  214.1  270.5  351.8  425.1
            6.1   18.9   23.1   25.3   28.1   30.2   35.2   47.0   58.8   81.9   87.5   88.0  114.8  136.7 129.5
            0.78   0.96   5.0    3.0    8.0   13.7   10.7   11.7    5.8    7.9    3.7    7.3   15.5   31.9   47.3   47.0   16.1   4.5
           -0.8   -0.9   -0.4   -1.3   -1.0   -6.5   -7.5   -6.8   -4.9   -4.8   -4.0   -3.5   -3.1   -2.5   -1.3   -4.1   -5.0
      1149    3.8    3.4    3.8    5.4    4.0    4.6    3.8    1.7    1.8    2.0    3.3    3.2    5.8    1.9    1.9    2.4
      ⑨ 20.2   27.0   34.5   41.9   39.6   31.4   40.5   48.8   60.3   76.5   93.0  117.9  135.0  171.6 237.5
      リ 21.8   34.0   43.0   53.4   54.8   45.5   51.5   59.9    7.3   93.6  116.9  146.3  171.0  230.3 294.8
      ト -1.5   -6.9   -8.9  -11.4  -15.1  -14.0  -11.0  -11.0  -13.3  -17.0  -23.8  -28.4  -36.0  -58.7 -57.3
      ア -0.8   -6.1   -7.2   -9.8  -12.9  -11.9   -6.7   -5.7   -7.3  -12.7  -17.2  -18.1  -22.4  -36.9 -57.7
      ニ  4.37   4.0    4.0    4.0    4.0    4.0    4.0    3.7    3.1    2.8    2.7    2.7    2.5    2.3    2.4    2.6
      ア  na   0.88  15.9   22.2   23.1   30.8  34.9   35.9    37.8   48.8   68.7   85.9  132.8  225.0 262.0
            3.5    7.5    7.7   10.1   14.0   11.9   13.5   16.6   24.1   34.5   35.9   38.1   56.7   75.9   62.6
            0.3    0.7    1.5    3.2    2.0    4.3    3.7    4.3    7.1    1.4    5.1    6.8   15.5   14.0   11.1   -0.7   5.0
           -5.3   -4.5   -4.5   -1.8   -5.8   -8.6   -2.5   -2.0   -1.4   -1.2   -1.5   -0.5   -0.4   -1.0   -3.3   -9.5  -5.5
      188.8   35.7   13.1    8.4    2.4    1.5    1.1    1.6    0.3    1.1    1.8    2.0    3.5    3.5    2.8    8.5    1.2
      ⑩ 596.4 810.9 885.9 882.5 746.8 746.6 1050.3 1018.8 1073.0 1359.2 1832.0 2435.6 2971.5 3544.0 4715.0 3016.5 3966
      ロ 443.0 609.4 688.2 734.6 577.6 393.6  448.6 537.6  600.6 754.3  973.8 1253.0 1553.7 2234.8 2918.6 1674.1 2290
      シ 153.4 201.5 197.7 147.9 168.9 353.0  601.7  481.2  463.3  604.8 358.7 211.8 261.7 1417.7 1309.1 1797.4 1342.4 1675
      ア  na   50.2   70.0   4.4   20.9  247.3  468.3  339.3  291.1  358.4  585.9 842.4 1012.1 1770.1 1023.9 486.0 711
       1.07  4.6    5.1    5.8   10.0   24.6   28.1    2.9    2.9    31.3   30.7   28.8   28.3   27.1   25.5   24.8   31.7   30.3
       na   1126  1238  1212  1498  1461  1367  1185  1258  1262 1041  917   179.2  46.2  720.0  3813.3
       na   144.0 112.7 128.9  78.0  84.5 242.6 325.4 440.5  731.7 1208.0 1759.0 2952.7 4663.7 4114.5 94177.5 94449.5
       -    16.6   16.6   40.3   17.3    7.4   -4.6    2.1   -0.7  -17.6   16.6    1.1   65.5   91.5  204.2  -73.3
           -7.3   -6.0   -8.6   -7.6   -8.0   -3.8    3.2    2.7    0.6    1.1    5.0    7.5    6.7    6.0    4.9   -6.3   -3.6
       840  128.6  21.8  10.9   84.5  85.7  271.5  15.8   13.7  10.9   12.7    7.3   10.9   12.7   7.3    6.8   8.5    8.8
      ⑪ 128.0 142.4 155.4 154.1 136.9 122.8 157.2 170.9 186.6 237.3 334.3 350.2 378.2 494.4 677.1 397.5 514.3
      ウ 153.0 169.4 198.4 196.2 162.8 128.0 149.4 168.9 179.5 240.0 296.9 361.5 441.1 604.1 846.5 454.5 3607.4
      ク -25.0 -27.0 -42.9 -42.0 -25.8 -27.9  7.9    7.1   -2.6  37.4   -1.3  -62.8 -105.7 -169.3 -57.3 -93.0
      ラ  na  -11.5 -11.8 -13.3 -12.9   7.3   14.8   14.0   31.7   28.9   68.0   25.3  -12.8 -59.1 -129.3
      イ  0.05  1.42   1.83   1.86   2.45   4.13   5.4    5.4    5.5    3.1    5.0    5.0    5.2    4.7    7.9
      ナ  na   70.0   71.7   94.3  109.1  103.9 104.6   91.4   85.3  170.8  213.4  202.0  322.1  502.1  701.1 931.5
            1.6   11.3   19.9   23.7    7.8   10.9   13.5   29.5   42.4   67.3   93.0  194.1 223.0 319.7 315.4 256.0 333.7
       -    2.5    5.2    5.8    4.8    5.9    7.6    4.4   11.4   17.1   75.3   57.3   92.1   99.0   46.5   57.6
      -16.2   -6.1   -6.1   -6.2   -3.0   -1.5   -1.1   -0.9   0.1   -0.7   -4.4   -2.3   -1.3   -2.0   -3.2  -11.3  -9.9
      10155  181.7  39.7  10.1   20.0   22.7   28.2   12.0   0.8    5.2   9.0    13.5   9.0   16.6   22.3   12.3   9.1
      原油スポット価格（米ドル／バーレル）WTI
      70    75    86    90    91    92    93    94    95    96    97    98    99   2000  2001  2002
      2.07  10.92 15.45 24.63  20.09 18.23 17.07 18.48 22.49 20.69 14.04 19.47 31.0  26.25 26.23
      2003  2004  2005  2006  2007  2008  2009  2010  2011  2012  2013
      31.03 41.39 56.56 66.21 72.34 99.65 61.80 79.53 97.16(11月)
```

## 表3 主要国の経済統計（単位：億ドル，但し，一般政府支出，一般政府債務債務」は

表II—3　主要国の経済統計（単位億ドル，但し，一般政府収支，一般政府債務は対GDP比）

| ①米国 | 85年 | 90 | 95 | 96 | 97 | 98 | 99 | 2000 | 2001 | 2002 | 2003 |
|---|---|---|---|---|---|---|---|---|---|---|---|
| 輸出 | 2188.1 | 3935.9 | 5847.4 | 6250.7 | 6886.9 | 6824.9 | 6952.1 | 7670.1 | 7308.9 | 6938.6 | 7240.0 |
| 輸入 | 3524.6 | 5169.8 | 7708.5 | 8220.2 | 8990.1 | 9443.5 | 10252.9 | 12445.3 | 11422.8 | 12024.3 | 12597.0 |
| 貿易収支 | 1336.4 | -1233.9 | -1861.0 | -1969.5 | -2103.2 | -2618.5 | -3300.7 | -4495.0 | -4294.0 | -5085.7 | -5475.5 |
| 経常収支 | – | -926.5 | -1135.7 | -1293.0 | -1434.6 | -2205.6 | -3389.2 | -4354.0 | -4136.0 | -5034.3 | -5306.6 |
| 対外債務 時価 | 21790 | 39059 | 45372 | 54768 | 61701 | 70209 | 75427 | 81443 | 85764 | 81601 | |
| 外貨準備 | 421.9 | 853.0 | 883.9 | 772.1 | 712.6 | 836.0 | 730.7 | 566.0 | 581.1 | 679.6 | 748.9 |
| 直接投資 | | 3949.1 | 548.8 | 587.7 | 844.5 | 1054.8 | 1889.6 | 1782.9 | 1278.9 | 257.5 | 688.3 |
| 一般政府収支 | | | -3.1 | -2.2 | -0.9 | 0.4 | 1.0 | 2.2 | 0.6 | -3.8 | -5.0 |
| 一般政府債務 | | | 68.3 | 67.7 | 65.4 | 62.4 | 59.3 | 58.8 | 57.6 | 61.0 | 63.4 |

| ②日本 | 85年 | 90 | 95 | 96 | 97 | 98 | 99 | 2000 | 2001 | 2002 | 2003 |
|---|---|---|---|---|---|---|---|---|---|---|---|
| 輸出 | 1267.3 | 2876.4 | 4432.6 | 4109.2 | 4219.5 | 3811.1 | 4037 | 4791 | 4053 | 4173 | 4698.6 |
| 輸入 | 1246.1 | 2354.2 | 3359.9 | 3491.7 | 3388.2 | 2806.1 | 2804 | 3794 | 3510 | 3372 | 3815.2 |
| 貿易収支 | 21.2 | 522.2 | 1072.7 | 617.5 | 822.2 | 1074.9 | 1233 | 1168 | 738 | 801 | 889.1 |
| 経常収支 | -107.4 | 440.7 | 1110.4 | 658.8 | 943.5 | 1207.0 | 1069 | 1172 | 868 | 1135 | 1362 |
| 対ドルレート | 238.5 | 144.7 | 94.0 | 108.7 | 120.9 | 130.9 | 113.9 | 107.7 | 121.5 | 119.3 | 106.9 |
| 対外債務 | 307 | 15298 | 19845 | 18785 | 19104 | 18327 | 23154 | 20007 | 17134 | 15869 | 20457 |
| 外貨準備 | | | 1833 | 2166 | 2200 | 2155 | 2892 | 3549 | 4019 | 4697 | 6645 |
| 直接投資 | | | 38.3 | 68.4 | 55.2 | 104.6 | 123.0 | 82.2 | 61.9 | 92.4 | 63.2 |
| 一般政府収支 | | | -3.6 | -4.2 | -3.4 | -6.0 | -7.6 | -7.9 | -6.4 | -7.9 | -7.7 |
| 一般政府債務 | | | 76.0 | 80.6 | 84.7 | 97.3 | 105.4 | 114.1 | 132.0 | 147.2 | 155.7 |

| ③ドイツ | 85年 | 90 | 95 | 96 | 97 | 98 | 99 | 2000 | 2001 | 2002 | 2003 |
|---|---|---|---|---|---|---|---|---|---|---|---|
| 輸出 | 1834.0 | 4099.5 | 5083.9 | 5242.2 | 5125.0 | 5434.3 | 5415.7 | 5502.6 | 5714.6 | 6129.0 | 7483.7 |
| 輸入 | 1576.4 | 3450.3 | 4445.4 | 4588.1 | 4456.8 | 4714.4 | 4725.1 | 954.8 | 4860.5 | 4937.5 | 6004.1 |
| 貿易収支 | 54.6 | 649.2 | 638.4 | 654.1 | 668.2 | 719.8 | 701.0 | 547.2 | 854.1 | 1191.5 | 1496.8 |
| 経常収支 | | | -189.3 | -56.5 | -15.2 | -34.4 | -180.0 | -204.8 | 35.3 | 50.3 | 548.7 |
| マルク/ユーロ | 2.94 | 1.61 | 1.43 | 1.50 | 1.73 | 1.75 | 0.938 | 1.0854 | 1.12 | 0.95 | 0.73 |
| 対外債務 | | 6876 | 15377 | 16655 | 17512 | 21034 | 24485 | 25157 | 26084 | 27789 | 33905 |
| 外貨準備 | 90年迄西独 | 850.0 | 831.7 | 775.8 | 740.2 | 610.3 | 568.9 | 551.7 | 511.7 | 968.3 | |
| 直接投資 | | | 127.2 | 101.6 | 100.6 | 198.8 | 524.0 | 1811.0 | 354.7 | 415.1 | 440.1 |
| 一般政府収支 | | | -3.2 | -3.4 | -2.6 | -1.7 | -1.1 | 1.2 | -2.5 | -3.7 | -3.8 |
| 一般政府債務 | | | 59.1 | 61.9 | 62.8 | 63.3 | 63.5 | 60.8 | 60.9 | 62.4 | 64.9 |

| ④中国 | 85年 | 90 | 95 | 96 | 97 | 98 | 99 | 2000 | 2001 | 2002 | 2003 |
|---|---|---|---|---|---|---|---|---|---|---|---|
| 輸出 | 273.4 | 620.9 | 1487.9 | 1511.9 | 1828.7 | 1835.9 | 1917.1 | 2492.9 | 2661.5 | 3255.9 | 4384 |
| 輸入 | 422.5 | 533.4 | 1291.1 | 1389.4 | 1421.8 | 1403.0 | 1669.1 | 2061.3 | 2436.1 | 2951.7 | 4128 |
| 貿易収支 | -149.0 | 87.4 | 196.8 | 122.5 | 406.8 | 432.8 | 362.0 | 344.7 | 225.4 | 304.2 | 248.3 |
| 経常収支 | -114.1 | 119.9 | 16.1 | 72.4 | 297.1 | 293.2 | 211.1 | 205.1 | 105.6 | 354.2 | 458.7 |
| 元対ドルレート | 2.937 | 4.78 | 8.35 | 8.31 | 8.29 | 8.27 | 8.27 | 8.27 | 8.27 | 8.27 | 8.27 |
| 対外債務 | 166.9 | 553.0 | 1180.9 | 1288.1 | 1466.9 | 1460.4 | 1518.3 | 1457.3 | 1701.1 | 1687.4 | 1936 |
| 外貨準備 | | | 753.7 | 1070.3 | 1427.6 | | 1491.8 | 1577.2 | 1682.7 | 212.2 | 286.4 | 4032 |
| 直接投資 | | | 375.2 | 417.2 | 452.5 | 454.6 | 403.9 | 407.2 | 468.8 | 527.0 | 535.0 |
| 政府財政収支（対GDP比） | | | -1.0 | -0.8 | -0.8 | -1.2 | -2.1 | -2.8 | -2.6 | -3.0 | -2.8 |
| 一般政府債務（対GDP比） | | | | | | 15.2 | 15.3 | 13.5 | 14.7 | 19.2 | 18.9 |

| ⑤輸出 | 301.6 | 650.1 | 1250.5 | 1297.1 | 1361.6 | 1323.1 | 1447.4 | 1718.3 | 1504.5 | 1624.7 | 1938.1 |
|---|---|---|---|---|---|---|---|---|---|---|---|
| 韓輸入 | 310.7 | 698.4 | 1351.1 | 1503.3 | 1446.1 | 932.8 | 1197.5 | 1554.5 | 1410.9 | 1521.2 | 1788.2 |
| 国貿易収支 | -9.0 | -48.2 | -100.6 | -206.2 | -84.5 | 390.3 | 284.0 | 187.0 | 93.4 | 103.4 | 149.9 |
| 経常収支 | -7.9 | -20.0 | -85.0 | -230.0 | -81.6 | 405.5 | 242.1 | 117.0 | 86.1 | 60.6 | 123.2 |
| ウォン(対ドル) | 870.0 | 707.8 | 771.2 | 804.4 | 951.2 | 1403.3 | 1187.0 | 130.9 | 1290.9 | 1251.0 | 1191.6 |
| 対外債務 | 545.8 | 469.7 | 1150.3 | 1317.4 | 1433.7 | 1339.1 | 1268.9 | 1363.0 | 1198.6 | 1310.0 | 1588.7 |
| 外貨準備 | 28.6 | 147.9 | 326.7 | 340.3 | 203.6 | 519.7 | 739.8 | 961.3 | 1028.2 | 1214.1 | 1552.8 |
| 直接投資 | | | 13.5 | 23.0 | 30.8 | 52.0 | 93.3 | 157.0 | 118.7 | 91.0 | 64.6 |
| 一般政府収支 | | | 4.4 | 2.4 | -0.3 | 1.0 | 6.2 | 5.5 | 6.0 | 3.7 | |
| 一般政府債務 | | | 6.3 | 6.3 | 9.2 | 10.7 | 13.4 | 10.8 | 17.5 | 16.4 | 19.2 |

| ⑥輸出 | 45.4 | 81.0 | 109.7 | 94.8 | 86.5 | 105.9 | 100.5 | 112.3 | 97.0 | 102.9 | 140.4 |
|---|---|---|---|---|---|---|---|---|---|---|---|
| ギ輸入 | 101.4 | 197.8 | 255.0 | 273.9 | 277.2 | 263.9 | 298.2 | 281.2 | 311.1 | 453.7 | |
| リ貿易収支 | -55.9 | -116.7 | -145.3 | -179.1 | -190.6 | -167.0 | -180.0 | -210.0 | -206.0 | -213.7 | -256.0 |
| シ経常収支 | -33 | -45.2 | -28.6 | -45.5 | -48.6 | -38.0 | -52.0 | -80.0 | -61.3 | -82.4 | -125.5 |
| ヤ ドラクマ/ユーロ | | 231.6 | | 240.7 | 273.0 | 295.5 | 305.6 | 365.4 | 1.13 | 0.95 | 0.73 |
| 対外債務 | 152 | 164.9(91) | 212.5(94) | | | 333.5 | | | | | |
| 外貨準備 | 8.6 | 34.1 | 147.8 | 175.0 | 125.9 | 174.5 | 181.2 | 134.2 | 56.1 | 84.8 | 43.6 |
| 直接投資 | | | 9.8 | 10.5 | 10.5 | 9.8 | 7.0 | 11.0 | 15.8 | 0.5 | 5.8億ユーロ |
| 一般政府収支 | | | -10.2 | -7.4 | -3.9 | -2.5 | -1.6 | -4.2 | -6.0 | -5.0 | -5.8 |
| 一般政府債務 | | | 108.7 | 111.3 | 108.5 | 105.4 | 104.4 | 110.0 | 114.4 | 111.6 | 108.8 |

対GDP比)

表II—3 主要国の経済統計(単位億ドル、但し、一般政府収支、一般政府債務は対GDP比)

| ①米国 | 2004 | 2005 | 2006 | 2007 | 2008 | 2009 | 2010 | 2011 | 2012 | 2013 | 2014 |
|---|---|---|---|---|---|---|---|---|---|---|---|
| 輸出 | 8219.8 | 9116.8 | 10394.0 | 11639.5 | 13074.9 | 10694.9 | 12886.9 | | | | |
| 輸入 | 14854.9 | 16394.1 | 18750.9 | 19828.4 | 21376.0 | 15754.0 | 19345.5 | | | | |
| 貿易収支 | -6635.0 | -7807.3 | -8356.8 | -8188.8 | -8301.9 | -5059.1 | -64585.7 | | | | |
| 経常収支 | -6285.1 | -7086.2 | -7532.8 | -7103.0 | -6771.3 | -3765.5 | -47089.8 | | | | |
| 対外債務 | 15332.0 | 12473.4 | 20651.6 | 20646.4 | 4314.0 | 3357.9 | 12457.3 | | | | |
| 外貨準備 | 756.4 | 538.6 | 545.8 | 595 | 666 | 1197 | 1327 | | | | |
| 直投受入 | 1358.2 | 1010.2 | 1753.9 | 2375.4 | 3161.1 | 1528.9 | 2362.2 | | | | |
| 一政収支 | -4.1 | -3.3 | -2.2 | -2.9 | -6.3 | -11.3 | -10.6 | | | | |
| 一政債務 | 61.2 | 61.4 | 60.8 | 62.0 | 71.0 | 84.3 | 93.6 | | | | |
| ②日本 | 2004 | 2005 | 2006 | 2007 | 2008 | 2009 | 2010 | 2011 | 2012 | 2013 | 2014 |
| 輸出 | 5657.4 | 5949.8 | 6499.4 | 7142.1 | 7820.5 | 5807.1 | 7698.3 | | | | |
| 輸入 | 4545.9 | 5149.8 | 5796.0 | 6196.6 | 7626.2 | 5505.5 | 6924.3 | | | | |
| 貿易収支 | 1111.5 | 799.9 | 703.4 | 945.4 | 194.2 | 301.6 | 774.0 | | | | |
| 経常収支 | 1720.6 | 1657.8 | 1705.2 | 2104.9 | 1566.3 | 1421.9 | 1957.0 | | | | |
| 対$ルート | 108.1 | 110.2 | 116.3 | 117.7 | 103.3 | 93.5 | 87.7 | | | | |
| 対外債務 | 307 | | | | | | | | | | |
| 外貨準備 | 8445.4 | 8350.0 | 8809.7 | 9541.4 | 10106.9 | 10235.8 | 10628.1 | | | | |
| 直投受入 | 78.1 | 27.7 | -65.0 | 221.8 | 245.5 | 118.3 | -13.5 | | | | |
| 一政収支 | -6.2 | -6.7 | -1.6 | -2.4 | -2.2 | -8.7 | -8.1 | | | | |
| 一政債務 | 165.5 | 175.3 | 172.1 | 167.0 | 174.1 | 194.1 | 199.7 | | | | |
| ③ドイツ | 2004 | 2005 | 2006 | 2007 | 2008 | 2009 | 2010 | 2011 | 2012 | 2013 | 2014 |
| 輸出 | 9118.5 | 9779.7 | 11258.7 | 13238.1 | 14513.9 | 11206.6 | 12713.5 | | | | |
| 輸入 | 7182.6 | 7805.1 | 9191.5 | 10559.9 | 11866.8 | 9261.5 | 10680.5 | | | | |
| 貿易収支 | 1935.8 | 1974.5 | 2067.2 | 2678.2 | 2647.0 | 1945.1 | 2032.9 | | | | |
| 経常収支 | 1203.3 | 1318.1 | 1507.5 | 2491.0 | 2781.1 | 1886.3 | 1883.7 | | | | |
| 対$ルート | 0.80 | 0.80 | 0.79 | 0.73 | 0.68 | 0.71 | 0.75 | | | | |
| 対外債務 | | | | | | | | | | | |
| 外貨準備 | 488.2 | 506.5 | 474.8 | 504.0 | 490.5 | 659.3 | 681.8 | | | | |
| 直接投資 | -91.9 | 35.8 | 42.8 | 518.1 | 264.8 | 391.5 | 461.3 | | | | |
| 一政収支 | -3.8 | -3.3 | -1.6 | 0.3 | 0.1 | -3.0 | -3.3 | | | | |
| 一政債務 | 68.8 | 71.2 | 69.3 | 65.3 | 69.3 | 76.4 | 87.0 | | | | |
| ④中国 | 2004 | 2005 | 2006 | 2007 | 2008 | 2009 | 2010 | 2011 | 2012 | 2013 | 2014 |
| 輸出 | 5933.2 | 7619.5 | 9693.8 | 12178.1 | 14286.6 | 12017.9 | 15782.7 | | | | |
| 輸入 | 5612.2 | 6599.5 | 7916.0 | 9562.3 | 11316.2 | 10041.5 | 13946.9 | | | | |
| 貿易収支 | 320.9 | 1020.0 | 1777.7 | 2615.8 | 2970.4 | 1976.2 | 1835.8 | | | | |
| 経常収支 | 686.5 | 1608.1 | 2498.6 | 3718.3 | 4361.0 | 2971.4 | 3050.4 | | | | |
| 元対$ルート | 8.27 | 8.19 | 7.97 | 7.60 | 6.94 | 6.83 | 6.77 | | | | |
| 対外債務 | 2286 | 2811 | 3228.4 | 3736 | 3746.6 | 4284.4 | 5489.3 | | | | |
| 外貨準備 | 6099.3 | 8188.7 | 10663.4 | 15282.5 | 19460.3 | 23991.5 | 28473.4 | | | | |
| 直投受入 | 606.3 | 724.0 | 694.6 | 1384.1 | 1083.1 | 940.6 | 1850.8 | | | | |
| 政財収支 | -1.30 | -1.23 | -0.76 | 0.57 | -0.40 | -2.28 | -1.68 | | | | |
| 一政債務 | | | | | | | | | | | |
| ⑤輸出 | 2538.4 | 2844.1 | 3254.6 | 3714.8 | 4020.0 | 3635.3 | 4663.8 | | | | |
| 韓輸入 | 2244.6 | 2612.3 | 3093.8 | 3568.4 | 4352.7 | 3230.8 | 4252.1 | | | | |
| 国貿易収支 | 293.8 | 231.8 | 160.8 | 146.4 | -132.6 | 404.4 | 411.7 | | | | |
| 経常収支 | 323.1 | 186.0 | 140.8 | 217.7 | 31.9 | 327.9 | 293.9 | | | | |
| ウォン($ルート) | 1145.3 | 1024.1 | 954.7 | 929.2 | 1102.0 | 1276.9 | 1156.1 | | | | |
| 対外債務 | 1506.2 | 1878.8 | 2600.6 | 3806.6 | 3804.9 | 3779.4 | 3599.8 | | | | |
| 外貨準備 | 1990.6 | 2103.9 | 2389.5 | 2622.2 | 2012.2 | 2699.9 | 2915.7 | | | | |
| 直接投資 | 89.8 | 70.5 | 112.4 | 105.0 | 3.1 | 15.0 | 1.5 | | | | |
| 一政収支 | 2.7 | 3.4 | 3.9 | 4.7 | 3.0 | -1.1 | 0.0 | | | | |
| 一政債務 | 22.6 | 24.6 | 27.7 | 27.9 | 29.6 | 32.5 | 33.9 | | | | |
| ⑥輸出 | 149.9 | 155.1 | 201.8 | 234.7 | 252.3 | 198.6 | 215.8 | | | | |
| ギ輸入 | 515.5 | 498.1 | 591.2 | 751.0 | 778.3 | 592.9 | 627.7 | | | | |
| リ貿易収支 | -365.6 | -343.0 | -389.4 | -516.2 | -526.0 | -394.2 | -421.9 | | | | |
| シ経常収支 | -134.7 | -182.3 | -295.6 | -445.8 | -513.1 | -359.1 | -308.9 | | | | |
| ヤユーロ($ルート) | 0.80 | 0.80 | 0.79 | 0.73 | 0.68 | 0.71 | 0.75 | | | | |
| 対外債務 | 152 | | | | | | | | | | |
| 外貨準備 | 8.6 | 6.8 | 7.5 | 8.3 | 5.3 | 17.5 | 15.0 | | | | |
| 直接投資 | 10,8億ユーロ6.0 | 10.8 | 53.6 | 19.1 | 44.9 | 24.3 | 21.8 | | | | |
| 一政収支 | -7.4 | -5.3 | -6.0 | -6.7 | -9.8 | 15.6 | -10.4 | | | | |
| 一政債務 | 114.8 | 121.2 | 115.6 | 112.9 | 116.1 | 131.6 | 147.3 | | | | |

# 第3部　国際経済論
## ―欧露思想と技法―

# 第1章　経済学と思想史

　第1章では，思想史の流れの中で，経済学がどのように生まれ，展開していったかを確認していく。学問としての成立過程を概観し，そこから経済学説の大きな流れを，その時代背景も踏まえ展望する。

## 第1節　経済学の発生

### 1. 経済学の学問的位置づけ，歴史的アプローチ

　大学の起源は，中世の教会や修道院の付属施設に遡る。11〜12世紀にかけて，教皇や皇帝の特許を得て，学問を研究する教授・研究者・学生がギルド的な組合を作り，このような組織が大学へと発展していった。因みに，現在使用されている英語による「大学=university」の語源はラテン語のウニヴェルシタ(組合)に由来している。

　最古の大学は法学で有名なイタリアのボローニャ大学（1088年創設），第2番目は神学のパリ大学(1150年頃)，3番目は神学のオックスフオード大学(1167年)であり，第4番目は医学で著名なイタリアのサレルノ大学(1173年)である。なお，当時，これらの大学は，世俗的学問が神学から独立して独自の価値観を確立するという原則をすでに打ち立ててはいたが，しかし教会の許可なしに教育施設を設立することは認められなかった。4ないし5学部（神学，法学，医学，人文学（或いは哲学））と音楽に分けられたストゥディウム・ゲネラーレ（大学）の構想は，教会の勅許状によって具体化され，独立した学究組織が大学の管理を担当した。

## 2. 経済学の成立

中世の大学には、「経済学」という科目はなかった。しかしながら、人々が集まり、貨幣や物品による取引が行われる所に「経済」は存在する。統治者がいて、政治や経済が複雑になれば、「経済思想」がそこから生まれる。すでに古代文明において経済思想らしきものが芽生えている。しかしこれは政治を支配している権力者の、巨大になった一国の経営にかかわるものだった。「経済」は、国を治めるために、人々からいかに収入（税）を徴収するかにかかわっていた。つまり、「経済」は統治手段のひとつであり、政治の範疇にあった。「経済」という英語「エコノミー (economy)」はギリシャ語のオイコス（家政）に由来する。経済という漢字も、『抱朴子』の経国済民（国家を治め民衆を救う）に由来する。経済が政治から分離し、独立した領域で、政治に影響を与えうるパワーをもち得た状況の中で「経済思想」が派生する。「経済思想」は近代になって、資本主義が広まりつつあった時代に出現した。資本主義の先進国である英国において、アダム・スミスが学問的体系付けを行い、『国富論』を著したことをもって、「経済学」が成立する。

## 第2節　古典派経済学

### 1. 古典派以前

アダム・スミス以前に経済学に貢献した思想家として、『経済表』を著した医師、フランソワ・ケネー (1694-1774)、重商主義を唱えた法律家、ジェームズ・ステュアートがあげられる。ケネーは『経済表』(1758) で重農主義を説き、ステュワートは『経済の原理』(1767) で重商主義を説いた。しかし富の源泉を農業に置く重農主義や、貨幣獲得に置く重商主義は産業革命時代の工業生産力に基づく資本主義経済を分析するには限界があった。

### 2. 古典派経済学

古典派経済学はアダム・スミスを始祖とし、彼の影響を受けた経済学者の一

連の学問的体系を指す。代表的な学者として，古典派経済学の始祖アダム・スミス，スミスの理論をさらに精緻化していったトマス・ロバート・マルサス，デヴィッド・リカードが挙げられる。

　経済学が学問としての姿を整え始めたのは，18世紀後半のことである。「経済学の父」と呼ばれたアダム・スミス（1723-90）が活躍したのもこの時期だ。彼は重商主義を批判し，自由主義政策を擁護する中で「政治経済学」の土台を構築した。

　古典派経済学はある財に価値があるのはそれが労働の生産物であるからと考えた（労働価値説）。できる限り国家が介入しないで経済を「自由」にしておけば，（見えざる手により）私的な利潤追求が結局公的利益に繋がる（ここでいう「自由」とは，社会正義や公正さを乱さない限り，人々の経済活動は制限されない，という意味である）。貨幣は実物経済に影響を与えず，実物を覆うヴェールにすぎないと考えた。

　比較生産費説を提示したリカード（1772-1823）も創成期を生きた一人だ。彼は一種の経済モデルを使用し国際分業の意味を分析した。マルクス（1818-83）もスミスら古典派の研究者に影響され，簡単な数式で資本が拡大再生産される過程を分析した。こうした手法が蓄積され，経済理論の体系ができあがりつつあった。

## 第3節　近代経済学

### 1. 限界革命

　19世紀後半，ジェヴォンズ（1835-82），ワルラス（1834-1910），メンガー（1834-1921）らが「限界」「効用」といった概念を生み出したことで，経済学はより科学的な，精緻な分析手法を獲得し，幅広い経済事象を統一的，数理的に解明できるようになった。パレート（1848-1923）による，市場で成立する均衡や資源配分についての研究も貢献した。

　限界革命の成果によって自由で競争的な市場での取引が価格の変化を通じて

資源の効率的な配分をもたらすという理論の枠組みができあがった。こうした分析手法をほぼ完成させたマーシャル（1842-1924）は，新古典派経済学の創始者といわれている。現在，主流をなす経済理論の殆どは，彼やその弟子らがまとめた原理を基礎にしているといってもよい。

## 2. ケインズ経済学―新古典派からケインズ経済学へ

　資本主義に移行した国々は繰り返し不況に襲われるようになった。何故資本主義のもとでは景気循環が起きるのか，このシステムが果たして永続するのかといった新しい課題が経済学者達に与えられた。1929 年，米国発の世界恐慌が起き，新古典派にも衝撃を与えた。彼らは不況になっても，経済は市場原理によって均衡状態に復帰すると考えていた。例えば，働きたい労働者は全て職を得ると仮定する。失業者が増えても，その分，労働市場で賃金が下がるので企業は再び雇用を増やすと考えたからだ。こういった前提が不況の長期化によって揺らいだのである。

　ケインズ（1883-1946）もこの問題に取り組んだ。彼は新古典派が想定するほど市場原理がうまく働かない場合を想定した。例えば雇用量は，労働市場での需要と供給の関係よりも社会全体の消費や投資の大きさに左右されると指摘した。彼の理論は大恐慌を経験した世界で，「ケインズ革命」といわれるほど影響力をもつようになる。

　彼の後継者を自任したハロッド（1900-78）も，経済成長の安定性に疑問を投げかけた。経済が成長するには，労働や資本等が最適の条件で組み合わさる必要がある。だが，そのようなバランスが保たれるのは非常に難しいと考えたのである。

　今日，日本で繰り広げられている政策論争も，この時期にルーツがあるものが多い。例えばデフレ脱却のために物価目標を定め，通貨供給量を増やすべきだとする主張はフィッシャー（1867-1947）に近い。彼は貨幣供給量と物価は比例関係にあるという，古典派的な考えに基づいて処方箋を書いた。一方，物価を上げるには社会全体の需要を増やす必要があるとする主張は，ケインズ理

論の延長にある。

## 第4節　非主流派経済学

　経済学の本流は，アダム・スミスに始まる古典派と，その流れを受け継いだ新古典派によって形作られた。しかし，合理的経済人を前提にした分析手法や，市場原理への強い信頼に対しては，常に批判が付きまとった。
　最大の対抗勢力は，資本主義の破綻を予言したマルクスと，市場原理の限界を指摘したケインズの継承者達であろう。

### 1．マルクス

　カール・マルクス (1818-1883) は，古典派と同じく労働価値説を基礎に経済がどのように再生産されるかを分析した。しかし古典派と全く異なる結論を導いた。つまり，資本主義経済は自動調節機能は働かず，資本家は労働者階級から搾取することで利益を得，両階級の貧富の格差は拡大する。究極的には，資本主義経済は恐慌，革命を経て社会主義経済，共産主義経済に移行せざるをえない，と主張した。

### 2．ドイツ歴史学派

　主流派経済学に対しては，他の視点からも批判が加えられた。19世紀半ば頃ドイツで誕生した歴史学派もその一つである。フリードリッヒ・リスト (1789-1846) は，例えば，英国とドイツが自由貿易を行うと，当然工業国英国が工業製品の輸出国になり，工業化の遅れたドイツが農産物の輸出国になる。このような貿易関係を放逐しておくと，ドイツは永遠に農業国のままで終わりかねない。従って，ドイツが経済発展する為には，保護関税により競争力ある輸入品を阻止し，国内の将来発展の余地のある産業（幼稚産業）を育成すべきだと主張した。彼らは，均質な「個人」ではなく，歴史や社会構造に規定される「国民」を理論の前提に置いた。この為彼らは，普遍的な経済法則の発見よ

りも，統計等を使った経済社会の実証研究に力を入れた。

### 3. 米国制度学派

ドイツ歴史学派の思想は19世紀以降，新古典派の影響力が強まりつつあった米国で，ヴェブレン（1857-1929）らに引き継がれた。経済主体と社会構造とのかかわりに注目する彼らは制度学派と呼ばれる。進化論の影響を受け，歴史や文化，慣習といった，個人や社会の質的な多様性と変化に注目するのが特徴である。ガルブレイス（1908-2006）も，制度学派の流れを組む経済学者として知られる。彼は，大企業が経済に支配的な力を発揮するようになった点に着目し，こうした社会で生じる様々な問題を分析した。

### 4. ハイエク

制度学派とは別に，市場の働きを社会論的に捉え直した経済学者としてはハイエク（1899-1992）がいる。彼は経済制度のなかで，「知識」が果たす役割や，市場社会で生じる秩序について分析し，社会主義に代表される設計主義的な社会制度に対する，自由主義の優位性を論じた。

## 第5節　反ケインズ学派

1929年の世界恐慌後，市場原理の限界を指摘し，財政政策による調整が必要だと説くケインズの理論は，世界的に大きな影響力をもった。しかし，実際にその処方箋が普及すると，政府の介入がもたらす副作用を指摘する声も高まっていった。エリートが指導する賢明な政府の存在を前提としていたケインズ理論は，不況期には財政支出を増やし好況期には引き締めることで経済の安定が図られるとする。しかし実際には，政治家の多くが有権者の支持を得ようと財政支出は積極的に増やす半面，引き締めには消極的で，財政赤字が拡大しやすい。

## 1. 公共選択学派　ブキャナン

　こうした民主主義と経済の関係については，ブキャナン (1919-) らが，従来の経済理論を応用する形で分析した。理論的な裏付けを得ることで，政府の裁量に任せるより，最低限のルールを定めた上で民間の自由な経済活動に任すべきだとする，アダム・スミス以来の「小さな政府」論は，再び力をもつようになった。

## 2. 社会主義経済計算論争　ミーゼス・ハイエク

　「小さな政府」のような自由主義論の背景には、社会主義国の拡大がもたらす緊張感もあった。政府の介入を強く批判したハイエクも，社会主義陣営の研究者達と2つの経済体制の優位性を巡って論争している。

## 3. マネタリズム　フリードマン

　70年代になって，インフレを伴いがちなケインズ的政策に批判が出始める。マネタリズムは「長期的には金融政策は産出量や雇用量等の実物的な要因には影響を与えない」としてケインズ的国家介入政策の有効性を否定し，新古典派総合を攻撃する。フリードマン (1912-2006) はその代表格といえる。政府の介入には懐疑的で，裁量的な経済政策を排し，通貨供給量の伸びを一定に保つことが経済の安定に繋がるとするマネタリズムの創始者として知られる。

## 4. サプライサイド経済学

　70年代後半以降，それまでのケインズ経済学のアンチ・テーゼとして米国で登場したのが，サプライサイド経済学である。1981年以降，米国のレーガン大統領は，「強いアメリカ」の復活を目指し，大幅な所得税減税で労働者の勤労意欲を引き出し，企業減税で，生産向上を高める等の政策を実施した。その結果個人貯蓄率は上昇するどころか低下し，労働者の勤労意欲が高まったという明確なデータも検証されなかった。巨額の財政赤字を残し，貿易赤字も解消されなかった。

## 5. 合理的期待形成理論

しかし，マネタリズムもマクロ経済学とミクロ経済学の統合については無関心だった。結局，新古典派総合を批判し，両者の統合を試みたのは，ルーカスとサージェントの合理的期待形成理論だった。この思想は一般均衡理論が前提とする合理的経済主体から出発して，マクロ的経済現象を徹底的にミクロ経済の手法で説明する所に真骨頂がある。この理論的結論は費用と便益を即座に比較計算できる経済主体が合理的に行動するなら，政府の経済政策は何の効果ももたらさなくなる，という非現実的なものであった。この理論がその非現実的結論にもかかわらず一世を風靡したのは，マクロ的経済現象をミクロ的手法で分析する研究の方向性を明確にしたからであった。

## 6. ゲーム理論

取引に臨む経済主体間の情報の非対称性や不完全性，或いは経済主体間の相互依存性を重視するゲーム理論もますます重要視されるようになった。

## 7. 人的資本論

経済理論の適用範囲も広がっていった。例えばベッカー（1930-）は，それまで新古典派の理論では説明が難しかった賃金の問題を，人的資本投資といった概念を用いて分析したほか，差別，犯罪，家族の問題にも経済理論を応用してみせた。

**〈参考文献〉**
(1) 『日本経済新聞』2002年12月26～31日「やさしい経済学 巨匠にまなぶ―理論系譜1～4」。
(2) Norman Davies, *Europe : A History*, London : Oxford university press, 1990. ノーマン・ディヴィス『ヨーロッパⅠ～Ⅲ』共同通信社，（全4冊），2000年。
(3) 湯浅赳男『世界の哲学・思想のすべて』日本文芸社。

# 第2章　普遍主義の視座：欧州とロシア

　本章は，欧州ロシアの普遍主義に関して，時代的，国際的な流れの追求を目的とする。まず，ギリシャ思想とキリスト教の大きな流れの背景を解説し，普遍或いは普遍主義の定義を明らかにし，欧州中世に於ける哲学・宗教上の論争を説明する。次に当初は抵抗しつつも，結果的に国内改革の為に，西欧化の潮流を受け入れたロシアについて取り上げる。ロシアにおける西欧化受容は，ピョートル大帝の時代と，ソ連崩壊時の2度あった。この受容は，日本の明治維新と比較することができる。古来からの文化と，西欧文化受容の齟齬が国内の衝突を齎した。そして，明治時代にロシア文学が流行ったのは，そうした国内固有の伝統ある文化を廃棄し，国の発展の為西欧文化を取り入れる苦悩が，日本とロシアとにおいて，共通の体験だったことによる所が大きい。そして，現代でも，イラク戦争を巡って，国連の対決の場となった，「新しい欧州対古い欧州」論争[1]も実は，名を変えた普遍論争だった。

## 第1節　欧州の普遍主義[2]

### 1. ギリシャのテトラド思想とローマのトライアド思想[3]

　西欧は，封建時代，ルネッサンス，市民革命を経て，近代にいたる。しかしながら，ロシアはギリシャ正教というギリシャ文明に浴し，ギリシャ正教を摂取した後，長い封建時代の後，ルネッサンスも市民革命も経ずロシア革命を経て，近代を迎えることになる。そこで，キリスト教・ラテン系思想とギリシャ的思想との，基本的な違いが重要になる(図1参照)。

　ロシアのスラヴ主義者イワン・アクサーコフは欧州を，ローマ・ゲルマン世界とギリシャ・ロシア世界の対立する2世界に分け，西欧はラテン・ゲルマ

ン世界であり，東欧はギリシャ・スラヴ世界であるとし，ロシアは東欧の代表であるとした[4]。

ローマ・カトリック（キリスト教）においては，三位一体（父〔天の神〕・子〔キリスト〕・精霊〔洗礼者の〕）をはじめとして3つの対神徳（信仰，希望，愛），三重の三一性としての位階秩序等，その思想体系を「三」（トライアド）が支配しているのに対して，ギリシャ的・異教的思考には，「四」（テトラド）の構造が隅々にまで浸透している。「熱冷湿乾」を軸としたエンペドクレスの四性論，一から四までの数をもとにして「点・線・面・立体」を導きだすピュタゴラスの数的宇宙論，さらに知恵，勇気，節制，正義の四枢要徳を主張するプラトンの倫理学，そしてアリストテレスの四原因論等，ギリシャ思想にはその始めから，「四」の着想

**図1　欧州の東西断層線，「多様な欧州」の境界線**

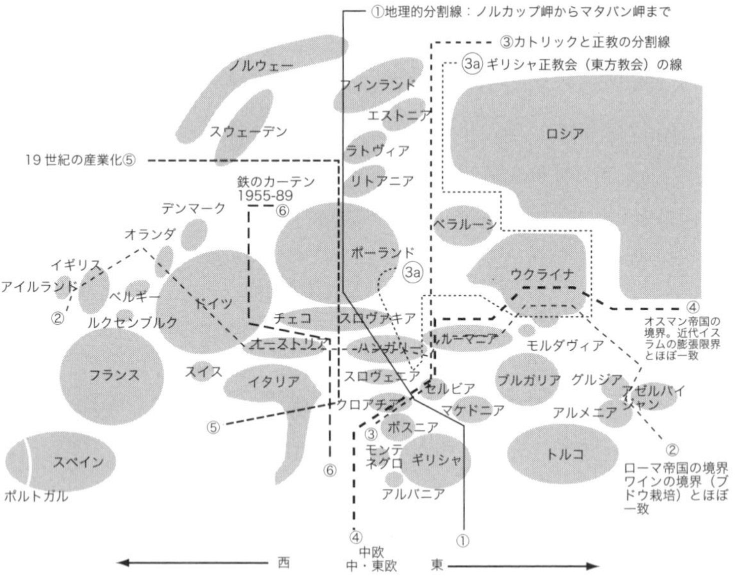

出典：ノーマン・デイヴィス『ヨーロッパⅠ　古代』共同通信社, 2000年, 59頁より作図。
Norman Davis, *Europe, A History*, Oxford University Press, 1966, p.18.
引用文献：山内進編『フロンティアのヨーロッパ』国際書院, 80頁。

が深く刷り込まれているように見える。

このギリシャ的な四性の思想に対応して、ラテン西方世界においては、自然界の法則性が、算術、幾何学、音楽、天文学の「四科」によって探究され、更にボエティウスによって、連続量、非連続量、静止量、運動量といった量の基本的区分を基に基礎づけられる「四原質論」に至った。

## 2. 欧州に於ける普遍、普遍主義 [5]

普遍とは、遍（あまね）く広く行き渡っていることを意味する。万物に広く及ぶことであり、論理的には様々な特殊を包括する上位の階層にある名辞を言う [6]。因みに、欧州各国語における表記は、universalis（ラテン語）, universal（英）, allgemein（独）, universel（仏）となる。

普遍は論理的には特殊と個に対する概念で、個から共通の性質を取り出していく過程を普遍化乃至概括という [7]。経験的実在性を持つ個を指示する個体概念は、固有名詞と同様に、概念とは認められず、真の概念は普遍のみであるとする考えがある。哲学においては、普遍的なものを探究しようとして、プラトンの「イデア」やアリストテレスの「形相と質料」、カントの「法則」、ヘーゲルの「理念」等に至る。普遍について、全てこの普遍的なものは経験的に直接捉えることが出来ないので、そのような普遍が果して存在するか否かを巡り普遍論争があった。

欧州に於ける重層的な普遍の確定は、欧州の境界をどこに置くかに大きく依存する（図2参照）[8]。欧州の文化の中心は、法の支配、ヒエラルキー、ローマ・カトリック、合理主義であり、これらが欧州の普遍を形成する。思想として捉えれば、普遍主義となる。因みに、カトリック（catholic）の語源である、ギリシャ語の katholikos には普遍（general, universal）の意味が含まれている。kata-はギリシャ語の「完全に」の意味、holos は「全体の」whole の意味である [9]。

又カトリックにおける「普遍主義」としては、「（聖書の）普遍主義, biblical universalism, 神の救済意志はイスラエルの民だけでなく、他国民をも含むという、イスラエル人の国粋主義反対を説いたヘブライ人預言者たちの教え。とくに預言者ヨナはこの点を強調した」[10] という考え方もあるが、これは聖書の

94　第 3 部　国際経済論

### 図 2　円の重なり合いとしてとらえた欧州文化（M. Shannan による）

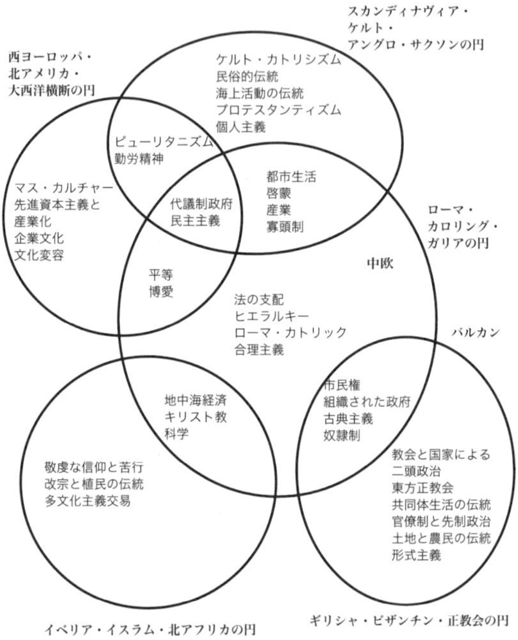

[図：4つの円が重なり合うベン図]

- 西ヨーロッパ・北アメリカ・大西洋横断の円
- スカンディナヴィア・ケルト・アングロ・サクソンの円
- ローマ・カロリング・ガリアの円
- イベリア・イスラム・北アフリカの円
- ギリシャ・ビザンチン・正教会の円
- 中欧
- バルカン

円内の要素：
- ケルト・カトリシズム／民俗的伝統／海上活動の伝統／プロテスタンティズム／個人主義
- ピューリタニズム／勤労精神
- マス・カルチャー／先進資本主義と産業化／企業文化／文化変容
- 代議制政府／民主主義
- 都市生活／啓蒙／産業／寡頭制
- 平等／博愛
- 法の支配／ヒエラルキー／ローマ・カトリック／合理主義
- 地中海経済／キリスト教／科学
- 市民権／組織された政府／古典主義／奴隷制
- 敬虔な信仰と苦行／改宗と植民の伝統／多文化主義交易
- 教会と国家による二頭政治／東方正教会／共同体生活の伝統／官僚制と先制政治／土地と農民の伝統／形式主義

出典：ノーマン・デイヴィス『ヨーロッパ I 古代』共同通信社, 2000 年, 43 頁より作図。Norman Davis, *Europe, A History*, Oxford University Press, 1966, p.1238.
引用文献：山内進編『フロンティアのヨーロッパ』国際書院, 79 頁。

なかの「普遍主義」であり，本小論の哲学的課題とは異なる。

### 3. キリスト教の分裂過程 (表 1, 2 参照)

　西暦 70 年のユダヤ戦争でローマ軍に敗れたユダヤ人がエルサレムから追放されると，原始キリスト教の中の中心だったエルサレム教会も壊滅的な打撃を受け，キリスト教の中心はローマに移った [11]。このようにユダヤ教から生まれたキリスト教は，皇帝崇拝と対立したため当初ローマ帝国内で禁止されて

## 表1　ギリシャ正教とローマ・カトリック（1）

| ギリシャ正教（東欧ロシア）<br>Greek Orthodox Church | | ローマ・カトリック（西欧）<br>Roman Catholic Church |
|---|---|---|
| 自らからの教義が正統的なキリスト教（オーソドックス）で異端ではない | 自称の由来 | 自らの教義が時代を超え，民族の違いを超え，普遍的（カトリック）なキリスト教 |
| ヘレニズム，ヘブライズム | 文化圏 | ラテン語文化圏 |
| ギリシャ語 | 典礼言語 | ラテン語 |
| 思弁的　形而上的　瞑想的 | 思想傾向 | 倫理的　実践的　活動的 |
| コンスタンチノープル総主教 | 宗主権 | ローマ教皇 |
| 皇帝教皇主義（ケザロパピズム）<br>（皇帝が政治・宗教の両権を掌握） | 聖俗分離 | 政治権力と宗教権力の分離<br>教皇皇帝主義（使徒継承説，教皇首位権） |
| コンスタンチノープル→モスクワ<br>〔15世紀以降（第三ローマ）〕 | 総本山<br>（中心） | ローマ<br>（サン＝ピエトロ大聖堂） |
| 国家ごと，民族ごとのギリシャ正教会は独立した組織 | 教会組織 | ローマ教皇を頂点とする位階制（ヒエラーキ），国際的 |
| 聖像禁止令（726～843）<br>→イコン（聖像画）崇拝，平板 | 聖像崇拝 | 聖像崇拝を布教に利用（ゲルマン族布教の為） |
| 父からのみ発する→<br>1438年フィレンツェ公会議でカトリック側と一時妥協後，破棄。 | 精霊発出<br>論争 | 父（神）と子（キリスト）より発する（フィリオクエ）→<br>431年エフェソス公会議違反だが済し崩し的に流布 |
| ○原始キリスト教の精神を継承<br>（義よりも愛，十字架よりも復活，罪よりも救い）<br>○信仰体験・復活祭を重視 | 教義 | ○体系的・思弁的な神学が発達（13世紀，スコラ哲学の完成＝信仰と理性の統一） |
| ○額，胸，<br>右肩，左肩の順 | 十字架の切り方 | ○額中央部（「父」と），胸中央部（「子」と），左肩「精霊との」，右肩「御名によって」）の順に中指の腹で触れ，最後に胸中央部で合掌する（「アーメン」） |
| 市販の食パン | 聖餐式で使うパン | ホスチア（イースト菌を使わない平たいパン） |
| 女性聖職者は認めない。聖職者の一部の妻帯は認める。 | 聖職者 | 女性聖職者は認めない。聖職者の妻帯は認めない。 |
| 正当な理由があれば，再婚是認 | 離婚 | 認めない→英国国教会1534年 |
| 否定 | 煉獄の存在，マリアの無原罪の懐妊，教皇の優越権（不謬説） | 承認 |
| セム系一神教，グノーシス思想，ビザンツハーモニー，イコノクラスム（イコン破壊運動），世俗に対抗する「内面（良心）の自由」の欠如，静寂主義，修道院，単性論（イエスの神性か人性尊重，両性論（神性と人性両性の並立），無からの創造，三位一体論，善の欠如，教父哲学，ミッレト制，マスジド（モスク） | キーワード | 7つの秘蹟〔洗礼，堅信，告解（懺悔），婚姻，聖体，品級，終油〕，僧職者の婚姻禁止，事効論（サクラメント自体に有効性），人効論（サクラメントの効果は人物による）。異端尋問，異教弾圧，原罪論，純粋父性への回帰，呪術からの解放，肉体の聖化，聖書福音主義，免罪符，ウナム・サンクタム |

引用文献：『ニューステージ世界史書詳覧』浜島書店，宇都宮輝夫他著『面白いほどよくわかるキリスト教』日本文芸社，小滝透『神の世界史キリスト教』河出書房新社他。

## 表2 ギリシャ正教とローマ・カトリック (2)

| ギリシャ正教 | 英語 | カトリック |
| --- | --- | --- |
| イイスス・ハリストス | Jesus Christ | イエズス・キリスト |
| ローマ総主教 | pope | (ローマ)教皇 |
| 主教 | bishop | 司教 |
| 司祭 | priest | 司祭 |
| 輔祭 (ホサイ) | deacon | 助祭 |
| 機密 | sacrament | 秘跡 |
| 聖洗 | baptism | 洗礼 |
| 聖体礼儀 | Holy Communion | 聖体 (拝領) |
| 神品 (シンピン) | ordination | 叙階 |
| 奉神礼 (ホウシンレイ) | liturgy/worship | ミサ (聖祭) |
| 大斎 (ダイサイ) | Lent | 四旬節 (シジュンセツ) |
| 全地公会議 | ecumenical council | 公会議 |
| 籍身 (セキシン) | incarnation | 託身 |
| 聖神 | Holy Spirit | 聖霊 |
| 生神女 (ショウシンジョ)マリア | Blessed Virgin Mary | 聖母マリア |
| 天主経 | Lord'Prayer | 主祷文 (シュトウブン) |
| 信経 | creed | 信条 |

(引用文献) 山我哲雄『新装版図解これだけは知っておきたいキリスト教』洋泉社 2011年, 他。

いた。しかしながら, 燎原の火の如く普及したキリスト教をローマ帝国は, 統治の手段として利用するようになった。キリスト教は, ローマ皇帝の支配下で, アレクサンドリア, エルサレム, アンティオキア, コンスタンティノープル, ローマの5総主教座(五大教会)が分管する形で発展した(7世紀に前3者が回教世界に入った)。帝国内の余りにも広範に敷衍したため教義の統一が必要になった。皇帝は度々全教会会議 (公会議) を開催して教義の統一, 論争の収拾を図った。森安達也によれば, ギリシャ正教は, 東西両教会で合意した757年までの第7回までの公会議で決定された教義を基盤とする, 共通の典礼儀式や習慣を持つキリスト教の総称なのである。

### (1) ニカイア公会議(325年)と三位一体説(表3参照)

4世紀にはキリスト教は, ローマ帝国の公認宗教 (313年) となり, 最終的に

### 表3　キリスト教公会議

| 回数(開催年)開催地　主な議題と論点,決定事項,関係人物等 |
|---|
| 第1回(325)ニカイア(第1回)(トルコ 北西部, 現イズニク)<br>コンスタンティヌス ローマ 皇帝主催(コンスタンティヌス帝はその時キリスト教徒ではなかった)<br>アリウス派「キリストは神に最も似た,最高の被造物だが,創造者の神自体と異質」<br>アタナシウス派「神とキリストは,その本質において同一」(同一本質論)<br>○ニカイア信条　→神の子は,父なる神と同一実体(アリウス派排撃,復活日制定) |
| 第2回(381) コンスタンティノープル(第一回)(現イスタンブール)<br>テオドシウス1世ローマ 皇帝主催(テオドシウス帝の死後,ローマ帝国は東西に分裂)<br>「精霊」は神自体か,神と区別された,神に従属する別の存在(天使)か。<br>○ニカイアの場合と同様の「同一本質説」により,精霊に完全な神性が認められた。<br>カッパドキア派:父・子・精霊は絶対的な統一体(ウーシア) →正統教義。(→後の<br>三位一体説の理論根拠)→アポリナリウス派排撃(379～395),マケドニオス派排撃 |
| 第3回(431) エフェソス(トルコ 西部)　　　ネストリウス派(中国へ伝わり景教)<br>聖母マリアが生んだのは「神」か「人」か。<br>○キリストの神性と人性の両性論確立→マリアは,真に「神の母」。<br>対立したネストリウス派「マリアが生んだのは「人」としてのキリストだけ」→排撃 |
| 第4回(451) カルケドン(トルコ 西部)単性派(コプト ,アルメニア ,エチオピア ,ヤコブ 派)排撃<br>○カルケドン主義(キリストの神性と人性の両性論)が確認された→正統教義。<br>→単性論(キリストにおいては,人としての性質は神の性質に吸収される)異端排撃<br>ペテロ(天国への鍵番人)がローマに教会を設置した→ローマが名誉的首位権。 |
| 第5回(553) コンスタンティノープル( 第2回)<br>　三章論争→ネストリウス派排撃 |
| 第6回(680～81) コンスタンティノープル( 第3回)<br>　キリスト単性論排撃 |
| 第7回(787) ニカイア(第2回)<br>　　受肉(キリストにおいて神が人となった) 論→聖像崇拝承認<br>第8回(869～70) コンスタンティノープル( 第4回)フィティオス離教<br>第9回(1123)ラテラノ(ローマの1地区名)( 第1回)　叙任権争の解決<br>第10回(1139)ラテラノ( 第2回)　ブレシアのアルノルドゥスとの教皇分裂<br>第11回(1179)ラテラノ( 第3回)　教皇選挙法<br>第12回(1215)ラテラノ( 第4回)　ワルドー派・教会改革・十字軍・化体説<br>第13回(1245)リヨン( 第1回)　神聖ローマ帝国フリードリヒ2世の破門<br>第14回(1274)リヨン( 第2回)　教会再合同・聖地回復<br>第15回(1311～12) ヴィエンヌ　テンプル騎士団・聖地回復<br>第16回(1414～18) コンスタンツ　教会改革・フス火刑<br>第17回(1438～12) フィレンツェ　フス派問題・教会改革・東方正教会との合同<br>第18回(1512～17) ラテラノ(第5回)教会改革<br>第19回(1545～63) トリエント　プロテスタント問題・教会改革・教義の確定<br>第20回(1869～70) バチカン　教皇無謬説<br>第21回(1962～65) バチカン　教会改革 |

第8回公会議以降は,ローマ・カトリック教会のみが認める。
(引用出所) 山我哲雄『これだけは知っておきたいキリスト教』洋泉社2011年, 53頁他。

は国教となる(392年)。

コンスタンティヌス帝が神学上の論争を収拾するため,ニカイアで召集した宗教会議で,父なる神,子キリスト,聖霊は同質であるとした三位一体説を採るアタナシウス派を正統,キリストに人性を認めるアリウス派を異端とした。アリウス派は,帝国外のゲルマン人に普及した。395年にローマ帝国は西ローマと東ローマ帝国(ビザンツ)に分裂した。

### (2) エフェソス公会議(431年)
イエスの神性を否定するネストリス派は,エフェソスの宗教会議で異端とされ,新たな信条の作成を禁止した。

### (3) カルケドン公会議(451年)と両性説
イエスの神性と人性の位格的一致(両性)を確認した。教会内部にはこれを支持するカルケドン派と反カルケドン派(単性派,イエスには神性しか認めない)の対立が残った。476年に西ローマ帝国は滅亡した。

### (4) 聖像禁止令(726年)と東西両教会
ビザンツ皇帝レオン3世は,偶像を禁ずる回教の影響を受けた小アジア領民の支持を保ち,修道院・教会(聖像容認)の勢力を抑制する為聖像禁止令を発し,ローマ教会はゲルマン人の布教から聖像を容認した。第7回公会議787年ニカイア(第2回)で東西両教会とも聖像崇拝を承認した。

### (5) カトリック側の信条違反とフィリオクェ論争(9世紀)
エフェソス公会議(432年)で,新たな信条の作成を禁止した。それにも関わらず,カトリック側は信条にフィリオクェ(filioque[12)][及び子から])を追加した(最初はスペインで7世紀,ついでカロリング朝フランクで)。つまり,精霊が「父から出る」が「父と子から出る」に変えられた。これが慣習に止まっているうちは良かった(6世紀末典礼時での信仰告白にフィリオクェの語を追加した)。しかし,ローマ教会がそれを是認し,その影響がブルガリアまで及んだ為,コンスタンティノープル総主教フォティオスがローマ教皇ニコラウス1世を破門(867年)。ここから,フィリオクェ論争が始まった。

### (6) キエフ公国建国(882年)

862年リューリックがノヴゴロド国建国。882年キエフ公国(キエフ・ルーシ)成立。989年ウラディミール1世(在980頃～1015)ギリシャ正教に改宗。1237年バトウ麾下(きか)のモンゴル軍が侵入(タタールの軛(くびき)(～1480)始まる)。1240年バトウ,キエフ占領。キプチャク＝ハン国(1243～1502)成立。

### (7) 文化的相違から東西両教会完全分裂(1054年)

北方から南イタリアに進出したノルマン人の海賊行為で苦悩していたビザンチン皇帝がローマ教皇レオ9世と共闘すべく,1053年にローマから特使を招いた。コンスタンティノープルに着いて,フンベルトス特使が,妻帯し,髭をのばした聖職者たちが,典礼のパンに酵母が入れられているのに仰天した。文化的摩擦が発端で神学論争まで発展。1054年東西教会は相互に破門宣告し,分裂。

### (8) 第4次十字軍のコンスタンティノープル教会冒瀆行為(1204年)

1204年,進路をそれた(聖地をイスラム勢力から奪還することが目途の)第4回十字軍(カトリック側)が(同じキリスト教の正教側の)コンスタンティノープルに乱入し,市街で略奪行為,教会を冒瀆し,イコンを叩き壊した。聖遺物〔不朽体〕は不浄の場所に捨てられ,総主教の玉座には娼婦が座り込んで,卑猥な歌をわめきちらした。教皇インノケンティウス3世は十字軍の暴行を非難したが,一方で(十字軍の運送を請負い,共同出資者の)ヴェネツィア人をコンスタンティノープルの総主教に任命した。ビザンツの人々はカトリックに不信感を持った。精霊の問題(フィリオクェ)によって,ローマは正しい信仰から離反したが,今や,この問題で解決する真実の基準さえも失ってしまったと,正教側に強く印象付けた。(塩野七生『海の都の物語』第3話第4次十字軍,新潮社)

### (9) モスクワ公国成立(1462年)

1448年ロシア正教会がコンスティヌポリス総主教座より独立。モスクワ府主教が格上げで,実質的に東方正教会の中心となる。1453年ビザンチン帝国滅亡。1462年にイワン3世がモスクワ大公国成立。1589年モスクワ総主教

座創設。1721年ピョートル大帝が総主教制廃止し宗務院創設。

## 4. 欧州中世に於ける普遍論争 [13]

　欧州における普遍主義の背景にはローマ帝国による広大な領土を統治するというテーマが存在した。その思想的支柱としてスコラ哲学があった。

　狭義の中世哲学は，西方に於いて9世紀から15世紀にわたって学校(スコラ)を場として学僧としての旅人によって形成されたので，スコラ哲学と呼ばれた [14]。

　スコラ哲学は，キリスト教教理(アウグスティヌス(354-430))と，イスラム世界から逆輸入された [15] アリストテレス(紀元前384-322) [16] の哲学を融合させた哲学であり，そこではプラトンの観念論は抑圧されることになる。

　中世初期の苦闘の時代を過ぎ越し開花した「12世紀ルネサンス」と呼ばれるこの中期スコラ哲学 [17] 時代には，商工業の発達とともに都市化も進み，従来の農村型修道院付属学校に代わって都市型の司教座聖堂付属学校で哲学が模索された。「都市の空気は自由にする」といわれたパリでは，後にエロイーズとの恋物語で有名となったアベラルドウスが弁証論の大家として所謂「普遍論争」[18] を仕掛けた [19]。彼はポルピュリオスがアリストテレスの『カテゴリー入門』で問い，ボエティウスによってラテン的問題となった「普遍(類, 種)」は実在するか否や，もの(res)や音声(vox)という問いを思索したのである [20]。

　ここで当時の普遍論を大略概観すると，以下の3つに分けられる。

　(1) 実在論：信仰は理性に先立ってある(ante rem)とする教説(極端な実在論としてのプラトン的イデア論，アウグスティヌスの範型論等)，初期スコラ哲学。

　(2) 概念論：信仰は理性の中にある(in re)とする教説(個体の中に分割されてあるとするアンセルムスの実在論や，個体の本性に基礎を持つとする緩和されたシャルトル学派の実在論等)，アリストテレス，アベラール(新カント派的立場にたつ)

　(3) 唯名論：理性を重視し，信仰の後にある(post rem)とする唯名論(普遍を「音声の風 flatus vocis 」とするロスケリヌス，オッカム等)に大別される。ゼノン及びストア派学派アベラール(アベラルドウス)の著作は唯名論的色彩が強い。

　普遍論争は，信仰と理性のどちらが優先するか(実在論対唯名論)の論争で，

11世紀から約300年にわたって神学界に展開された論争である。13世紀のトマス・アクィナス（1225-74）の理性と信仰はお互いに補うものであり、理性は信仰に仕えるべきものであるという、両方の折半した形の概念論で一応収拾するが、その後も燻りつづけていた。詳しく説明すると、次のようになる。

　アベラルドゥス自身は、普遍がものを表示する言葉（sermo）であってものの状態を表示するとして、普遍を事物や概念と区別された言語論の次元で模索して唯名論者の域を越え、現代哲学と共鳴している[21]。しかし当時の哲学は、事実上、狭義の弁証論に限られ、三段論法的推理の合理性をそのまま根拠に至る道とした点は否めない。それ故、既にペトロス・ダミアニ（11世紀）のように、弁証論的「哲学は、神学の侍女」という弁証論への不信を表明した人がいた訳であり、シトー会士のベルナルドゥスは、弁証論より十字架の謙遜を学んで意志・愛を通じた根拠に帰郷する道を説いた。弁証論と信愛の哲学を「知解を求める信」の方法によって止揚統合した人こそ、「スコラ哲学の父」と称されるカンタベリーのアンセルムスであった。この折衷案が出て、ひとまず論争は中断するが、依然燻り続けることになる。そして、中世には神だけに向けられた哲学的関心が、15～16世紀に於ける東方世界への視野拡大に伴って、ギリシャ的古典思想の再生（ルネサンス）を迎えることになる。人間そのものの「グローバル」な理解を目指そうとする人間主義的関心へと転化する[22]。

　西欧近代哲学の祖と言われるデカルトにあっては、他の存在を必要としない実体としての全知全能の神でさえ、その存在が「我思う」という人間精神を梃子にして証明される。そうして神観念のごときが人間にとって「生得観念（idea innata）」であるか否か、また数学的合理性にどのような位置づけを与えるかを巡って、西欧近代哲学はスピノザやライプニッツ達の欧州大陸「合理論」（理性の哲学）と、ロックやバークリーやヒュームらの英国「経験論」に分岐していく。経験論は諸観念が人間の経験からのみ派生すると考える点で人間中心主義を徹底させたと言えるが、しかし「あらゆる認識は経験とともに始まる……が、全てが経験から派生するのではない」として合理論と経験論との融合を図ったのがカント[23]であった。所謂ドイツ観念論にあっても、あらゆる経験や思考の

主体たる自我の何たるかが哲学研究の中心課題となる[24]。

## 第2節 ロシアに於ける普遍論争[25]

　国家としてのロシアは長い間巨大な農奴制の上に成立していた。その統治にあたってスラヴ的な伝統的ナショナリズムと普遍的価値の対立・統合というサイクルの繰り返しが続いた[26]。農奴制の上に成立した貴族的な風土から生まれた思想は王権と貴族による統治の構造を強化することとなった。

　ロシアは，ローマ帝国と全く無関係であった為，古代文明を相続しなかった。人格の自由，人間性の発展といった人文主義の思想はロシアに根をおろさなかった。これがロシアが20世紀に至るまで，アジア的暴君ツァーリの専制を甘受した理由の一つである。又ロシアはローマ法王の勢力圏外にあり，ギリシャ正教をとった為，教権は最初から政権に従属しており，アジア的祭政一致を具現化した。その結果教権に対する自由な個人の反抗が，国民国家に支援されて爆発するという西欧の宗教改革は，ロシアには無縁であった。このことが，近代文明の推進力である自主的先取的精神の芽生えを永く抑圧したことはいうまでもない[27]。

### 1. ビザンツ文化とタタールの軛

　15世紀ロシアの精神生活には2つの主要な伝統が認められる[28]。

　主に農民や農奴の間で根づいた古スラヴ的と呼んでもよい古代的伝統と，主に貴族的インテリ層に広まった，より新しいビザンツ的，キリスト的，普遍的伝統とである。古スラヴ的な宗教観念や祖先崇拝は人々の精神や心に深く刻み込まれていた。この古代的基盤の上に，10世紀になってからキリスト教（ギリシャ正教）が重ねられたのである。公的にはキエフ時代に全てのロシア人が改宗したことになっているが，キリスト教がしっかり根を張ったのは都市の中だけで，農村には教会も少なかった[29]。そして，キリスト教に，ロシアなりの味付けが成された。ロシアはもともとユーラシア的背景を持ち，また1243年か

ら1480年までの長い間「タタールの軛」[30]と言われるようにモンゴル人に支配されてきたので，この時代のロシアの生活や文化は，東方からかなりの大きな影響があったと考えられる。とはいえ，キリスト教とイスラム教との間には尖鋭的な対立があったから，ロシアの宗教生活に決定的な影響を与える可能性はなかった[31]。むろん，モスクワ公国の行政制度や軍隊組織等は多くの点でモンゴル式を真似たものだった。財政に関する一連のロシア語はタタール語からの借用である（例えば，タムガ＝関税[32]，デニガ＝貨幣[33]）。ロシアとカトリック的西方の基盤は共通だったが，ギリシャ正教とローマ・カトリック教会との分裂がロシアと西方との文化的障壁を割り出す結果になった。そして，キエフ公国が，当時のビザンチン帝国からギリシャ正教を受け入れた時，正教と対立するカトリックに対する激しい憎悪や不信も入ってきた。そして，その2つのこと（ギリシャ正教への熱烈な帰依と，カトリックに対する激しい憎悪）がロシア人のメシア意識を生み出す重要な原因となった[34]。ロシアはより西方のポーランドやリトアニアと違い，西方（ローマ・カトリック）からの影響が最も微弱だった。その原因は，一つにはモスクワが西方から遠隔の土地であったという地理的背景もあったし，もう一つには東ロシアのモンゴル支配が西ロシアのそれに比べて一世紀も長く続いたことにもあった。また，モスクワ国家の形成に正教会が極めて重要な役割を負ったこと。14世紀中葉以降は，正教会はタタールに対するロシアの抵抗と独立闘争に於ける精神的指導者になっていた[35]。正教会が当時のロシアの普遍主義を形成した。

## 2. 第3ローマ論[36]（16世紀初頭に於ける政治理論）

ロシアは自らの民族や社会や国家を神聖化する傾向が強い。「第3ローマ」論もそうである。例えば，モスクワを「第3ローマ」とする考え方である。第1のローマは，ローマ帝国のローマはカトリックであるが，「異教化して滅亡」し，第2のローマの（東ローマ帝国の首都の）コンスタンティノープルはトルコ人により陥落，第3のローマであるモスクワが，本当の意味でローマの役割を果たすというものである。

1448年ロシア正教会，コンスタンティノポリス総主教から独立。1453年，ビザンツ帝国滅亡。ロシア皇帝イワン3世（在位1462-1505）は1472年ビザンツ帝国最後の皇帝コンスタンティノス11世の姪ゾエ（ソフィア）との婚姻により，モスクワを人類史上最後のキリスト教世界帝国の首都とするものである。プスコフの僧フィロフェイ Filofei がヴァシーリー3世らモスクワ大公らに宛てた書簡のなかで表明された。彼によれば，ローマ帝国とビザンチン帝国（二つのローマ）は真の信仰から逸脱したために滅亡したが，モスクワ・ロシアはその後継国家として，世界を終末の時に至るまで支配する，という。

　この思想は聖職者としての立場から表明されたものであり，これを直ちにモスクワ国家当局の世界支配への野望とすることはできない。だが，それが当時モンゴルの支配を脱して，欧州の国際政治の舞台に於いて重要な役割を果たし始めていたモスクワ・ロシア国家の発展と相まって，初めて可能となったものであることも確かである。この思想は，当時のモスクワ・ロシア社会に高まりつつあったロシア民族主義的風潮（例えば＜聖なるロシア＞という考え）と一体となって，近世初頭のロシア思想の一潮流をなすと考えられる。17世紀中葉の総主教ニーコンの典礼改革がロシア正教会の伝統と優位性を否定した時も，古儀式派の間でこの思想は保持されたが，ピョートル大帝時代にその現実性を失った。

### 3. ニーコンの改革 [37]（1654年）(表4参照)

　モスクワ総主教ニーコン（在位1652-66）が皇帝アレクセイ・ミハイロビチの信を得て，ノヴゴロド府主教からモスクワ総主教に就任。当時懸案の典礼改革に取り組み，典礼書の誤りと典礼上の慣行をオスマン帝国下の東方の教会の例にならって改め，それを全教会に強制した。更に俗権に対する教権の優位を主張したため，皇帝の寵（ちょう）を失い，1658年に総主教を辞任し，66-67年の主教会議で正式に罷免された。ニーコンの改革自体は強制的に実施されたが，これに反対する多数の聖職者，修道士，信者は破門された総称をラスコーリニキと呼ぶ。ラスコーリニキは分離派の意味だが，分離の理由として旧来の

表4　ニーコンの改革と古儀式派 ( 分離派 , 旧教徒 )

| ニーコン改革（1654年） | | 改革以前及び古儀式派（分派） |
|---|---|---|
| 動乱後の国内安定の為，ギリシャ正教会の基準に合わせる目的。手工業部門の活動的で企業家精神に富む臣民の多くがこの信者。分派弾圧の為，正教会の分裂で国家の弱体化を招いた。 | 改革理由反駁理由及び社会的影響 | もしロシアが聖なるロシア，モスクワが第三ローマなら，フィレンツェ宗教会議で正教の本義を裏切ったギリシャ人に範を採らねばならないのか。我々の信仰はギリシャの信仰でなく，キリスト教の信仰(ロシア正教)である。 |
| ギリシャ人と同じ3回に | 礼拝のハレルヤの回数 | 2回 |
| 「アリルイヤ」：「アリ」は父，「イリ」は子，「ウイヤ」は精霊 | | |
| ギリシャ人と同じ3本指で（＋親指） | 十字架を切る指の数 | 2本指(人指し指，中指)（『モロゾヴァ大貴族夫人』画） |
| ИИСУС（И＋）正しい発音に近づける為 | イエスの綴り | ИСУС |
| 5個 | 聖体礼儀の聖餅の数 | 7個 |
| 「ギリシャ十字」上下左右の腕木の長さが等しい。普通の十字架。 | 十字架 | 「ロシア十字架」(「八端の十字架」)普通の十字架の上と下に短い横棒がついていて，下の横棒は右端を斜め下に傾けている。上の横棒は，キリストがゴルゴダの丘で磔刑に処された時，額に打ちつけられた「我はユダヤの王」と記した板を，下の横棒は足台を表現。 |
| 主イエスを表す大きな葱坊主を中心に，福音書を記した4使徒ルカ，マタイ，マルコ，ヨハネを象徴する4つの葱坊主がそれを囲む形 | 教会の葱坊主状の屋根 | 1つの素朴な葱坊主形。葱坊主は，火焔を表し，教会内での精霊の活躍を象徴している。 |
| 太陽の歩みと反対，つまり反時計回り。 | 儀式後，教会の回りを一周する際の方向 | 太陽と同じ方向(時計回り)(ポーソロニ) |
| 「教会」を「寺院」へ「寺院」を「教会」へ | 経典の中の名称の変更 | 「教会」：ツェルコフィ「寺院」：フラム |
| スラヴィネツキー「ギリシャ的」教養，シメオン・ポロツキイ「ラテン的」教養。スコラ的理性 | 理論的支柱 | キリストからのみ得られる簡明とへりくだりを旨とした知恵(理論的な脆弱性)。スコラ哲学やギリシャ哲学に対する理論的反駁が難しい。 |
| 新しいもの，欧州，異端（プリヤディ），ローマ・カトリック，ローマの犬（ピヨス），よそ者のロシア人のドイツっぽども（ドルギヤ・ネムツイ・ルスキヤ），理性。 | キーワード | 伝統的なもの，ロシア，正統，正教，終末論，反キリスト(666)，ユロージヴィ(佯狂者ようきょうしゃ)〔・フリスター・ラージ〕，アヴァクム神父，ウーニヤ，スカルガ，モギーラ，信仰，ポサード(郊外商工地区)，フィロカリア，静寂主義者ヘシカスト，神のエネルゲイア，スタロオブリャーツィ，ラスコーリニキ，秘跡。 |

( 引用出所 ) 原卓也監修『ロシア』, 御子柴道夫『ロシア宗教思想史』他。

典礼に固執したために古儀式派とも呼ばれる。

　最初キリスト教徒は一本指で十字を切り，そうすることによって，異教の多神教に対する唯一神信仰を強調していた。ニカイアの公会議（315年）で，キ

リストのなかの2つの本性は同質であるという教義が公認されてのち、キリスト教徒は二本指で十字を切るようになった。ロシアがキリスト教に帰依したとき、ビザンチン帝国ではまだ二本指で十字を切っており、その慣習がロシアにも入ってきたのである。その後11世紀になると、神の三位一体性を否定する新しい異端が現れた為、それに対抗すべく三本指(三位一体のシンボル)で十字を切るように定められた。しかしロシアはビザンチンから隔たっていた為、この慣習はニーコンの頃まで、まだロシアへ入ってきてなかった。旧教徒たちは、ビザンチンにおける教会文化のその後の発達について何一つ知らず、頑固に二本指を主張するようになった（ゼルゲイ・レヴィーツキイ，高野雅之訳『ロシア精神史』264頁注9)。

## 4. ピョートル大帝と西欧思想

18世紀初頭、帝政ロシアの礎を築いたピョートル大帝（在位1682-1725）が古いロシアを改革しようとした時、彼はそれまでのモスクワ公国的な土着のロシアに、当時としては普遍主義と言ってもいい西欧の文化や科学、技術、制度、生活様式を導入して、政治体制もロシアの生活も西欧的に改めようとした[38]。

だがこの「文明開化」の改革は当時のロシアの伝統的な社会からは、自分達が守ってきた基本的価値、或いはアイデンティティを否定する行為と受け止められ、危機感をもって迎えられた。特にロシア正教を墨守していた人々は、キリスト者のシンボルである髭を蓄えていることを禁止したり、髭に課税したりしたピョートル大帝を「悪魔の手先（アンチクリスト)」と呼び、また大王が欧州の建築家を招いて作り上げた、モスクワとは全く異なるバタ臭い西欧的都市サンクトペテルブルクを「悪魔の町」とみたほどである[39]。この土着的（或いは古スラヴ的）なロシア・ナショナリズムと普遍主義的な西欧文明のぶつかり合いのなかで両者のアマルガム（合金）として生まれたのが、「帝政ロシア」という新しい伝統、新しいナショナリズムだった。トルストイの『戦争と平和』には、西欧文化とロシア愛国主義の融合した帝政ロシアの新しいナショナリズムの雰囲気が見事に描かれている[40]。

## 5. 啓蒙思想とロマン主義
### (1) 啓蒙主義

　欧州の17〜18世紀市民革命・市民社会形成の屋台骨となったのは啓蒙思想である。啓蒙思想とは人間理性によって人民・社会をよりよい文明へと進歩させるものとしてあった。とりわけフランスのサロン的土壌の中で，啓蒙思想はスコラ哲学・教会権力への抵抗から革命を予兆を孕み，思想，国家，法律，道徳，人類史とあらゆる領域の批判と刷新を図る。英国経験主義や独ロマン主義と呼応し，反発する側面を持っている[41]。

　18世紀欧州に於ける啓蒙主義に対抗してロシア啓蒙主義を確立した思想家にラジーシチェフ (1749-1802) がいる。1790年に農奴制を激しく批判した『ペテルブルクからモスクワへの旅』を自宅の印刷所で印刷し，出版したが発禁処分となり，逮捕され，死刑を宣告された。後に10年のシベリア流刑に減刑された。この著で，彼は一旅行者の手記の形を借りて，農奴制下の農民の悲惨な生活を描き，改革の必要を訴えている。ロシア啓蒙思想を代表する著作である[42]。

　19世紀の際立った特徴の一つは，イデオロギー（観念形態）としてのナショナリズムが，欧州の中心とする政治的，文化的影響力を持つようになったことである[43]。こうした現象が，フランスの市民革命が典型的に示しているように，当時の広汎な経済的，社会的，文化的な変化にも起因するものであったことは言うまでもない。欧州の辺境に位置するロシアも，ナショナリズムという新しい政治的イデオロギーの影響から逃れられなかった[44]。

　民族的覚醒を強要されたロシアの「応答」が始まるのはこの時点からである。欧州の「挑戦」に対する「応答」としてのロシア・ナショナリズムの思想形成は，欧州の感化を受けて，何よりも先ず第一に，怒濤のように押し寄せた「ドイツ・ロマン主義」の波に洗われて齎されることになる[45]。

### (2) ヘルダーのドイツ・ロマン主義[46]

　言語に基づく民族主義を初めて唱えたのは，東プロイセン出身の哲学者ヨハン・ゴット・フリート・ヘルダー (Johann Gottfried Herder, 1744-1803) であった。理性の万能性を強調する18世紀末の合理主義思潮に対して，古典主義とロマ

ン主義は理性を越えた人間の能力，すなわち本能，幻想及び過去への礼賛を強調した。ケーニヒスベルク大学で，イマヌエル・カント（Immanuel Kant）とヨハン・ゲオルグ・ハーマン（Johann Georg Hamann）に師事した。スピノザの影響を受けて汎神論者だったハーマンは，人類は神の創造秩序の内にあり，美と真実は自然と歴史を通じて表現され，人類は時と場所に係わらず神の創造と相関関係にあると考えた。ヘルダーは又ライプニッツの単子(モナド)論を借用して人間個人を最小の単子に準え，それぞれの単子が家族，民族，人類と順により大きな単子を形成して，最大の単子である神に近づくと考えた。これが人間性発展の理論で，個人の社会に対する行動は，人間性に対する行動として捉えた。人間性は全世界的な存在であるが，その部分である民族は地域ごとに相違する。そこでヘルダーは民族間の相対性，平等性を唱え，選民概念を否定したのである。民族の重要な構成要素は，教育を受けた市民層であった。ヘルダーは教育を，政治的自由の達成を目指す社会的発展の為の最も重要な推進力だと考えた。国家に対して彼は，「自然(有機的)な国家は民族性を有する民族」であると規定した。民族と国家は相互に機能し合うが，有機的には民族が国家を形成するので，民族の方が国家よりも重要であった。

**(3) 後発の利益とドイツ・ロマン主義**

そして19世紀の20年代30年代になると，ロシアの思想家達は，西欧より遅れて発達したロシアは「後発の利益」を享受でき，西欧が陥っている誤りを避けて通れるとさえ，思うようになった[47]。例えば，このころの思想的状況を描いた一種の哲学小説『ロシアの夜』の作者オドエフスキは，「19世紀はロシアのものだ」「ロシアは欧州の肉体だけでなく，魂も救わねばならない」と，自信をもって自分の主人に叫ばせている[48]。そう叫ばせた背景にあるのは，後発の有利さを利用すれば西欧の欠点を避けて通れる，という消極的なロシアの特権意識だけではない。ドイツ・ロマン主義の影響も大きい。

1820年代，ロシアの思想家がドイツ・ロマン主義に熱中したのは，外から影響のものとして，ナポレオンの進入があり，国内的原因としてデカブリスト達の運動の挫折，ニコライ皇帝の専制的統治の始まりがあった。哲学や文芸の

新しい理念であるロマン主義は，18世紀末に，それまで主流だった啓蒙主義や古典主義への反動として西欧に広まった。

　一般的に言えば，ロマン主義は，啓蒙主義の特徴だった理性の尊重とか，理性万能の考え方に反対した[49]。人間の理性を開発していけば，人類には無限の進歩が約束されているという考え方に反対して，理性だけでは認識できないような非合理的な世界，理性だけでは解明できないような有機的な統一を持った世界，そういう世界こその本当の姿であり，そこにこそ目を向けなければならないと主張した[50]。

　また，ロマン主義は，啓蒙主義の特徴だった普遍主義にも反対した。理性を開発して得られる無限の進歩は，国民や民族の違いを越えて，世界中へ，全人類へ，遍（あまね）く適用し広げていくことができるという，普遍主義的な考え方に反対し，そういう普遍主義では律しきれない個別のもの，「個」の独立性や重要性を強調した[51]。

　普遍的な欧州世界全体についての関心より，自分の祖国に対する関心の方が思索の中心となり，どの国やどの民族にも共通な法則ではなく，自分の国だけの特殊性が探究されるようになった[52]。

## 6. ナポレオンとメシア思想

　1812年，モスクワまで進入したナポレオン軍を，ロシアは追い出した。敗走するフランス軍を追って，今度はロシア軍が欧州の中まで入り込んだ。ロシアは初めて西欧と対決し，しかもその最大勢力に勝利した。そればかりではなく，旧秩序に戻った欧州で，ロシアは自由主義や革命勢力を抑える憲兵の役を任され，解放者としての自信を持ち，そうした自信から新しいナショナリズムを生み，それがまた，世界の歴史に於いてロシアが果たすべき役割についての新しいメシアニズム（救世主）を，やがて生み出すことになる[53]。1853年7月，ロシア軍は4万の兵力をドナウ川の南岸へ送り，（英仏の支援した）トルコとのクリミア戦争になった。これはそもそも，フランスのナポレオン3世が口火を切ったことから始まった。それまで，正教徒が握っていた，トルコ占領下のパ

レスチナの宗教的管理権をカトリック教徒に譲るようにトルコに請求した。ロシアのニコライ1世は、トルコ領内の正教徒の安全保護をトルコ政府に要求するという形で、これに応酬した。実際には、聖地巡礼者が落とす莫大な金は誰が握るか、近東の利権や海峡の支配権は誰が握るかという争いだった。しかしロシア政府の掲げた旗は宗教戦争の旗だった。回教徒トルコ人の支配下で苦しむバルカンのスラヴ人正教徒を解放し保護するという、十字軍の旗が翻（ひるがえ）った。ロシア社会の世論は、それに迎合し、これは「聖戦」なのだという、官民一体の叫びが高まった[54]。

19世紀に澎湃（ほうはい）として興ったロシア・ナショナリズムが、スラヴ主義の宗教哲学や社会哲学によって深化し、またある程度体系化されたことは疑いのない所である[55]。ドイツ・ロマン主義哲学によって播種されたスラヴ派のナショナリズム思想は、ロシア正教の精神的風土の中で生まれ育ったロシアの貴族階級が耕し、施肥(せひ)した「モスクワ」ロシアの土壌に発芽したものであったといえよう。その思想的核心は何よりも第一に、「啓蒙主義時代」に対する反動であり、18世紀欧州が体現した抽象的な「コスモポリタニズム」に向かって放たれた抗議の声であり、欧州とは異質なロシアの民族的個性と歴史的使命の認知を求める民族主義的な衝動であった[56]。

## 7.「狂人の弁明」と普遍論争

1825年12月、デカブリスト（12月党員）[57]と呼ばれる若い貴族達がフランス革命に心酔して、やはり普遍主義的な思想、詰まり啓蒙主義や立憲主義に鼓吹されて、帝政ロシアを政治的に改革しようと蜂起したが失敗に終わった。

19世紀後半のクリミア戦争後にも農奴制を中心とする様々なロシア社会が欧州社会と比べて矛盾点が明白になると、ナロードニキと呼ばれる人民主義者やアナーキー（無政府主義者）、社会主義者が、そして20世紀初頭にはカデット（立憲君主党）と呼ばれる自由主義者達もが、保守化した帝政ロシアの体制崩壊を企てた。社会主義も無政府主義も自由主義も共に、特定の国や民族の文化とか価値を特に称揚する訳ではないという意味で普遍主義的な思想であり、それら

は啓蒙主義の落とし子でもある[58]。

　西欧派とスラヴ派が分裂する契機となった著作は，ピョートル・チャーダエフによる「第1の哲学書簡」(1836年)と「狂人の弁明」(1837年)である[59]。前者の著作で，カトリック教会を正当なキリスト教と考え，正教を異端視した。正教を国教とするロシアは，神に忘れられ，世界史で何の役にも立たない，無意味な国であり，ロシア人は創造性のない，精神内部が分裂した孤独で不幸な人々と決めつけた。このチャーダエフの余りにも自虐的な母国批判は，ロシア思想界をショックに陥れ，ニコライ1世は彼を狂人呼ばわりした。そこで，翌年(1837)に転向とみられる弁解である「狂人の弁明」を発表したのである[60]。

　チャーダエフは「狂人の弁明」の中で，ロシアは西欧のような歴史的経験が欠如しているが，これはロシアが西欧のような過去の重荷なしに未来を築ける特権であると，自国を持ち上げている。この思考法は，「第1の哲学書簡」にあった市民革命が進行する西欧に対して後進的な専制政治下にあるロシアの劣等感と裏腹に，ジャコバン派の恐怖政治に代表される，フランス革命の暴虐に対する恐怖心と，自国の平和な社会への愛着が動機として存在する。彼の「後進国の特権」思想は，市民社会の経験のない若いロシアが，市民革命で混乱を極めている西欧を救済できるという主観的で預言者的な発想を，西欧派とスラヴ派の両方に植えつけたのである[61]。

　西欧派はロシアを文化的に西欧化しようとする人々で，哲学的には唯物論(フォイエルバッハ)，実証主義(コント)，悲観主義(ショーペンハウエル)，宗教的には無神論者(ニーチェ)であり，政治的には当然帝政ロシアに反対し，より自由主義的な国家を求める。このような傾向は欧州の近代が本質的なものである以上，容易に理解できることである。これに対して，スラヴ派はロシアの土着文化の価値を尊重する立場であるが，ロシアの土着文化はロシア正教と切り離せない。従ってロシア正教を弁護するというよりも，西欧的近代主義の中には見出しえない解答をロシア正教の中に見出そうとする。その代表者がドストエフスキー[62]とか，神学者ではソロヴィヨフ(1853-1900)等である。彼らがロシア正教の中に欧州のニヒリズムに対する解答を見出したのは，ロシア正教が

近代西欧の二元論を越えた神を求めているからである[63]。

19世紀のロシアは前述の如く文化的に二分されていた。即ち，スラヴ派と西欧派である。

## 8. スラヴ派

スラヴ派とは，ナポレオン戦争勝利後のロシアで生じた，ロマン主義運動の一形態である[64]。ピョートル大帝が開始して，エカチェリーナ2世が推進した西欧化政策の下で，西欧文化に被（かぶ）れ自国の文化に無関心だったロシアの知識人達は，ナポレオンのフランスを打ち破ってメッテルニヒ体制を護持する「欧州の憲兵」になった自国の強大さと後進性の矛盾を痛感したのである。ここからロシアを西欧化させようとする西欧派と，ロシアの独自性を守ろうとするスラヴ派が分かれたのである。西欧派（ザーパドニキ）が西欧化された首都ペテルブルクに地盤を置いて大都市の知識層から支持されたのに対して，スラヴ派（スラヴェナフィーリィ）はロシア伝統文化の中心であるモスクワを拠点として農村部の地主貴族層から支持された。

スラヴ派というロシアナショナリズム主義派は，欧州近代にロシアの発展モデルを発見した西欧派との論争を通じて，その思想を整備していった[65]。

スラヴ派の代表的思想家イヴァン・キレエフスキー (1806-56) によれば，欧州・ロシア文化の差異は，宗教的なものにより本質的なものを発見するとした。欧州が「合理主義的，唯物論的，形式論理的，分裂的で，個人主義と人間存在の外的形式を重視する文明」なのに対して，ロシアは，「有機的，伝統的，神秘主義的で，精神的に統一された精神文化」である，とした[66]。

スラヴ派の思想には，没落しつつある「俗なる」欧州に対する，一体的な精神を保持する「聖なる」ロシアの優位というテーマが「強迫観念」のように固着している。そしてそれは，今日のロシア民族主義達が繰り返し唱和している主張である。スラヴ派の主張によれば，ロシアはキリスト教信仰が最も純粋な形で具現化された世界であって，そこでは個人は全て教会という「霊的共同体（ソボールノスチ）」のうちに包摂されるのであり，そして全てこの共同体にこそ民族的

一体性を実現する基礎を見出すことが可能であるとした。そして,「没落しつつある」欧州を, 共通のキリスト教を基盤に,「聖なる」ロシアが救済しなければならないとする, メシア思想をスラヴ派思想は持っている[67]。

スラヴ派の思想は又中世的調和への郷愁を基調とするが, ドイツの保守的ロマン主義と共通点が多く, 概して, 近代市民社会の暗黒面を目の当たりにした, 後発的資本主義国に固有の復古的ユートピアの一種と規定することができる。そのため, 農奴解放後のロシアが資本主義への道を本格的に歩みはじめると, この思潮は反資本主義のイデオロギーとしての性格を失い, リベラリズム (自由主義運動)(サマーリン)やパン・スラヴ主義(I.S.アクサーロフ, N.Y.ダニレフスキー)へと転化し, 他方, スラヴ派本来の性格を保持しようとした部分はドストエフスキーらの大地主義（ポーチヴェンニチェストヴォ）やK.N.レオンチェフの極端な反動主義へ, 分岐していった。しかし, 反西欧・反合理主義・反近代というスラヴ派のモティーフは近代文明の危機が叫ばれる折から, 今なお存在理由を失っていない[68]。

なお, ソ連時代の反体制派知識人の中には, ソルジェニーツィンを筆頭として, 新スラヴ派と称される潮流があったが, ソ連崩壊後はこの潮流が堰を切ったように勢いを増し, この潮流のみならず, 20世紀初頭のロシア・ルネッサンス期の類似の潮流の思想家達の著作も大量に出回り, 80年に及ぶ唯物論と無神論の支配から, 内面的に脱出しようと願う人々の心を癒している。

## 9. 西欧派 [69]

西欧派は, 当時ニコライ1世治下のロシアで顕在化した専制と農奴制の危機に対応して, 彼らは立憲制の導入や農奴制の廃止を含む〈上からの改革〉によって平和裡に解決することを望んだ。1855年のニコライ1世の死亡と, クリミア戦争の敗北後, カヴェーリンやチチェーリンは〈ロシアの自由主義者〉を自称し, その綱領的覚書で新皇帝アレクサンドル2世の"上からの"改革を支持し, ゲルツェンやオガリョフらの社会主義的傾向を批判した。更に, 貴族階級の支配的役割を認め, "下からの"改革を拒否して, 農奴制廃止後のロシアの

資本主義的発展を肯定した。61年の農奴解放令を巡って両者の分裂は決定的なものとなり，前者は体制内改革派として専制政府を支持し，後者はチェルヌイシェフスキーらの急進的な改革派を支持して，革命的運動に荷担する。両者を西欧主義と総称する史家もあるが，ソヴィエト史学では，後者を人民の利益を代弁し西欧派と対立する独自の思潮とみなし，ベリンスキーを含めて〈革命的民主主義者〉と呼んでいる。

## 10. ロシアに於ける普遍論争

ロシアに於ける普遍論争については、次頁の表を参照されたい。

## 11. ドストエフスキーと反近代思想

ドストエフスキーはロシア正教の思想を代弁している。既に述べたようにロシアでは西欧主義者とスラヴ主義者が対立し，ドストエフスキーは後者に属していた。西欧主義とは当時の欧州の近代主義的思想（即ち唯物論，実証主義，悲観主義，無神論等）のその基本的な立場は無神論である[70]。ドストエフスキーの主張の一つは，このような欧州の合理主義と，その背後にある神を忘れた人間の自己主張は，人間の破壊を齎すだけだということである[71]。ドストエフスキーによると，神を見失うと人間は破滅に陥る。『カラマーゾフの兄弟』のイヴァンがその典型である。それに対して，「神人」を代表しているのがアリョーシャである。強要されたり命令されたりした愛は愛ではないのであって，その意味で神すらが，人間の自由かつ自発的なものでなければ，人間の応答を受け入れられないという，神と人間との相互性，同時性が，これらの人物を通じ描かれている。要するにカトリック，プロテスタントを含めて，西方教会のように神と人間とを二元論に捉える場合，キリスト教は基本的には神と人間の主導権争いになる。その結果は，トレンチに見られるようにキリスト教の解体に連なるか，又は近代のカトリックのような偏狭さになりがちである。ロシア正教はこの欧州的構図は別の枠組みで欧州の近代主義を批判し，それによってキリスト教に対して一つの示唆を与え，更に東洋思想との対話の可能性すら暗示している[72]。

## 表5　ロシアに於ける普遍論争

| スラヴ派（スラヴァノフィールィ） | | 西欧派（ザーパドニキ） |
|---|---|---|
| 19世紀露の国粋的思潮とこれに属する人々 | 定義 | 1840年代から50年代に掛けて，露で西欧派の近代化の必要を唱えた人々 |
| キレェフスキー（思想家）<br>サマーリン（リベラリズム）<br>ドストエフスキー（大地主義）<br>アクサーコフ（パン・スラヴ主義）<br>ベルジャーコフ<br>ポニャーコフ<br>チュッチェフ（詩人） | 代表的論客 | チャーダエフ<br>カヴェーリン（右派，体制内改革派）<br>チチェーリン<br>ゲルツェン（左派の貴族，デカブリト派）<br>ベリンスキー |
| ナポレオン戦争の民族主義の高揚とドイツ・ロマン主義の影響 | 思想背景 | 18世紀以降の西欧の革命運動に触発 |
| ピョートル大帝の改革以前の社会，特にミール（農村共同体）を基盤とする社会，ツァーリの支配は容認。西欧型の官僚制には批判的。 | 理想とする社会 | 西欧型市民社会，ピョートル大帝の近代化政策を更に発展させた改革を行い，立憲制の導入と農奴制の廃止も目標。 |
| 君主の家父長的国家 | 国家観 | 法治国家 |
| 反合理主義　有機体<br>反西欧　ロマン主義<br>反近代　後発の利益　救世主<br>正教　第三ローマ　霊体共同体<br>瘋癲行者信仰（ユロージヴィ）<br>農奴制　死せる魂<br>反ユダヤ主義，謙譲（スミレーニェ）<br>ロシアの後進性<br>国家主義　大国意識　社会的連帯<br>専制　禁欲主義<br>宗教的純粋性　法の独裁　愛郷主義<br>（パトリオティズム） | キーワード | 合理主義<br>西欧　ローマ帝国　宗教改革<br>近代化　文明　文芸復古<br>普遍主義　人文主義<br>個人主義　啓蒙主義<br>物質主義<br>無神論　唯物論<br>余計者　俗物性（メンチャンストヴォ） |
| ロシア指導の下，スラヴ民族の統一を説く＜パン・スラヴ主義＞へ<br>プーチン政権で復活。 | 影響後世への | 体制内での改革派と更に急進的な革命派に分裂。ロシア革命で唯物・無神論派が勝利，以後70数年続く。 |

引用文献：『最新世界史図説タペストリー最新版』帝国書院，186頁を追加。

## 12. パン・スラヴ主義とロシア

### (1) パン・スラヴ主義

パン・スラヴ主義は，民族主義思想が台頭した19世紀に，東欧，中欧に居住する，中小のスラヴ諸民族を国境を越えて団結させようとした思想である[73]。

パン・スラヴ主義には，オーストリア・スラヴ主義，ポーランド・メシアニズム，ユーゴスラヴ主義，ロシアのパン・スラヴ主義の，4つの相違する思想がある[74]。

オーストリア・スラヴ主義は，チェコ人の言語文化復興運動に始まり，オーストリア帝国の護持に協力することにより，現状の体制への妥協性が強い思想である。

ポーランド・メシアニズムは，伝統的なポーランド王国の復活を念頭に，カトリック教徒のスラヴ諸民族を解放しようとする，ポーランド中心主義な思想である。しかしながら，18世紀後半ポーランド三分割の過程で，ポーランドがロシア帝国へ編入されるに従い，反ロシア的色彩を帯びてきた。

ユーゴスラヴ主義は，クロアチア人とセルビア人が中核となって文化・宗教の違いを越えて，南スラヴ諸民族の連邦を作ろうとする思想である。

パン・スラヴ主義のうち，ロシアのパン・スラヴ主義は，正教信仰と伝統的な生活を顕彰してロシアの西欧に対する独自性を擁護するスラヴ主義にはじまり，ロシア帝国の軍事力をバルカン半島に進出させて南スラヴ諸民族を解放しようとした，欧州の国際政治におけるロシアの覇権を求めたメシアニズム思想である。

ロシアのパン・スラヴ主義は，第二次世界大戦におけるソ連のナチス・ドイツに対する勝利から来る民族意識の高揚によって，マルクス主義と混淆して，ソ連を盟主とするワルシャワ条約機構の成立（1955年5月）から1991年7月の同機構解体まで曲がりなりにも成立していた。第二次世界大戦後，新たにソ連の勢力圏に入った東欧，バルカン半島のスラヴ諸民族との民族的連帯を求めるため，従来インターナショナルから「ブルジョワ民族主義」として忌避されてきたパン・スラヴ主義が，マルクス主義に継ぎ木され，ワルシャワ条約機構の精神的支柱となったものと考えられる[75]。

### (2) ロシアに於けるパン・スラヴ主義

ハプスブルク帝国の被支配民族だった，チェコ人やスロヴァキア人と違っ

て，スラヴ族唯一の独立国で欧州の大国だったロシアにおいて，パン・スラヴ主義は19世紀後半まで公式に認められていなかった[76]。19世紀に民族主義理念が登場するまでは，ロシアの他のスラヴ人に対する連帯感は，民族的というよりも宗教的なものであった。第一次露土戦争(1768～74年)でウクライナをトルコから獲得してからロシアのバルカン方面への南下政策が本格化した。ロシア社会が他のスラヴ人との連帯に関心を抱いたのは，ナポレオン戦争後のアレクサンドル1世の時代である。しかしながら，政治的なパン・スラヴ主義は，ドイツ，イタリアで台頭していたロマン主義に基づく民族統一運動と，フランスの革命思想と交流する危険性から，メッテルニヒ体制を支援するニコライ1世から敵視された。教育相のセルゲイ・ウヴァーロフ伯爵は，「正教，専制，民族」を，ロシアの国是として打ち出した。ロシアでは，国際的なパン・スラヴ主義の代わりに，国粋主義的なスラヴ主義が育ったのである[77]。ロシアのパン・スラヴ主義にとって最大のジレンマだったのはポーランド問題だった。全スラヴ人を糾合しようとするロシアが，スラヴ世界ではロシア人に次ぐ大民族だったポーランド人を抑圧したのは，矛盾だった[78]。

**(3) シェリングの有機体論**

ロシアのスラヴ主義者は，チェコ人，スロヴァキア人のパン・スラヴ主義者と違い，強大国である祖国を持ち，自国語が抑圧された歴史がないので，ヘルダーの言語民族主義を受け入れなかった[79]。彼らはドイツ・ロマン派の哲学者で自然哲学を標榜したフリードリヒ・ヴィルヘルム・ヨゼフ・シェリング(1775-1854)の有機体理論を受容した。シェリングはヴュルテンベルク出身だがヘルダーと同じルター派で，スピノザの汎神論とライプニッツの単子論を受容して，自然を形而上学的に解明しようとした。ドイツ・ロマン派の先輩思想家ヨハン・ゴットリープ・フィヒテの知識学の影響を受けたシェリングは，デカルト以来の科学的な自然観に対抗して，自然の生命力の根源を自己の目的を実現させようとする精神だと考えた。そして自然の中で精神的に最も高度なのは，意識を持った有機体(organische Produkte)であり，自然は有機体を含む物質同士が相互に関連しながら発展するとする，神秘的な自然観を唱えて，

1797年に「自然哲学の理念」を書いたのである。欧州文明におけるロシアの位置を模索し，その存在を強調するスラヴ主義者達は，ロシアを独立した有機体の一つとして，欧州文明という自然界を発展させる一員にすることができる，シェリングの有機体理論を歓迎したのである[80]。

## 13. 唯物・無神論思想とユーラシア主義

　1917年4月3日亡命先のスイスからドイツ軍ルーデンドルフ将軍の封緘列車を利用して警備されロシアへ入国したレーニンにより，帝政ロシアが打倒され，ロシア共産党政権が出来た。つまり，表面的には共産主義というインターナショナルな普遍主義が，伝統的なロシアを倒したのである[81]。

　しかし，革命に成功したとはいえ共産主義の理念も帝政ロシアに育ったロシアの民衆にとっては，疎遠なもの或いは何か違和感を抱かせる異質なものだった。ロシアでは，決して共産主義の理念が広範な民衆を捉えたのではなかった。人々が共産党を支持したのは，戦争と混乱，無秩序と貧困にうんざりした彼らが「平和と土地」のスローガンに強く惹かれたからであり，又その頃ロシアでは共産党が唯一秩序を齎すことのできる政治勢力だったからであった[82]。

　アナトール・レルア＝ボリューによれば，ロシアは二面の女神で，一方が東にもう一方が西に向いており，これが矛盾や反対を発生させ，二面的な政治を説明している。そして地理上でもユーラシア大陸の殆どはロシアであった。欧州的性格とアジア的性格を併せ持っている[83]。

　ユーラシア主義の思想は，1920年代，ロシア革命によって欧州への亡命を余儀なくされたロシア知識人の中から生まれた[84]。ユーラシア主義は先ず何よりも，ロシアを「欧州でもアジアでもない，ユーラシア」であると宣言したテーゼとして知られる。19世紀以来，ロシアの自己認識を巡って，100年近くもの間「西欧かスラヴか」という枠組みの中に収まり続けていた。

　欧州をモデルとした近代化や国家形成は，地域に本来あるべき多様性を破壊し，これを画一化し，更には，社会・文化に於けるエリート層と民衆層を引き裂く結果を齎した。ユーラシア主義が案出した「ユーラシア」は「欧州」へのアン

チ・テーゼとして論ぜられ，前者は多様性，後者は（国民国家を形成する）画一性・均一性の特質が提示された。ロシアのユーラシア主義者は，排他的で狭量なナショナリズムや分離主義に対抗することを目的に，多様性を内包する広大な多民族地域「ユーラシア」への帰属意識を提唱した。この点で，ユーラシア主義は，脅威を排除することによりも，より大きな総体の中にこれを包摂することで，対立を乗り越えようとした思想である。しかし，この広大なユーラシアを統治しようという志向が，ともすれば一種の覇権主義に陥る危険性を秘めていることは否定できない[85]。

## 14. スターリン主義と反体制派

1924年秋，スターリン[86]が一国社会主義の理論を唱え，1930年代にはスターリン主義がロシアを席巻するようになる。これはマルクス主義という社会主義と，帝政ロシアの伝統的ナショナリズムが融合して生まれたロシア独特のナショナルな社会主義，すなわち新たなソヴィエト・ナショナリズムであった[87]。

スターリン主義というナショナリズムも，暫くすると，新たな普遍主義の挑戦を受けることになる。1960年代後半から80年代初めに掛けてのブレジネフ時代に，統制経済の非効率，官僚制の弊害，社会的沈滞等様々の問題が噴出した。フルシチョフのスターリン批判から，穏やかな自由化路線をスタートしたが，これに刺激されてサハロフやソルジェニーツィンらの反体制知識人達が人権擁護とか自由とか民主主義の理念を掲げた。ただ，60年代には，こういった普遍主義の理念は一般大衆にとってもまだまだ疎遠なもので，70年代までは共産党の影響下にあった人々は反体制知識人を売国奴として敵視した[88]。

ブレジネフは，制限主権論（ブレジネフ・ドクトリン）を主張して，1968年8月にチェコスロヴァキアに軍事介入してその自由化を抑えた。制限主権論とは，ソ連が社会主義共同体の全体の利益は，構成国の利益に優先すると主張する理論である。チェコスロヴァキアというロシア人と同じスラヴ人のチェコ人とスロヴァキア人の住む国の自由化を抑えた。

## 15. ペレストロイカとエネルギー帝国主義

やがて1980年代になると，82年11月，18年間続いたブレジネフ時代が終焉した。その後を継いだアンドロポフ書記長（1914-84）は1年3ヶ月，チェルネンコ書記長（1911-85）は1年も経たない内に相次いで死去した。高齢の書記長ではこの国は持たないと悟った政治局は，85年3月50代そこそこのゴルバチョフ（1931-）に書記長を託した。ゴルバチョフはペレストロイカという大胆な民主化改革路線を打ち出したが，これはソヴィエト的ナショナリズムの伝統に対して普遍主義的な原理をぶつける試みだった[89]。彼は社会主義の枠内で民主化と経済の市場化を進めようとしたが，結局この路線は経済的に破綻をきたし，社会的混乱を極め，そして政治の自由化路線は連邦構成している共和国の独立化を促して連邦を崩壊させ連邦大統領である彼自身をも失脚させた。

ゴルバチョフ時代，或いはエリツィンの時代に掲げられた改革の理念，民主化理念は，伝統のソヴィエト・ナショナリズムに突きつけられた普遍主義の刃であった[90]。2000年以降政権の座についたプーチン（1952-）は，チェチェン紛争の勝利を足掛かりに政治的基盤を強化し，石油の価格高騰ともに経済的基盤が強化され，国内の政治的権力を磐石のものとした。彼の掲げた旗は，ソヴィエト・ナショナリズムに訴える路線で，前の政権の普遍主義的政策とは，違う。しかしながら，経済自由化の方向性を堅持しつつも，若干揺り戻しがある。スラヴ主義が強い時代には往々にして極端な反ユダヤ主義に陥ることが，ロシアの歴史では度々登場する。帝政ロシアのポグローム，スターリンのトロッキーを始めとするユダヤ系指導者の追放，そして現代ロシアのプーチンのホドロフスキーを始めとするユダヤ系新興財閥指導者の相次ぐ追放・逮捕である。

E.H.カーによれば，ロシアは「上からの革命」（イヴァン雷帝の統治，ピョートル改革，大改革，スターリンの国家社会主義化，ペレストロイカ）の間に革命（1905年の失敗した革命，1917年の革命，1991年の8月革命）が挟まっている。「上からの革命」の連鎖が革命によって破られるのが，ロシア史のパターンとした（和田春樹「ロシア史の二元性」）。

プーチン政権を支えるのは，武闘派（出身母体の治安・軍関係者），出身地のサ

ンクト・ペテル・リベラル派，エリツィン時代に隆盛を極めた新興財閥派のトロイカ方式だった。前期は武闘派（シロヴィキ）主導で，新興財閥派（オリガルヒ）を政権中枢から排除するのが主な構図だった[91]。ユコス事件では，国際テロ問題並びに税金天国地を利用した資金洗浄問題が焦点だった。シロヴィキの力を利用して，オリガルヒを一掃し，エネルギー部門を実質的に国家管理に置くのに成功した。これに対して，欧米メディアは，ホドロフスキーの逮捕は，プーチン政権の民主主義の抑圧や国家による反ユダヤ主義，その延長上にあるウクライナやチェチェン問題へのロシア影響力強化を狙ったものとの論調が多い。

プーチン外交は，①「対テロを軸に米国との戦略的関係」と②「エネルギーを軸にドイツとの戦略的関係」が柱になっている[92]。①の反対勢力は，米国のネオコン派とイスラエルだった。②の背景には，パイプラインの通過国であるポーランド，ウクライナやベラルーシとロシアとの確執がある。

プーチンの高い支持率は，ロシアの安定性というよりも，混乱・無秩序に対する不安感から秩序を求めるということだと思われる（袴田茂樹「ロシア・東欧の歴史と現代（政治）」）。

## 第3節　現代に於ける普遍論争[93]

渡邊啓貴によると，米国の「冷戦勝者」の意識は，先進文明を象徴する「西（ウエスト）」=「西側世界」の担い手は今や米国であるという議論に良く示されているとされる[94]。欧州側は西欧文明の継承者は自分達と思っている。ところが，冷戦に勝利した米国は今や国際社会に於ける価値観そのものが米国的になってきており，米国こそが西欧文明の継承者であり，発展の任を一身に担っていると主張しているとされる。

そして，古矢洵によると，米国の外交理念は，「普遍主義」に支えられているとした[95]。彼によると，アメリカニズムの起源として，①「辺境」，②「聖地」，③「理念国家」，④「人種主義」，⑤「排他主義」という意味で19世紀的な歴史文化に言及している。

これらの幾つかの論点は，前節のスラヴ派の主張と合い通じる議論である。違う点は，ロシアのスラヴ派は欧州普遍主義に対抗した思想とした点で，これに対して米国の思想は欧州普遍主義の継承者とした点が異なる。ロシアは欧州の辺境であり，汚れた欧州に比べて，「聖地」メシアのロシアという点では，米国も妥当する。一国主義[96)]や大国主義や孤立主義的側面も妥当するかもしれない。そして20世紀にはいり，米国の経済的，軍事的援助による「世界民主主義の救済」という名目のもとに「介入主義」「国際主義」が肯定された。これは，ロシアのクリミア戦争の同じ価値観を持つ人々の救済という名目（米国の場合，民主主義も持つ人々の救済）で戦争を正当化した点も共通である。世界の警察として国際紛争に軍事介入することが20世紀の米国外交の特徴である。建国以来，清教徒精神に基づくこの理想主義的な普遍主義は民主党でも共和党でも基本的に同じである。滝田賢治によれば，このような米国外交を，①法律家的・道徳家的発想，②共産主義の拡大を懸念したフランクリン・ルーズベルト大統領の「隔離演説」に見られる国家や世界を生物や病原菌のアナロジーで認識する傾向，③真珠湾攻撃に見られる外国からの奇襲攻撃に対処する為の国防力の保持という強迫観念，④米国の例外主義として纏めている[97)]。

これらは，いずれもブッシュ大統領の外交政策に明瞭となっている。自由主義の極端な理想化，テロや大量破壊兵器の脅威に備えた「悪の枢軸」や「不安定の弧」という発想は自らに対抗する敵の勢力拡大への過剰な迄の警戒感と防衛力の強化も齎すが，それは米国だけの例外と解釈されるのである。

2003年1月中旬，イラク軍事介入を巡って国連の場で，2つの普遍主義の対立した極度の緊張が予想された。それは，安保理決議1441に従って，前年11月26日に開始された軍事施設の査察の最終報告が予定される1月27日が近づいてきたからであった。

査察を確認してからとすると独仏の慎重姿勢を揶揄して，対イラク強硬派米国のラムズフェルド国防長官は，彼らを「古い欧州」と言い放った。ラ長官は，「私は独仏を欧州と考えてない。それは「古い」欧州だと思う。欧州全体を見回すと，その重心は東に移っている。(……) 欧州の多くの国を考えてご覧なさい。それら

の国々は，フランスやドイツと一緒ではない。米国とともにある」と語った[98]。
　米国政権内では，東欧出身(多くはユダヤ系)の要人が，対欧州政策の立案者である。かつてのキッシンジャー，オルブライト，ブレジンスキ，ホルブルック等である。リトアニアで 1998 ～ 2002 年大統領を務めた米国移民のアダムスク，ラトヴィアでは 1999 年以来，米国と同盟国のカナダから再帰化したフライベルカが大統領と務めたごとく，バルト三国の出身の米国系が陸続きと帰国しており，政財官界の指導層を形成している。グルジアの大統領のサーカシビリは，米国のコロンビア大学法学部を出て，ニューヨークで弁護士をしていた。米国の普遍主義の浸透に彼らは旧社会主義国で貢献しているのかもしれない。欧州側から言わせれば，米国は欧州から移民で形成された国で，普遍主義の本家・本元は欧州自身と思っている。歴史的に見れば，合理主義や民主主義，人権等は，欧州が発祥の土地であるからである。

## 第 4 節　おわりに

　普遍主義は，当初はローマ・カトリック教会の思想であった。中世の時代は，「宗教生活が価値観の全てを決定しているが如く」であった。しかしながら，当時のインテリは，宗教関係者に限られ，思想を一般民衆に大量伝播する手段も欠けていた。これは，日本の仏教伝来は，僧侶によって齎されたのと同様である。読み書きというリテラシィは，僧侶という当時の唯一のインテリ層に限られていた。普遍主義は，西欧に於いて多くの戦争や革命を通じて成熟していった。西欧では，法の精神，合理主義，人権尊重など共通の価値観の普遍主義が行き渡っていた。
　遅れて発達したロシアは，近代化するに当たり，普遍主義の受け入れは避けがたかった。ピョートル大帝はそれを強制性をもって導入した。その結果，それまでに構築されたロシア独自の文化との齟齬が生じさせることになった。しかしながら，これらの融合は，長い歳月をかけてロシア的味付けをもって，ひとつのものとして形成されていった。

ドイツ・ロマン派であるシェリングの自然哲学にある有機体理論を用いて，神を理性で測ろうとするスコラ哲学の影響がない敬虔な正教信仰(ホミャコフ)，個人主義や合理主義といったローマ法の影響のない伝統的農業社会(キレエフスキー)，そしてロシア人は非政治的だという前提に基づいて君主を国家と政治，人民を伝統的社会の2つの世界に住み分ける二元論(コンスタンチン・アクサコフ)等の諸理念を形成したのであった[99]。

社会主義政権ができると，これまでのロシア的文化と融合して，ひとつの普遍主義であるソヴィエト・ナショナリズムが形成された。以後フルシチョフのスターリン批判，ゴルバチョフのペレストロイカの波を浴びたが，現代のプーチン政権では，逆にスラヴ派の思想という反普遍主義(反西欧主義)が全面に出てきている。

現代の外交面で，普遍主義はイラクの大量破壊兵器の査定を巡っての国連での米国と独仏の「新旧欧州論争」というコンテクストで使われている。言わば，普遍主義の本家論争となっていった。

## 【注】

1) 木村武雄「政治経済システムとポーランド国民」，中野守編『現代経済システムと公共政策』中央大学出版部，2006年，343～363頁。
2) 木村武雄「普遍主義について」『筑波学院大学紀要』第4集，2009年，93～105頁。
3) 村井則夫「イメージの回廊」『哲学の歴史』1巻11～15頁，中央公論社，2008年。
4) 川村清夫『プラハとモスクワのスラヴ会議』中央公論事業出版，2008年，122頁。
5) 木村武雄「普遍主義について」『筑波学院大学紀要』第4集，2009年，94頁。
6) 石塚正英他監修『哲学思想翻訳事典』論創社，2003年，243頁。
7) 同上書，243頁。
8) ノーマン・ディヴィス『ヨーロッパ』共同通信社，邦訳II 27～105頁。Norman Davies, *Europe:A History,* Oxford University Press, 1996.
9) 小稲義男他編『研究社 新英和大辞典(第5版)』研究社，1980年。〔catholic〕
10) ジョン・A・ハードマン編著，浜寛五郎訳『現代カトリック事典』，エルデルレ書店，1982年，〔普遍主義(聖書の～)〕，John A.Hardon, S.J., *Modern Catholic Dictionary,* New York: Doubleday and Co.Inc., Garen City, 1980.
11)『キリスト教の本(下)』学習研究社，1996年，24頁。

12)-que は, 木村武雄『経済用語の総合的研究第7版』102頁④ラテン語。
13)木村武雄「普遍主義について」『筑波学院大学紀要』第4集, 2009年, 94～95頁。
14)山本巍他『哲学 原典資料集』東京大学出版会, 1993年, 76頁。
15)清水誠「ヨーロッパの思想」武蔵大学編『ヨーロッパ学入門(改訂版)』朝日出版社, 2007年(初版2005年), 235頁。
16)木村武雄「経済思想と環境倫理」『高崎経済大学論集』48巻2号, 2005年, 80頁。
17)伊東俊太郎「近代科学の源流 スコラ哲学と近代」堀米庸三編『西欧精神の探究革新の12世紀』日本放送出版協会, 1978年, 273～308頁。
　　エドワール・ジョノー, 二宮敬訳『ヨーロッパ中世の哲学』文庫クセジュ, 白水社, 1964年, Edouard Jeauneau, *La Philosophie Médiévale*, Presses Universitaires de France, 1963.
18)山内志朗『普遍論争 近代の源流としての』平凡社, 2008年。
19)山本巍, 前掲書, 77頁。
20)同上書, 77頁。
21)同上書, 77頁。
22)同上書, 105頁。
23)木村武雄『EUと社会システム』創成社, 2008年, 167～173頁。
24)山本巍, 前掲書, 105頁。
25)木村武雄「普遍主義について」『筑波学院大学紀要』第4集, 2009年, 96～101頁。
26)袴田茂樹『プーチンのロシア 法独裁への道』NTT出版, 2頁。
27)猪木正道『ロシア革命史 社会歴史的研究』中公文庫, 1994年, 25～26頁。
28)G. ヴェルナツキー, 松木栄三訳『東西ロシアの黎明』風向社, 10頁, George Vernadsky, *Russian at the dawn of the Modern Age*, Yale Univ.Press, 1959.
29)同上書, 10頁。
30)木村武雄『経済体制と経済政策』(5刷版)(初版1998年)創成社, 2003年, 50, 131頁。
31) G. ヴェルナツキー, 前掲書, 11頁。
32)木村武雄『経済用語の総合的研究(第6版)』創成社, 2008年(初版2001)8～9頁。
33)同上書 10～11頁。
34)高野雅之『ロシア思想史』早稲田大学出版部, 1998年, 14頁。
35)G. ヴェルナツキー, 前掲書, 12～13頁。
36)栗生沢猛夫「モスクワ第三ローマ論」, 川端香男里他監修『新版ロシアを知る事典』平凡社, 2004年。
37)森安達也「ニコン」, 川端香男里他監修『新版ロシアを知る事典』平凡社, 2004年。N.M. ニコルスキー, 宮本延治訳『ロシア教会史』恒文社, 1990年。T.G.マサリク,

126　第3部　国際経済論

石川達夫他訳『ロシアとヨーロッパⅠ～Ⅲ』成文社, 2002, 2004, 2005 年。ゼルゲイ・レヴィーツキィ, 高野雅之訳『ロシア精神史』早稲田大学出版部, 1994 年。野口和重『ロシア精神史への旅』彩流社, 2009 年。マルク・ラエフ, 石井規衛訳『ロシア史を読む』名古屋大学出版会, 2001 年。ジェフリー・バラクフ, 上智大学中世思想研究所監修『図説キリスト教文化史 I-III』原書房, 1993, 1994 年。小滝透『神の世界史キリスト教』河出書房新社, 1998 年, オリヴィエ・クレマン, 冷牟田修二他訳『東方正教会』白水社文庫クセジュ, 1977 年。

38)袴田茂樹, 前掲書, 2 頁。
39)同上書, 2 頁。
40)同上書, 2～3 頁。
41)石塚正英他監修『哲学・思想翻訳事典』論創社, 2003 年, 92～93 頁。
42)川端香男里他監修『新版 ロシアを知る事典』平凡社, 2004 年。
43)廣岡正久『ロシアを読み解く』講談社, 1995 年, 56 頁。
44)同上書, 56 頁。
45)同上書, 56 頁。
46)川村清夫『プラハとモスクワのスラヴ会議』中央公論事業出版, 2008 年, 32 頁。
47)高野雅之, 前掲書, 72 頁。
48)同上書, 72～75 頁。
49)同上書, 73 頁。
50)同上書, 73 頁。
51)同上書, 74 頁。
52)同上書, 74 頁。
53)同上書, 75 頁。
54)同上書, 167 頁。
55)廣岡正久, 前掲書, 64 頁。
56)同上書, 64 頁。
57)ネクラーソフ, 谷耕平訳『デカブリストの妻』岩波文庫, 1950 年。
58)袴田茂樹, 前掲書, 4 頁。又亀山郁夫はドストエフスキー『罪と罰』の最終部には, 二人の女性を殺害した主人公が「歓喜と幸福にむせんで」広場の地面に接吻するシーンがあるとした。かつて『罪と罰』と言えば, ナポレオン主義に託つけた選民思想に被れ, 二人の女性を殺害した青年が, ある娼婦との心の触れ合いを通して罪の意識に目覚める, という大凡の理解だった。寧ろその理解に誤謬はない。しかし, それは余りにも一面的過ぎはしないか。と疑問を呈している。亀山郁夫,「ペテルブルクの48時間」『日本経済新聞』2008 年 10 月 12 日付け朝刊。

59) 川村清夫, 前掲書, 109 頁。
60) 同上書, 110 頁。
61) 同上書, 110 頁。
62) 『ユリイカ』2007 年 11 号 (39 巻 13 号, 通巻 542 号) 特集ドストエフスキー, 青土社及び『人類の知的遺産 51 ドストエフスキー』講談社, 1978 年。
63) 小田垣雅也『キリスト教の歴史』講談社学術文庫, 1995 年, 231～232 頁。
64) 川村清夫, 前掲書, 109 頁。
65) 廣岡正久, 前掲書, 64 頁。
66) 同上書, 65 頁。
67) 同上書, 65～66 頁。
68) 長縄光男「スラヴ派」, 川端香男里他監修『新版ロシアを知る事典』平凡社, 2004 年。
69) 今井義夫「西欧派」, 川端香男里他監修『新版ロシアを知る事典』平凡社, 2004 年。
70) 小田垣雅也, 前掲書, 235 頁。
71) 同上書, 236 頁。
72) 同上書, 236～237 頁。
73) 川村清夫, 前掲書, 2 頁。
74) 同上書, 7 頁。
75) 同上書, 9 頁。
76) 同上書, 107 頁。
77) 同上書, 109 頁。
78) 同上書, 123 頁。
79) 同上書, 110 頁。
80) 同上書, 110～111 頁。
81) 袴田茂樹, 前掲書, 4 頁。
82) 同上書, 4 頁。
83) 西欧文化の二面性については, モーリス・デュヴェルシュ, 宮島喬訳『ヤヌス 西欧の二つの顔』木鐸社, 1975 年, Maurice Duverger, Janus:LES DEUX FACES DE L' OCCIDENT, HOLT, RINEHART AND WINSTON, 1972.
84) 丘由樹子「「ヨーロッパ」と「アジア」の狭間―「ユーラシア」地域概念の再考―」, ロシア・東欧学会, 2008 年共同大会, 報告要旨集 39～41 頁。
85) 丘由樹子, 前掲書, 41 頁。
86) 木村武雄『戦略的日本経済論と移行期経済論 (第 2 版)』五絃舎, 2008 年 (初版 2005 年), 125 頁及び木村武雄『EU におけるポーランド経済』創成社, 68～69 頁。

87) 袴田茂樹, 前掲書, 5 頁。
88) 同上書, 6 頁。
89) 同上書, 7 頁。
90) 同上書, 8 頁。
91) 畔蒜泰助『「今のロシア」がわかる本』三笠書房, 2008 年, 27 頁。
92) 同上書, 42 頁。
93) 木村武雄「普遍主義について」『筑波学院大学紀要』第 4 集, 2009 年, 101 ～ 105 頁。
94) 渡邊啓貴『ポスト帝国 2 つの普遍主義の衝突』駿河台出版社, 74 頁。
95) 古矢洵『アメリカニズム 「普遍国家」のナショナリズム』東京大学出版会, 2002 年。
96) 木村武雄『EU と社会システム』創成社, 2008 年, 36 ～ 56 頁。
97) 滝田賢治「ブッシュ外交の方向性」『海外事情』2001 年 2 月号。
98) Rumrsfeld, Donald, "Press Briefing of the Foreign Press Center", January 22.2003, www.defenselink.mil/news/January/t61232003.
99) 川村清夫『プラハとモスクワのスラヴ会議』中央公論事業出版, 2008 年, 187 頁。

# 第3章　資本主義とシオニズム
## —ヴェニスの商人より—

　本章では，最初にシェイクスピアで有名な『ヴェニスの商人』を取り上げ，この喜劇から読みとれる，当時のヨーロッパ人およびユダヤ人がもっていた金利に対する感覚を確認する。ユダヤ人を取り上げるとき，ユダヤ人の一面性を強調するあまり，偏見・差別を煽るベクトルに向かう危険性も想定されるが，本章は経済活動においてユダヤ人が果たした歴史的役割の重要性に注目した。なおこの戯曲から資本主義の原理を読み解こうとする研究として，岩井克人『ヴェニスの商人の資本論』（筑摩書房）がある。

## 第1節　『ヴェニスの商人』（シェイクスピア，1596）

　シェイクスピアのあまりに有名な喜劇，Merchant of Venice（ヴェニスの商人）は，ヴェニスの商人アントーニオとユダヤ人の高利貸しシャイロックとの訴訟事件がポーシャ姫の機知で解決される話である（中野好夫訳『ヴェニスの商人』岩波文庫）。

　アントーニオの友人でポーシャの求婚者バッサーニオがシャイロックから3000ダカットのお金を3ヵ月の期限で，アントーニオを保証人として借りた。違約の場合は，人肉1ポンドを渡すことになっていたが，法学博士を装ったポーシャの機知で，人肉は差し出しても血を一滴も流さないという条件を引き出し，アントーニオの危機を救った。この物語が経済思想上重要なのは，金利とユダヤ人の問題を包含している点である。

## 1. エリザベス朝(1558～1603)における金利の問題

　ユダヤ人は伝統的に金貸業者であった。キリスト教徒は，中世の時代，戒律により金貸し業者に就けなかった。その意味において「金利」はユダヤ人問題と不可分の問題で，この作品からも金利を蔑視するという当時の英国の人々(例えばシェイクスピアが想定した観客)の庶民感情が推し量られる。

　中世のキリスト教会では金利は罪悪であり，御法度だった。ダンテの『神曲』地獄編第11歌には，ソドムの市民らと共に地獄に堕されている金貸し業者らが描かれているが，これも先の英国の人々の例と同じ性質をもった中世の一般風潮であった。この倫理的根拠は，古代ギリシャの哲学者アリストテレス著『政治学』にある。アリストテレスは金利を最も忌避するべき行為であると見なし，その根拠に「金に繁殖力あるかの如く，金に金を生ませることは最も不自然である」とした。かような思想は，シェイクスピア時代まで継承され，貸した金に利息を付ける行為は不自然な繁殖行為とされた。

　キリスト教世界の欧州においては，高い利子を取って金を貸し付けることは，道徳的にも法律的にも罪とされていた。その為，利子を取ることは何度も法律で禁止され，後に金利10％迄に制限された。ユダヤ教社会ではユダヤ人同志で利子を付けることは禁じられていたが，ユダヤ人以外に対して利子を付けることは認められていた。「外国人には利子を付けて貸してもよいが，同胞には利子を付けて貸してはならない」(申命記23 20)とされ，こうした違いから，ユダヤ人は中世の金融市場や金貸し業で優位に立った。

　しかし16世紀ごろになると，英国に限らず，中世的経済システムに代わるべく，近世資本主義の胎動が緒に就くことになる。資金の活発な流通は，もはや金利罪悪感という道徳の枠に留まることを禁じえなくなった。キリスト教でもカルヴァン派が最も早く金利の合理性を承認したのは，この社会の動きを反映したもので，英国でもフランシス・ベーコンその他の先覚者は既に金利の大きな効用を是認した。従って，英国もついに1571年には最高1割を限度に国家的に金利を承認していた。

## 2. 『ヴェニスの商人』の背景

　しかし，そうした現実社会における経済活動の変化にもかかわらず，庶民の頭にはまだ牢乎として中世的金利観が根を張っていた。英国のような新教徒国家も例外ではなかった。それに又エリザベス朝から17世紀初頭にかけての時代は，ある意味で金融業の黄金時代とさえ言われた。つまり，当時，中世的な社会制約は破棄されつつあったが，完備した近代的銀行制度はまだ確立されていなかった。丁度，端境期に当たり，中世末期の乱脈の時代だった。1割の公定利率等は，一部商人仲間内だけの話であって，この上ない金貸し業者の好餌となり，3割4割から，嘘のような抵当付きで年10割といった極悪非道なやり方は後を絶たなかった。こうした事実法の不備を狙った金利ブローカーが一方で無数に存在したし，今一つには，前にも言った中世以来自明の事実のように考えられた一般大衆の対金利感（つまり金利に対する蔑視）とが渾然一体となり，シャイロックの敗北の中に溜飲を下げ，反対にアントーニオを巡る，どう見ても大した人間とは思えぬ連中をさえ必要以上に理想化する結果になったのであり，観客も又喜んでそれを迎えたのであった。

## 3. 英国におけるユダヤ人を巡る風潮と『ヴェニスの商人』

　英国におけるユダヤ人の存在に対して，その当時どういう風潮があったか。英国では1290年エドワード1世の御世に，一切のユダヤ人は国外追放処分となっていた。その後彼らが英国に自由居住を許されたのは1650年のクロムウェルの治下においてであった。従って，シェイクスピアの時代には少なくとも表向き英国においてユダヤ人は一人もいないことになる。（但し，実際には少数ながらロンドンにも居た証拠がある）この国禁という事実がユダヤ人に対する一般英国国民の反感を強くしていたであろうことは容易に想像できる。しかも，折しもこうした社会的雰囲気のなかにあって，ユダヤ人が冤罪の疑いの強いスパイ事件が勃発した。

　当時エリザベス女王の侍医に，ユダヤ系ポルトガル人でロデリゴ・ロペスという男がいた。彼は女王から非常な信任を賜っていたが，図らずも1594年に

彼がスペイン王フィリップから金を貰い，女王暗殺団の一味に加わったという嫌疑がかかった。長い審問期間中も飽くまで彼は無罪を主張したが，背後に複雑な政治関係もあり，それにまたロペス自身にも英国に亡命していたポルトガルの一王族を暗殺する計画に参加していたという弱みが出て，同年6月遂に断頭台の露と消えた。このユダヤ人による大逆事件の疑惑はロンドン市民の猛烈な激昂を買った。断頭台の上の最後の瞬間までロペスは無罪を叫び続けたが，虚しく群衆の罵声に打ち消されたと伝えられている。この社会的感情に敏感なシェイクスピアは，一気に『ヴェニスの商人』を書き上げた。

『ヴェニスの商人』は，こうして欧州の中世から近世への転換期における，現実の経済社会における金利の概念やさらに資本主義概念の，ネガティブな概念からポジティブな概念への変容と，そうした変容に必ずしも適応してはいない庶民の感情が反映された作品として，経済思想の観点からみても大変興味深い作品となっている。

## 4. 中世の高利貸し―ユダヤ人差別について

『ヴェニスの商人』に似たエピソードは中世欧州の各地に記録が残っている。例えば1317年の初め，フランス，マルセイユの法廷で，ユダヤ人の金貸し業者ボンダヴィド・ド・ドラギニャンという男が裁きを受けていた。ラウレンティウス・ジラルディなる人物から既に借金の返済を受けていたにもかかわらず，支払いを要求し続けたという罪状により，ボンダヴィドは高利貸しを禁じる法律に違反した容疑を掛けられていた。

ボンダヴィドは，200年後にシェイクスピアが『ヴェニスの商人』で描いたあのシャイロックの，正に先駆となった人物と言える（ノーマン・ディヴィス『ヨーロッパ』II，215～216頁）。

このような例からも象徴されるように中世のユダヤ人というと，冷酷なペテン師という固定観念が植えつけられてしまった。ノーマン・ディヴィスは，「実際の現実社会では，高利貸しを禁じた法律は殆ど守られていなかった。キリスト教徒の銀行家も，貸した金額は帳簿に付けずに返済された金額だけを記録す

るというやり方で，実はこっそり高い金利を取っていたのである。（中略）恐らくそうした中で必然的に偽善的行為や多少とも敵意のようなものが生まれ，資本主義の本質というべき技術の一つが数世紀に渡って禁じられることになったのだろう。それでも，ユダヤ人が欧州の信用貸しや銀行業に重要な役割を果たしたのは，歴史的事実である」と述べている（前掲書，215～216頁）。

## 第2節　資本主義とユダヤ人

### 1. 近代資本主義の萌芽

　本節では，視点を変えて，マックス・ヴェーバーの『プロテスタンティズムの倫理と資本主義の精神』(1920) を起点として欧米における資本主義の萌芽を展望してみる。

　マックス・ヴェーバーによれば，「近代資本主義の萌芽は，オリエントや古典古代とは違って，徹底的に資本と敵対的な経済学説が公然と支配してきた地域に求めねばならない」とされた。利潤追求の営みとして成り立っている資本主義からその利潤追求を削除してしまえば，およそ意味をなさなくなるのに，利潤追求に対立する経済思想が公然と支配している所でなければ近代の資本主義は生まれなかった，と逆説的に言っているのである。例えば，米国で禁酒法が適用されている時代において，ご禁制の筈の酒が裏で販売され，密売業者がボロ儲けした。18歳未満が観覧を禁止している映画は，当該年齢以外の人の欲求を駆り立てる。限定販売とか，永久保存版かで，販売心理を駆り立てさせる，というように，何等かの規制が逆に購買等の欲求を煽ることを意味している。

　通常の考え方だと，まず商業やその担い手である商人達を内面から動かす営利精神，営利原理だといったものが社会の隅々まで浸透すると，その結果として近代の資本主義経済が発生することになるとされる。しかし，歴史上の事実は決してそうはなっていない，と彼はいっている。

　中国やインドでも古典古代でも，本質的には商業に対する倫理的規制などはなく，寧ろ，自由だった。しかし，歴史上そこからは近代の資本主義経済は結

局生まれなかった。ところで，そうした点で世界史上の例外をなすのが，中世以降のキリスト教的欧州である。中世のカトリック教会は，周知の如く，暴利の取り締まりとか利子禁止とか，そういう商業上の倫理的規制を実施した。さらに宗教改革後の英国，オランダ，フランス，米国等の諸国の禁欲的プロテスタンティズムに至っては，旧来の商人達の暴利は倫理的に最大の悪事であるかに考え，厳しく罰した。

以上がマックス・ヴェーバーの概略であるが，実際に資本主義の発展に寄与したのはユダヤ人である。

## 2. 資本主義発展とユダヤ人

資本主義の発展にユダヤ人が大きな役割を果たしたと強調する思想家にヴェルナー・ゾンバルト（1983-1941）がいる。彼のユダヤ人に関する見解を，竹内靖雄（『経済思想の巨人たち』新潮選書，1997年）に沿って辿ってみる。

近世以後の欧州では，スペイン，ポルトガルはユダヤ人を追放してから衰退し，ユダヤ人が移住したオランダ，英国に資本主義の中心が移った。ユダヤ人の役割についてゾンバルトによれば「ファウスト」（すなわち近代国家の君主）は「メフィストフェレス」（すなわちユダヤ人）無しには考えられない。ユダヤ人は『市場の血液』であるカネを支配し，有価証券の市場を創出し，工業をはじめとして経済生活の全てを「商業化」した。つまり資本主義と呼ばれるマネー・ゲームの普遍的な形式を確立したのである（前掲書，215頁）。

ユダヤ人の資本主義への適性について，竹内によれば，「ユダヤ教というユダヤ人の生活を律する規則の体系と結び付いている。(中略)，宗教的観念と利潤追求との結合，罪と善行とのバランスシートを厳密に計算しながら善行（即ち金儲け）に励む態度等は，近代的なマネー・ゲームのプレーヤーに最も相応しいものである。」（前掲書，215頁）とし，そしてこれは，ゾンバルトに言わせればピューリタニズムそのものであるということになる。さらに，詩人ハイネの言い方を借りるなら，プロテスタントとは「豚を食べるユダヤ教徒」となり，またゾンバルトに言わせると，「ピューリタニズムとはユダヤ主義である」

（前掲書，215頁）と言うことになる。

## 3. ポーランドを例にとって

　中世のポーランドでは，他の欧州と同様に都市は王国から独立した自治体として発展した。

　（ポーランドの）ユダヤ人にも都市住民としての特権が次第に拡大していった。14世紀末にドイツにおける迫害を逃れポーランドに流入したユダヤ人住民の数が膨大になった。ユダヤ人は伝統的に金融業を営み，その活動は商品貨幣経済の成長を促した。教会がキリスト教徒に対して商売としての高利貸しを明確に禁止したとき，とりわけ重要な役割を演じた。15世紀になるとユダヤ人は職人に転じたが，これにより，都市ギルドと対立した。各地で，ユダヤ人との衝突や暴力事件が起こった為，ユダヤ人は都市城塞の外へ住居の隔離が強制された。〔17世紀中頃は「大洪水」と呼ばれ，ポーランド全土はロシアやスウェーデン軍により蹂躙され，農民は困窮し，都市も衰退した。さらに，大航海時代に入り，バルト海の交易は落ち込んだ。〕貿易収支は赤字に転じ，相次ぐ戦乱と鋳貨濫造によって貨幣価値が下落し，経済混乱が続いた。大領主は貨幣収入の減少を補う為，酒の生産を独占し，所領内の居酒屋で専売して農民の余剰所得を残さず吸収した。こうした居酒屋や醸造所はしばしばユダヤ人に貸し付けられた。ユダヤ人は経済的に商人・領主と農民との間を仲介する立場で活動した為，しばしば困窮した農民の攻撃の矢面に立たされた（木村武雄『欧州におけるポーランド経済』創成社，40-44頁）。

## 4. 中欧・東欧のユダヤ文化

　ユダヤ人は一般にセファルディム〔スペイン系〕とアシュケナジム〔ドイツ系〕に分けられる。このアシュケナジムのうち，ロシア・東欧に住むユダヤ人が，20世紀初頭以来，東方ユダヤ人と呼ばれるようになった。ロシア南部では，アレクサンドロス大王の時代及びローマ時代に既に，商人として移住・定着したといわれている。歴代のロシア及びロシア正教会は，16世紀以降ユダヤ人

教徒を迫害した。15世紀までポーランド王権の寛容な政策により，欧州各地から同国への移住が見られたが，社会的，経済的に活躍した彼らは，カトリック教会の攻撃対象となり，差別と迫害が続いた。20世紀にはナチスドイツにより600万人のユダヤ人が虐殺された。

ユダヤ人は財と文化の源であった。彼らを保護した国は繁栄し，国の滅亡と可時に文化も死滅した。中世のボヘミア文化とポーランド文化，ハプスブルク淀の文化もそうであった。

著名なユダヤ人として，精神分析のフロイト，音楽のマーラー，作家のカフフ，詩人のハイネ，さらに今日では，世界のジャーナリストに名前が見られるキッシンジャー，映画監督のスピルバーク等が挙げられる。ユダヤ系の文化人・政治家・学者・金融関係者・医師等は枚挙に暇がない（木村武雄『経済体制と経済政策』創成社，61頁）。

**(参考文献)**

(1) 荒川章義『思想史のなかの近代経済学』中公新書，1999年。
(2) アリストテレス,山本光雄訳『政治学』岩波文庫,1952年。[『アリストテレス全集』全17巻，岩波書店，1968-73年]
(3) マックス・ヴェーバー，大塚久雄訳『プロテスタンティズムの倫理と資本主義の精神』岩波文庫1989年。[MaxWeber, 1920.Die Protestantische Ethik und derGeist《des Kapitalismus, Gesammelte Aufsatze zur Religionssoziologie, Bd.1, SS.17-206.》]
(4) 木村武雄『経済体制と経済政策』創成社，1998年。
(5) 木村武雄『欧州におけるポーランド経済』創成社，2000年。
(6) 木村武雄『経済用語の総合的研究(第2版)日英独仏伊西露波中韓』創成社,2002年。
(7) 佐和隆光編『現代経済学の名著』中公新書，1989年。
(8) シェイクスピア，中野好夫沢『ヴェニスの商人』岩波文庫，1939年。[Wiliam Shakespeare, 1596-97. The Merehant of Venice.]
(9) 鈴木輝二『ユダヤエリート』中公新書，2003年。
(10) ヴェルナー・ゾンバルト，金森誠也監訳『ユダヤ人と経済生活』荒地出版社，1994年。[Werner Sombart, 1911. [1928]. *Die Juden und das Wirtschaftsleben*, Leipzig und München : Duneker &Humblot GmbH.]

(11) 竹内靖雄『経済思想の巨人たち』新潮選書，1997年。
(12) ダンテ，山川丙三郎沢，全3巻『神曲』岩波文庫，1952年。[Dante, *La Divina Commedia*, Commentata da C. Grabher.Milan0, 1951.]
(13) ノーマン・ディヴィス，別言貞徳沢『ヨーロッパ』Ⅰ～Ⅲ，共同通信社，2000年。[Norman Davis, 1996. *Europe：A Histry,* London：Oxford university Press.]

# 第4章 重商主義に至る欧州の形成

重商主義成立に至る欧州世界についておおよその歴史的潮流(拙著『欧州におけるポーランド経済』(創成社)巻末付録2の年表参照)、特に今日に至る欧州の形成を確認する。その過程で封建主義から絶対主義への転換,農業革命,重商主義の成立を検討する。

## 第1節 欧州世界の形成

### 1. 古代から中世へ ー ゲルマン民族の大移動

ローマ帝国崩壊後の地中海世界はおおまかに、3つの勢力に分けることができる。ローマ帝国の東半分(主に現在の東欧)はビザンチン帝国が成立し、独自の発展を遂げていった。イスラム教を信仰するアラビア人が7世紀ころから地中海世界を取り囲む大帝国(地中海をはさむアフリカ側およびイベリア半島)を形成した。そして旧ローマ帝国の西半分(主に現在の西欧)には、ゲルマン民族の大移動があり、さらに中世になり北欧のノルマン人の民族移動をもって、今日に続く欧州が形成されていった。

ゲルマン人は印欧語族で、新石器時代からバルト海周辺、スカンジナヴィア半島南部、ユトランド半島などに定住し、ローマ帝国領内にも古くから奴隷、農奴や傭兵として入り込んでいた。フン族の進出を契機に民族移動が起こった。おもに欧州全体にわたり大移動した東ゲルマン人(東ゴート族、西ゴート族、バンダル族など)、移動の距離はそれほど長くないか、又は自らの領土を中心に領土拡大を展開していった西ゲルマン人(フランク族、アレマン族、バイエルン族、アングル族、サクソン族など)、それに北ゲルマン人に分けられる。

ゲルマン民族の大移動で注目すべきポイントは、西ゲルマン人、特にフラン

ク王国がローマ・カトリックを受容したことである。特にフランク族の建国の父，クロヴィスがローマ・カトリックの洗礼を受けたことによりゲルマン人によるローマ人統治が可能となり，またフランク王国の発展を保証することとなった。

その後9世紀，フランク王国が崩壊し，現在のドイツ，フランス，イタリアが，さらにノルマン人の民族移動をへて現在の英国が形成され，現在の欧州の輪郭が明瞭になっていく。

### 2. 封建制度の成立—8世紀後半-9世紀

中世の典型的なシステム，封建制度はすでに古代ローマ帝国やゲルマン民族にも見られるが，はっきりとそれが確認されるのは，フランク王国においてである。封建制度は家臣制度と恩貸制度が結びついた制度で，中世の領主と家臣との間で結ばれる相互契約的な制度である。家臣の義務には，主君を裏切らないこと，主君への援助，助言があり，主君の義務には家臣を裏切らないこと，家臣の保護と養育がある。恩貸制度とは家臣に土地を不完全所有というかたちで貸与することで，これがいわゆる「封」を与えることとなる。このような封建制度のもとに発展したのが荘園制であり，封建領主のもとで自由を許されない農民（農奴と呼ばれた）が荘園の農作業に従事した。荘園制度が定着したのは9世紀中頃で，産物も地域によって異なるが，主な産物には小麦を中心とした穀物である。また荘園では牧畜も行われていた。

## 第2節　商業の発展と絶対主義への移行

### 1. 農業革命—9-11世紀

中世末期には荘園農産物の生産も飛躍的に高くなっていった。その主な理由としては，(1) 水車の普及，肥料の利用，馬による重い有輪犂の使用（それにより耕作地を深く掘り起こせるようになった）などの技術革新，(2) 耕地を春耕地・秋耕地・休閑地に分けて耕す三圃制の普及など，が挙げられる。農業生産の向

上は当時発展しつつあったパリなど諸都市の食料需要を満たし，発展を支えた。これがいわゆる農業革命であり，農民は余剰農作物を都市の定期市で売り，そして都市の職人が作った製品を買った。こうして農業の発展は人口増加をもたらし，浮遊農民が出現，彼らは都市に流れ，結果として欧州が膨張することになる。欧州膨張の具体例は十字軍，レコンキスタ，東方植民といった動きである。十字軍の遠征は地中海方面，レコンキスタはイベリア半島へ，それに東方植民。前者2者は当初は失敗に終わった。

## 2. 中世都市の発展—11-13世紀

　中世の欧州は全体としては農村社会であるが，11世紀ころから中世都市が発達し，都市の商業者，工業者が重要な経済の担い手となった。中世都市の特色は（1）商工業を営む経済都市である，（2）国家内国家としての独立した権力をもっている，などの特徴をもち，その多くは城壁に囲まれ，農村部と区別されており，住民の多くは商工業者であり，市場が市の中心となっていた。また独自の法体系を所有し，裁判権も有していた。

　経済の流れを概観するとき，中世都市は重要な意味をもつ。(1) 南欧，ジェノヴァ，ヴェネチアなどのイタリア都市によるレヴァント貿易（東方貿易），(2) 北欧リューベックやハンブルクなど北ドイツのハンザ同盟諸都市の北方貿易，という2つの貿易の展開が中世商工業，貿易に重要な役割を果たした。巨大な富を獲得した商人は金融業を手掛けるようになった。大都市にはユダヤ人のゲットーがあり，彼らはおもに商業や金融業に携わった。

## 3. 封建制から絶対主義へ

　封建制から絶対制への移行を簡略に説明すると，中世末期の長期に渡る対外（例えば100年戦争），各国での内紛（例えば英国の薔薇戦争），黒死病の流行，その他の要因が重なり，封建領主の力が弱まり，相対的に国王の力が強大になった。これが封建制から絶対制への移行の実体であり，封建領主の衰亡により，国王と一般国民の直接的な関係が浮上してきた。絶対主義が早い段階で成立し

たのは，英国，フランスであり，封建領主の力が衰えなかったドイツ，イタリアはむしろ小国家乱立状態になった。

## 第3節　絶対主義国家の発展と重商主義の成立

### 1. 絶対主義初期の覇権争い—ポルトガル・スペインからオランダ・英国へ

　絶対主義初期の段階でめざましい発展を示したのはポルトガルである。1498年，ヴァスコ・ダ・ガマがインド航路を発見した。これはヴェネチアやジェノヴァ，アラビア商人に大打撃を与えた。やがて1580年，ポルトガルがスペインに併合され，ポルトガルのインド洋支配は解体されていった。そのころポルトガルの貿易で仲買商として利を挙げていたオランダがスペインから独立し，勢力をもつようになり，スペイン無敵艦隊を破った英国とともに，大航海時代の覇権を争った。

　欧州各国はアラビア商人，ヴェネチアなどの都市に対抗すべく新航路を開発し，アジア，アフリカ，さらに新大陸アメリカへの積極的な進出を試みた。こうして積極的な海外進出による利益獲得と自国利益の保護のために取られた政策が重商主義である。

### 2. 重商主義

　絶対王政の時代にとられていた代表的な経済政策である重商主義は，初期の段階では，重金主義として性格付けされる。これは，国内の金銀貨幣を蓄積することを目的としたもので，国内の金山・銀山が開発され，また植民地においても同様であった。典型的な例が初期スペインによる米国植民地経営である。

　その後，金銀を獲得するという直接的な蓄積にかわり，貿易による輸出超過により利を得ようという方法，貿易差額制度がとられるようになり，貿易を有利に進めるため各国とも自国産業を保護し，輸出支援，輸入関税の引き上げなどを行った。これを典型的にすすめたのがフランスのコルベーユであったことから，重商主義のことをコルベールティズムともいう。

貿易差額主義をとった後期重商主義は，当然ながら貿易黒字を目指した。産業資本の保護と育成をはかり，輸出を奨励，輸入を制限した。以上，重商主義の特色を整理すると次のとおりになる。

a) 重金主義―金銀貨幣の直接蓄積
b) 貿易差額制度―輸出超過という貿易差額によって貨幣の蓄積する
c) 国家による貨幣蓄積を目的とする貿易および産業の統制

以上がおおよそ欧州の形成から重商主義に至る経済の流れである。この流れは素朴な商取引が，社会が形成され，国家が形成されるようになって次第に複雑になり，分業化も進み，そうして資本主義が徐々に形成されていった過程であったということができる。

**（参考文献）**
(1) 伊藤元重「アダム・スミス 市場のメカニズムの発見」日本経済新聞社編『経済学の先駆者アダム・スミスからマーシャルまで』1995 年。
(2) 小林昇『J・ステュアート研究』(小林昇経済学史著作集 (1))) 未来社，1977 年。
(3) 中村達也他編『経済学の歴史 市場経済を読み解く』有斐閣アルマ，2001 年。
(4) 西山久徳『経済思想史』文化書房博文社，1988 年。
(5) 根岸隆『経済学史入門』(改訂版)，放送大学教育振興会，2001 年。
(6) 八幡清文「ジェームズ・ステュアート 市場制御の経済学」大田一廣他編『経済思想史』名古屋大学出版会，1995 年。
(7) 船越経三「重商主義」宮崎犀一他編『経済学史講義』新評論，1985 年。
(8) 松原隆一郎『経済思想』新世社，2001 年。

# 第5章　為替理論

〔価格弾力性と貿易収支〕

　貿易収支が為替レート切下げにより改善される可能性は，輸出入需要曲線の傾きが緩やかであるほど大きくなる。つまり輸出入財への需要の価格弾力性（価格が1%変化した時に需要量が何%変化するかを示す無名数）が比較的高いとき，輸出入量の切下げに対する反応は大きくなり，貿易収支の赤字は縮小（黒字は増大）する傾向にある。逆に，輸出入財への需要の価格弾力性が比較的低ければ，輸出入量の切下げに対する反応は小さくなり，貿易収支の赤字が増大（黒字は縮小）する可能性が強まる。

　1）弾力性アプローチ（輸出入の関係に着目した弾力性アプローチ）：為替レートの変化が貿易収支に与える影響についての最も伝統的アプローチであり，輸出入需要の価格弾力性に基づく。ひとつの貿易財の生産に特化する日本（自国）と米国（外国）からなる世界を想定し，自国財の価格（$P_X$）は円建て，外国財の価格（$P_m^*$）はドル建てで固定する。この仮定は両国の供給の価格弾力性が無限大であり，供給量は需要のみにより決定されるとする。自国の貿易収支（J）は自国財の輸出量を X，外国財の輸入量を M とし，

　$J = P_X^* X - P_m^* M$ ……（5-1），但し上付添字 * は価格がドル建てを示し，自国財のドル建て価格は先の仮定から，

　$P_X^* = (P_X/E)$ ……（5-2），ここでEは名目為替レート（ドルの円価格）であり，Eの上昇は円の切下げ（減価）を意味する。（5-1）は，日本の貿易収支をドル建ての輸出額からドル建ての輸入額を控除したもの。自国財の輸出は，外国での自国財への需要で決まるとする。

　$X = X [(PX/E), ……]$ ……（5-3），ここで〔 〕内の……は，所得水準等自国財価格以外の要因を指すが，それらはみな一定とする。（5-3）式は，自

国財の輸出需要がそのドル建て価格の負の関数である。したがって自国財の円建て価格が一定であるとき，円切下げ（Eの上昇）は，そのドル建て価格の下落により，日本からの輸出が増大する。ドル建て価格を縦幅，輸出量を横幅にしたグラフでは，この輸出需要曲線は右下がり，次に価格弾力性が無限大であるという仮定により，輸出供給曲線は水平に描かれる。したがって，円切下げは自国財をより低いドル価格で無制限に購入できるので，供給曲線は下方移動する。

一方，自国の輸入は外国財への需要により決定する。

$M = M〔(E \cdot P_m^*), \cdots\cdots〕\cdots\cdots$ (5-4)，ここで (5-3) 式と同様に価格以外の要因は一定と置く。(5-4) 式は，外国財の輸入需要がその円建て価格の負の関数。したがって，外国財のドル建て価格が一定であるとき，円切下げは，その円建て価格を上げて，外国財の輸入を減少させる。ドル建て価格を縦軸，輸入量を横軸にしたグラフではこの輸入需要曲線は右下がりで，円切下げはその下方に移動させる。なおドル建て価格を縦軸とした場合，輸入の供給曲線は水平となり，ドル価格が固定されている限り為替レートの変化にしても移動はしない。

2）マーシャル＝ラーナー条件：先の例では，貿易財価格は生産国通貨で固定される（供給の価格弾力性は無限大）という仮定での，切下げで貿易収支が改善する必要な弾力性の条件を「マーシャル＝ラーナー条件」とする。仮定が限定的なため，マ条件がそのまま現実に適用するとは考えられないが，為替レートと貿易収支との関係を考慮する際，基本的枠組みとして有益な概念である。

(5-1) 式に (5-2) 式を代入し，その全微分を取ると，次の式が導出される。

$dJ = (P_X/E) \, dX - P_m^* dM - (P_X X/E^2) \, dE \cdots\cdots$ (5-5)

ここで輸出需要の価格弾力性を $\varepsilon_x〔\equiv -(d\ln X/d\ln P_X^*) > 0〕$，輸入需要の価格弾力性を $\varepsilon_m〔\equiv -(d\ln M/d\ln P_m) > 0〕$ と置くと，(5-5) 式は次のようになる。

$dJ = 〔P_X^* X (\varepsilon_x - 1) + P_m^* M \, \varepsilon_m〕 d\ln E \cdots\cdots$ (5-6)

ここで当初の貿易収支をゼロ $(P_X^* X = P_m^* M)$ と置くと，為替レート切下げにより，貿易収支が正の変化をする条件は，

$(dJ/dlnE) = (\varepsilon_x + \varepsilon_m - 1) > 0$ 或いは $\varepsilon_x + \varepsilon_m > 1$ ……（5-7）
即ち，輸出と輸入の価格弾力性の和が１より大きい場合は，為替レートの切下げが貿易収支を改善へ導く。弾力性アプローチの応用としてＪカーヴ効果がある。

3）アソープション・アプローチ：貯蓄・投資の関係に着目した分析手法で，1950年代にシドニー・アレクサンダーを中心とするIMFのエコノミスト達により提唱された。貿易収支（あるいは経常収支）は国内生産と国内消費の差に等しいという事実に着目したことによる。アソープション(A)とは，民間消費，民間投資そして政府支出という国民所得（Y）の３要素を集合した概念。$Y = A + B$ ……（5-8），但し，$B = (\equiv E - M)$。E, Mは輸出量と輸入量の名目値。Bはサーヴィス貿易や要素受取・支払を考慮すれば，貿易収支とも経常収支とも解釈できる。

(5-8)を転換すると，$B = Y - A$ ……（5-9），（5-9）式は，貿易収支が国内生産と国内消費の差額を示している。したがって，貿易収支の赤字はＡがＹを凌駕しているから生じるので，Ａを減じるかＹを増加させればよい。伝統的ケインズ経済学では，前者を「支出削減政策」，後者を「支出切り替え政策（需要を外国財から自国財へ転換する）」と呼ぶ。しかし完全雇用の世界ではＹを政策により増加できないので，貿易収支の調整は主としてＡの動向如何による。では切下げの効果はどうか。（1）切下げは一般的に交易条件を悪化させ，国民の実質所得を減らし，消費を抑制する。（2）切下げは物価水準を上げ，通貨や債券といった名目資産の実質価値を下げる資産効果を通じて，消費を抑制する。一部の実証研究では資産効果が微々たるものなので，切下げによる消費抑制現象の貿易収支改善効果は，限定的かつ一時的である。

〔為替レートの決定要因〕

1）購買力平価説：長期的な均衡為替レートは内外通貨の一般的購買力の比率によるとする説。20世紀初頭，スウェーデンの経済学者グスタフ・カッセルによって提唱された。長期的な均衡為替レートは内外通貨の一般的購買力の

比率によって決定される。通貨の一般的購買力は一般物価水準の逆数であるから，日本と米国の一般物価水準を各自 p, p*, 為替レートを e (1ドル＝e円) とすれば，均衡レートは e ＝ p/p* となる。相対的に物価上昇率の低い（高い）国の通貨の相対価値は上昇（下落）することになる。

2) アセット・アプローチ：中・短期均衡為替レートは内外の金融資産の選択（金利差・為替レート）とする。近年の国際的資本取引の活発化を反映して，内外金融資産の選択が為替レートを決定するというのがこの理論である。

## 〔クローサーの国際収支の発展段階説〕

体制転換において重要なのが為替の信用である。為替は国家の経済力を示し，他国からの信用を反映する。国家の発展段階にそった分析をクローサーが行っている。彼によれば発展段階は，第1段階：未成熟の債務国，第2段階：成熟債務国，第3段階：債務返済国，第4段階：未成熟の債権国，第5段階：成熟した債権国，第6段階：債権取崩し国に分けられる。

第1段階「未成熟の債務国」は，経済発展の初期段階で，開発に必要な投資財は輸入により調達され，国内貯蓄は充分とはいえないので，必要な資本は海外に仰ぐことになる。従って経常収支は赤字，長期資本は流入超過となる。第2段階「成熟した債務国」は，輸出産業の発達に連れて財貨サーヴィス収支は黒字化するが，過去の債務の利子返済が続く為，経常収支は赤字が続く。第3段階「債務返済国」は，輸出が更に拡大し経常収支は黒字化するが，それまで累積していた対外債務を返済し始めるため，長期資本は流出超過となる。第5段階「成熟した債権国」は，依然として投資収益は黒字であるが，貿易収支は輸出産業が発達してくるに連れて財貨・サーヴィス収支は黒字化する一方，過去の債務の利子支払いが継続する為経常収支は赤字が続く。第6段階「債権取崩し国」は，財貨・サーヴィス収支は遂に赤字化するが，過去に累積した債権の存在により投資収益は黒字であり，経常収支も黒字である。

## 国際収支の発展段階——イギリス、アメリカ、西ドイツ、日本

| | 財貨サービス収支 | 投資収益 収支 | 経常収支 | 長期資本 収支 | 戦前(上段)戦後(下段) | イギリス 期間(年) | イギリス 経常収支/名目GNP | アメリカ 期間(年) | アメリカ 経常収支/名目GNP | 西ドイツ 期間(年) | 西ドイツ 経常収支/名目GNP | 日本 期間(年) | 日本 経常収支/名目GNP |
|---|---|---|---|---|---|---|---|---|---|---|---|---|---|
| I. 未成熟の債務国 | − | − | − | + | 前後 | | | | | | | (1868〜1880) | − |
| II. 成熟した債務国 | + | −− | − | + | 前後 | | | (1871〜1890) | (▲0.6) | | | (1881〜1914) 1955〜1964 | − ▲0.2 |
| III. 債務返済国 | ++ | − | + | − | 前後 | | | (1891〜1910) | (0.7) | | | (1914〜1920) | (7.2) |
| IV. 未成熟の債権国 | + | + | ++ | −− | 前後 | (1851〜1890) | (3.8) | (1910〜1940) | (2.4) | 1951〜1970 | 1.3 | 1965〜1969 | 0.8 |
| V. 成熟した債権国 | − | ++ | + | − | 前後 | (1891〜1925) 1948〜1982 | (3.4) 0.3 | 1946〜1970 | 0.6 | 1971〜1982 | 0.5 | 1970〜1983 | 0.7 |
| VI. 債権取崩し国 | −− | + | − | + | 前後 | (1926〜1944) | (−2.6) | 1971〜1981 | 0.4 | | | | |

(出所) 経済企画庁「昭和59年度 経済白書」。
[引用文献] 小峰隆夫『最新日本経済入門 (第2版)』日本評論社、2003年、193頁。

**〔参考文献〕**

(1) 小峰隆夫『最新日本経済入門（第2版）』日本評論社，2003年．
(2) 高木信二『入門国際金融』日本評論社，1992年．
(3) 西川俊作他編著『日本経済の200年』日本評論社，1996年．

# 第6章　経済成長

　ケインズ経済学が開拓したマクロ経済学分野において一国経済の分析や，経済成長，景気循環などの研究が発展した。この分野ではケインズやマルクスを批判的に検討し，独自の景気循環論を提唱したシュムペーターが著名であるが，本章で取り上げるクズネッツやレオンチェフら，ロシア・ソ連から亡命した経済学者の統計分野における貢献も大きい。S.S.クズネッツは1901年ロシアに生まれ，22年米国へ移住。26年コロンビア大学で博士号を取得（テーマは「景気循環」）。全米経済研究所研究員を経てペンシルヴァニア大学，ジョンズ・ホプキンズ大学，ハーヴァード大学教授を歴任し，71年ハーヴァード大学名誉教授。49年米国統計学会会長，54年米国経済学会会長。1971年経済，社会構造と発展過程の研究に開する貢献に対してノーベル経済学賞が授与された。85年7月9日，マサチューセッツ州ケンブリッジの自宅で逝去。

　クズネッツの主要な業績や理論は次のとおりである。

　1）クズネッツの経済学における功績は国民総生産（GNP）の概念を確立したことにある。彼は経済成長や国民生産についての研究に専心し，1930年，25年周期でおこる景気循環，「クズネッツ循環」を発見した。また「近代経済成長過程のなかでは，所得分布は初め不平等化し後に平等化に転ずる」（南亮進『日本の経済発展』東洋経済新報社，2002年，278頁）という「クズネッツの逆U字型仮説」を提唱した。それによれば「初期の不平等化は，近代工業の成長によって農工間格差が拡大するためであり，後期の平等化は，農業労働の都市移住によって農工間格差が縮小し，しかも農業の比重が減少するため」（南，前掲書，278頁）としている。また近代経済の特徴については，(1) 人口と1人当たり生産が共に急成長すること，(2) 産業構造が急速に変化し，人口の都市化が生ずること，(3) 以上の変化が一時的ではなく，長期に渡って持続

すること，としている（南，前掲書，4頁）。

2）主要著書として『国民所得と資本形成 1919-1935』（1937年），『所得と貯蓄における所得上位層の割合』（1953年），『近代経済成長の分析』（1966年）などがある。

3）論争：ケインズの「1人当たり所得の増加によって貯蓄率が上昇する」という考え（絶対所得仮説）にたいし，クズネッツは米国の貯蓄率は長期的にみて一定であるとして，批判した。

### 〔クズネッツの経済成長分析と日本〕

古いデータになるが，クズネッツが1971年に著しだEconomic Growth of Nations : Total outDut and Production Structure"（中山伊知郎他編『日本経済事典』講談社，110〜113頁）によって，近代化の開始時から1967年ころまでの先進国の経済成長率を見てみよう（表1, 2）。

表1から，10年当たり人口1人当たり生産物に着目すると（表の右端），経済成長率の低い国はオーストラリア，オランダ，英（10〜12%）で，高い国はスウェーデン，日本（29〜32%），その他（14〜23%）となる。10年当たりの経済成長率10%, 20%, 30%は，1年当たり換算で1%, 1.8%, 2.7%となり，その差は1.7%で，先進国間において大きな差はないといえる。

人口の成長率（増加率，表1の右から2番目）に着目すると，米国，オーストラリア，カナダなど，新たに「発見」された大陸の国々が著しく増加し，旧大陸（欧州）は停滞を示している。

総生産10年当たりの経済成長率（表1の右から3番目）に着目すると，日本(48.3%)，米国(42.4%)，カナダ(41.3%)，オーストラリア(36.4%)からベルギー(20.3%)，英国(23.7%)，仏(21.8%)と開きが明瞭になる。

これら3部門の間に相関関係は見受けられないが，日本の成長率48%（年当たり4%）に注目すると，明治期から戦前までの1年当たり成長率は約4%であり，第2次世界大戦期に経済成長が止まり，それを挽回するために戦後高度成長10%が実現されたので，総合的に明治期から1967年ころまでの経

表1 先進国の長期的成長率

|  | 期間 | 年数 | 10年当り成長率（％） |||
|---|---|---|---|---|---|
|  |  |  | 総生産物 | 人口 | 人口一人当り生産物 |
| イギリス | 1765-85〜1963-67 | 180.5 | 23.7 | 10.1 | 12.4 |
| フランス | 1831-40〜1963-66 | 128.5 | 21.8 | 3.2 | 18.1 |
| ベルギー | 1900-04〜1963-67 | 63 | 20.3 | 5.3 | 14.3 |
| オランダ | 1860-70〜1963-67 | 100.5 | 27.7 | 13、4 | 12.6 |
| ドイツ | 1850-59〜1963-67 | 110.5 | 31.0 | 10.8 | 18.3 |
| スイス | 1910〜1963-67 | 55 | 26.3 | 8,8 | 16.1 |
| デンマーク | 1865-69〜1963-67 | 98 | 32.5 | 10.2 | 20.2 |
| ノルウェー | 1865-69〜1963-67 | 98 | 31.4 | 8.3 | 21.3 |
| スウェーデン | 1861-69〜1963-67 | 100 | 37.4 | 6.6 | 28.9 |
| イタリア | 1895-99〜1963-67 | 68 | 31.4 | 6.9 | 22.9 |
| 日本 | 1874-79〜1963-67 | 88.5 | 48.3 | 12.1 | 32.3 |
| アメリカ | 1834-43〜1963-67 | 125.5 | 42.4 | 21.2 | 17.5 |
| カナダ | 1870-74〜1963-67 | 93 | 41.3 | 19.0 | 18.7 |
| オーストラリア | 1861-69〜1963-67 | 100.5 | 36.4 | 23.7 | 10.2 |

出典：Kuznets, S., *Economic Growth of Nations : Total Output and Production Structure*, 1971.

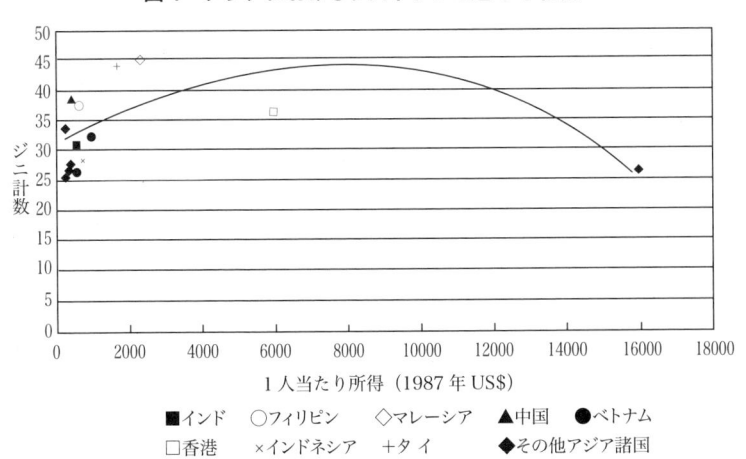

図1 アジアにおけるクズネッツの逆U字仮説

■インド ○フィリピン ◇マレーシア ▲中国 ●ベトナム
□香港 ×インドネシア ＋タイ ◆その他アジア諸国

出所）ジニ係数は世界銀行，『世界開発報告』各年版より算出，1人当たり所得は，World Bank, *World Tables 1995*.
〔引用文献〕原洋之介『アジア経済論』31頁。

済成長をみると，この戦後の成長率10%は戦前の4%という経済成長への回帰する（クズネッツの逆U字仮説）。

なお，経済成長を近代以後と近代以前でみてみると，生産力が相対的に低い近代以前のデータは近代以後との比較には適用できないことはいうまでもない。

**〔クズネッツの経済分析からみた経済成長格差〕**

近代経済成長の開始時期のデータについては表2を参照されたい。各国とも200ドルから500ドルと高水準から近代化が開始されたのに対し，日本の70ドルは，今日の発展途上国の100ドルよりも低い水準だったといえる。

次に表3から，近代経済成長の開始時に着目すると，1967年当時，先進国と発展途上国（後進国）の所得格差は大きかった。当時発展途上国の平均所得を100ドルとすると先進国のそれは1900ドルで，19倍になった。その理由は，次のとおりである。

**表2 先進国の初期条件**

|  | 1965年の人口一人当り生産物（ドル） | 近代経済成長の開始時期（年） | 近代経済成長の開始時期における人ロ一人当り生産物（1965年のドル） |
|---|---|---|---|
| イギリス | 1,870 | 1765 – 85 | 227 |
| フランス | 2,047 | 1831 – 40 | 242 |
| ベルギー | 1,835 | 1865 | 483 |
| オランダ | 1,609 | 1865 | 492 |
| ドイツ | 1,939 | 1850 – 59 | 302 |
| スイス | 2,354 | 1865 | 529 |
| デンマーク | 2,238 | 1865 – 69 | 370 |
| ノルウェー | 1,912 | 1865 – 69 | 287 |
| スウェーデン | 2,713 | 1861 – 69 | 215 |
| イタリア | 1,100 | 1895 – 99 | 271 |
| 日本 | 876 | 1874 – 79 | 74 |
| アメリカ | 3,580 | 1834 – 43 | 474 |
| カナダ | 2,507 | 1870 – 74 | 508 |
| オーストラリア | 2,023 | 1861 – 69 | 760 |

出典：表1に同じ。

表3 先進国と後進国の成長率

|  |  | 絶対水準 ||| 年成長率(%) |||
|---|---|---|---|---|---|---|---|
|  |  | 1954-58 | 1959-63 | 1964-68 | 1954-58〜59-63 | 1959-63〜64-68 | 1954-58〜64-68 |
| 国内総生産 (1963年10億ドル) | 先進国 | 785 | 953 | 1229 | 3.9 | 5.2 | 4.6 |
|  | 後進国 | 151 | 190 | 238 | 4.7 | 4.6 | 4.7 |
| 人口 (100万人) | 先進国 | 603 | 639 | 678 | 1.2 | 1.2 | 1.2 |
|  | 後進国 | 1237 | 1391 | 1569 | 2.3 | 2.5 | 2.4 |
| 人口一人当り国内総生産 (1963年ドル) | 先進国 | 1301 | 1491 | 1812 | 2.8 | 4.1 | 3.4 |
|  | 後進国 | 121 | 136 | 152 | 2.3 | 2.1 | 2.2 |

注:1) 先進国に含まれる国：ヨーロッパの非共産国（キプロス，トルコを除く），カナダ，アメリカ，日本，オーストラリア，ニュージーランド，フィジー，イスラエル，南アフリカ．
2) 後進国に含まれる国：東アジア・東南アジアの非共産国（日本を除く），中東（イスラエルを除く），アフリカ（南アフリカを除く），ラテン・アメリカ（キューバを除く），その他のオセアニア．

出典：Kuznets, S., "Problems in Comparing Recent Growth Rates for Developed and Less Developed Countries", *Economic Development and Cultural*, January 1972.

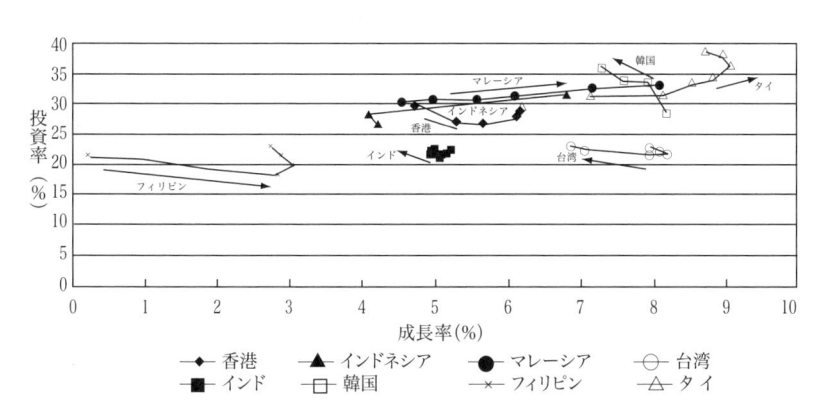

図2 アジア諸国における投資率と経済成長率

出所）Asian Devdopment Bank, *Key indicators* より算出。1980年より利用できる最新のものまで，基本的に10年間の平均値をプロットしている．
〔引用文献〕原洋之介編『アジア経済論』33頁．

戦後の経済成長率に限ってみると，先進国も発展途上国も100年にわたる長期的成長率に比べると著しく高く，また国民層成長率も先進国と発展途上国のあいだでそれほど差はない。

人口成長率をみると，発展途上国のそれは極めて高く，これが人口1人当たり生産物の成長率を低くさせている原因となる。結果的に先進国と発展途上国の所得格差を拡大させたのである。

**(参考文献)**
(1) ノーベル賞人名事典編集委員会編『ノーベル賞受賞者業績事典（新訂版）』日外アソシエート，2003年。
(2) 原洋之介編『アジア経済論』JNTT出版，1999年。
(3) 南亮進『日本の経済発展（第3版）』東洋経済新報社，2002年。
(4) クズネッツ，塩野谷祐一訳『近代経済成長の分析（上・下）』東洋経済新報社，1968年。[Simon Smith Kuznetz, *Modern Economic Growth:Rate, Structure and Spread*, New Haven, Connecticut and London : Yale university Press, 1966.]
(5) クズネッツ，西川俊作他訳『諸国民の経済成長 総生産高及び生産構造』ダイヤモンド社，1977年。[S.S.Kuznetz, *Economic Growth of Nations:Total Output and Production Structure*, Cambridge, Massachusetts : Harvard university Press, 1971.]

# 第7章　経済モデル

　P.A. サミュエルソンのもとでケインズ経済学を学び，マクロ経済学モデルに対し多大な貢献をしたローレンス・クラインは，1920年，米国ネブラスカ州に生まれた。カリフォルニア大学に入学し経済学と数学を専攻，42年同大学卒業後，マサセチューセッツエ科大学（MIT）大学院へ。指導教官はサミュエルソンだった。44年ケインズの「一般理論」を数学的に体系化した業績により博士号（MIT）取得。同年シカゴ大学コウルズ・コミッション研究員になり，米国経済の計量モデル作成に専念する。47年ノルウェーへ留学し，R.A.K. フリッシュの下で研究。全米経済研究所研究員を経て，50年ミシガン大学講師に就任。数量経済学の研究セミナーを設立し，研究生の一人である A.R. ゴールドバーガーと協力してクライン＝ゴールドバーガー・モデルと呼ばれる計量経済モデルを構築。オックスフォード大学統計研究所研究員を経て，58年ペンシルヴァニア大学教授。翌59年 J.B. クラーク賞受賞。60年計量経済学会会長，68年ペンシルヴァニア大学ベンジャミン・フランクリン講座教授，77年米国経済学会会長。80年計量経済モデルを作成し，経済変動の分析，経済政策に適用したことによりノーベル経済学賞受賞。

　クラインの功績は40年代に米国で確立されていた計量経済学のモデルをケインズ経済学のモデルを統合させ，マクロ経済全体のデータ算出を効率化したことである。J. ティンバーゲン，T. ホーヴェルモ，T.C. クープマンスらにより，40年代には計量経済学の方法論的基礎はほぼ確立された。クラインはこの計量経済学的方式とケインズ的に経済構造を分析したモデルを統合した。50年『米国の経済変動 1921-1941 年』出版。米国経済を連立方程式を使ったモデルで計量経済分析した。55年 A. ゴールドバーガーとの共著『米国の計量経済モデル 1929-1952 年』でクライン＝ゴールドバーガー・モデルを，61年には

R. ボール，A. ヘイズルウッドらとの共著『英国の計量経済モデル』でクライン＝ボール＝ヘイズルウッド＝ヴァンドーム・モデルを構築。その間60年に初来日し，日本経済の計量経済モデルの開発を続け，65年米国の経済学者と協力してブルッキングズ・モデルと呼ばれる大規模なモデルを構築。また67年にはM. エヴァンズと協力して，今なお計量経済モデルの標準型となっているウォートン・モデルを構築した。

　レオンチェフが投入資源と産出物のミクロ経済的な関係に基づいてモデルを構築したのに対して，クラインは，ミクロ経済データと多様な種類の支出を記述した簡潔な方程式を組み合わせてモデルを構築。クラインの方程式を全て解くと，マクロ経済全体の総支出，所得産出高，雇用の概算が分かる。そのためクラインの集計法は，国家経済の効率性を示す指標の役割を果している（M. ハートマッカーティ，田中宏子訳『現代経済思想』278頁）。

　第2次世界大戦後，クラインはペンシルベニア大学ウォートン校へ移り，最初の計量モデルにウォートンの名を付けた。構造モデルの構成に当たって，彼はケインズ理論とティンバーゲンが確立した計量経済の技法を結合させた。先ず，支出の基礎となるフロー（消費，投資，政府支出，純輸出）と，それらの相互関係やフィードバックを記述する方程式群を書くことから始め，方程式の検証には，所得，利子率等の多くの原因変数に対する総支出の感応性を示した過去の資料と多重回帰を利用した。別の構造方程式で企業の投資支出を記述している。こちらの方程式には，在庫，生産，設備，規則的な鉱工業投資，住宅建設という4つの類型が含まれている。各類型への投資支出を決定するのは，前年の消費支出，過去数年の産出高，企業の平均的なキャッシュ・フロー，借入金に掛かる利子率，製造に必要な資本財の前年ストックといった経済的要因である。このモデルでは，政府支出を外生要因としている。輸出は世界経済の動向に支配されるのでやはり外生的扱い。これに対して，輸入は国内所得，相対所得，前年の貿易に左右されるので内生変数である。このモデルには税金や移転支出を記した方程式も含有される。またこのモデルの原型は，47の構造方程式からなる。方程式群の試算には1948～1964年迄を網羅した米国の資

料を駆使した。次に考案した回帰の結果を米国経済の軌跡を辿ることによって検証し，1954年，58年，60年に実際に発生した景気後退を正確に予測できたかを確認した（M. ハートマッカーティ，前掲書，279-281頁を要約）。

**(参考文献)**
(1) ノーベル賞人名事典編集委員会編『ノーベル賞受賞者業績事典（新訂版）』日外アソシエート，2003年。
(2) M. ハートマッカーティ，田中宏子訳『現代経済思想』日経BP社，2002年。
(3) ブレイト他編，佐藤隆三他訳『経済学を変えた7人』勁草書房，1988年。
(4) クライン，篠原三代平他訳『ケインズ革命』有斐閣，1952年。
(5) クライン，宮沢光一他訳『計量経済学』岩波書店，1958年。
(6) クライン，大石泰彦監訳『計量経済学入門』東京創元社，1968年。
(7) クライン，佐和隆光訳『経済予測の理論』筑摩書房，1973年。

### クライン・モデル（1950年）の主要な方程式

(1) 消　　　費　　$C = C(Y, t)$
(2) 設 備 投 資　　$IF = IF\left(\frac{pX-E}{P_k}, \left(\frac{pX-E}{P_k}\right)_{-1}, KF_{-1}, t\right)$
(3) 在 庫 投 資　　$II = II(X - II, p, p_{-1}, KI_{-1}, t)$
(4) 住宅（持家）　　$IH_1 = IH_1\left(\frac{r}{p_h}, Y + Y_{-1} + Y_{-2}, \Delta F\right)$
(5) 住宅（賃貸）　　$IH_2 = IH_2(r_{-1}, p_{h-1}, p_{h-2}, i_L, \Delta F_{-1})$
(6) 労 働 需 要　　$W_1 = W_1(pX - E, (pX - E)_{-1}, t)$
(7) 貨 幣 需 要　　$L_1 = L_1(p(Y+T), t, p(Y+T)_{-1}, t)$
　　（取引需要）
(8) 貨 幣 需 要　　$L_2 = L_2(i_L, i_{L-1}, L_{2,-1}, t)$
　　（流動性選好）
(9) 利子率決定　　$\Delta i_L = i_L(E_R, i_{-1}, t)$
(10) 生産決定　　$\Delta X = X((u_3)_{-1}, \Delta p)$

(注) このほかに，家賃，賃貸住居入居率の方程式2本がある。
(記号) $Y$：国民所得，$X$：国民総生産，$E$：間接税，$KF$：企業設備ストック，$KI$：在庫ストック，$F$：家族数，$p$：GNPデフレーター，$p_K$：資本財価格指数，$p_h$：建築費指数，$r$：家賃，$T$：間接税-補助金，$i_L$：長期利子率，$E_R$：法定準備率超過率，$u_3$：在庫方程式の攪乱項。
〔引用文献〕『経済学大辞典（第2版）III』，東洋経済新報社，1980年，773頁。

# 第8章　国際貿易論

## 第1節　マンデルの業績

　今日，国際貿易を積極的に行ってる経済のことをオープン経済というが，このオープン経済に深く関わる学者がロバート・A・マンデルである。彼は1932年カナダのオンタリオ州生れ。1956年 MIT（マサチューセッツ工科大学）で博士号をとり，シカゴ大学などで教鞭をとった。1999年ノーベル経済学賞を受賞。彼の功績は，（1）ヒックスの IS=LM 分析をオープン経済体系に適用し，為替制度の相違並びに資本取引規制の有無によって金融政策と財政政策の効果が異なることを示したことと，（2）ある特定の各国が独自の通貨や金融政策を放棄して共通通貨を保有するのが適している経済条件を明示したことである。（2）の理論は欧州通貨制度における通貨統合の妥当性を判断する基準として適用され，「最適通貨圏理論」と呼ばれている。

## 第2節　マンデル＝フレミング・モデル

　マンデル＝フレミング・モデルは，輸出や輸入が盛んなオープン経済における IS=LM 分析の適用であることはすでに述べたとおりである。基本的なマンデル＝フレミング・モデルは，自国の経済規模がマクロ経済全体に影響を与えないという理由により，価格が硬直的な短期，資本移動が完全に自由な状態，外国金利や外国の財価格を所与とする小国の開放経済を仮定する。資本移動は自国と外国の金利格差の変化に反応して変動し，貿易収支の動向は自国と外国の相対価格の変化に依存すると想定する。

国際取引は，為替の変動相場制・固定相場制により状況が大幅に変化する。各国間の通貨交換比率を固定する固定相場制では自国通貨と外国通貨のバランスは中央銀行の通貨交換によって行われるが，変動相場制では外国為替市場における交換比率の変化によって行われる。つまり，中央銀行は，固定相場制では自国通貨のバランスを維持するための外貨を必要に応じて売り買いするが，変動相場制では，売り買いはない。

　固定相場での金融政策をみてみよう。中央銀行が公開市場操作を通じて貨幣供給を増やすと国内金利が低下して資本が海外へ流出する。外国通貨への需要が高まると自国通貨の金利切り下げ圧力が生じ，中央銀行は自国通貨と交換に外貨準備を取り崩して市場へ放出する。こうして外貨準備が減少する結果，国内で流通する自国通貨残高が減少し，貨幣供給はもとの水準まで減少する。結局，国内所得は元の状態に戻り，金融政策は経済調整手段として無効であることが分かる。

　次に固定相場での財政政策をみる。中央政府が財政支出を増加させると，財・サーヴィスに対する総需要が高まり，貨幣需要が増加し国内金利が上昇する。国内金利の上昇は外国との金利格差を生み，国外資本が国内に流入する。外国通貨に比べて自国通貨への需要が高まり，金利切り上げ圧力が生じる。こうした圧力を抑制して固定平価を維持する為に，中央銀行は外国通貨と交換に自国通貨を市場に放出する。これにより市場に出回る自国通貨の流通残高が増加し，貨幣供給が増えることで国内所得は上昇し国内金利は元の水準に戻る。財政政策は有効であることが分かる。

　今度は変動相場での金融政策をみてみよう。資本が海外に流出すると自国通貨の為替レートは減価する。この結果，純輸出が拡大するので，純需要が増えて国民所得は増加することになる。変動相場制の場合には中銀は外国為替市場に介入しないので，外貨準備を取り崩す必要がないことから，貨幣供給は減少しない。従って金融政策は有効となる。

　次に変動相場での財政政策をみる。国際資本が流入することで自国通貨の為替レートは増価する。この結果，純輸出が低下して財・サーヴィスに対する総

需要が低下するので国民所得は元の水準に戻ってしまい，財政政策は有効に機能しない。

このようにマンデル＝フレミング理論は固定相場制と変動相場制では，正反対の結果となる。

## 第3節　最適通貨圏理論

ある特定の各国が独自の通貨や金融政策を放棄して共通通貨を保有するのが適している経済条件を明示し，欧州通貨制度における通貨統合の妥当性を判断する基準として適用された「最適通貨圏理論」が成立する条件として，マンデルは，貿易の取引費用が低いこと，相対価格に関する不確実性が低いことを挙げている（白井早由里「時代を先取りした天才的資質」「経済セミナー」1999年12月号（n0.539），40-41頁）。

## 第4節　ポリシー・ミックス・モデル

変動相場制における金融政策では，国際収支を均衡させる政策は国内均衡と経済の均衡成長にとって好ましい場合もあるが，そうでない場合もあり，そのときは金融政策と財政政策を合わせた政策をとることがある。これをポリシー・ミックスという。マンデルはこのジレンマを解決する策としてマンデルのポリシー・ミックス・モデル（図1）を提案した。横軸に金融政策を代表するものとして利子率をとり，縦軸に財政政策を代表するものとして財政支出抑制と増税による財政黒字の程度をとっている（丸尾直美『入門経済政策』（改訂版）中央経済社，1993年）。

図1で，例えば，ある国の状態がA点（デフレで国際収支赤字）にあるとする。その時は，国際収支の赤字に対して，利子率の引き上げを行い，デフレ対策に財政黒字減少を行う為，減税と財政支出を拡大させ，矢印の方向に進み，国内・国際均衡点のQ点へ向かうことが提示される。

164  第3部 国際経済論

**表1 国内不均衡と国際収支不均衡の組合せと財政・金融政策の政策混合**

|  | 需要不足<br>(デフレ)<br>$D < Z$ | 供給不足<br>(インフレ)<br>$D > Z$ |
|---|---|---|
| 国際収支黒字 | (1)<br>内需拡大<br>$\begin{cases}財政支出拡大\\ (減税)\end{cases}$<br>金融緩和政策 | (2)<br>財政支出抑制(増税黒字)<br>金融緩和政策<br>(貨幣供給増加,利子率引下げ) |
| 国際収支赤字 | (3)<br>財政支出拡大<br>(減税赤字)<br>金融引締め政策<br>(貨幣供給抑制,利子率引上げ) | (4)<br>内需抑制<br>$\begin{cases}財政支出抑制\\ (増税)\end{cases}$<br>金融引締め政策 |

$D$: 総需要
$Z$: 総供給能力
出所:丸尾直美『入門経済政策』(改訂版)498頁。

**図1 国内均衡と国際収支不均衡の同時達成の為の財政政策と金融政策の政策混合**

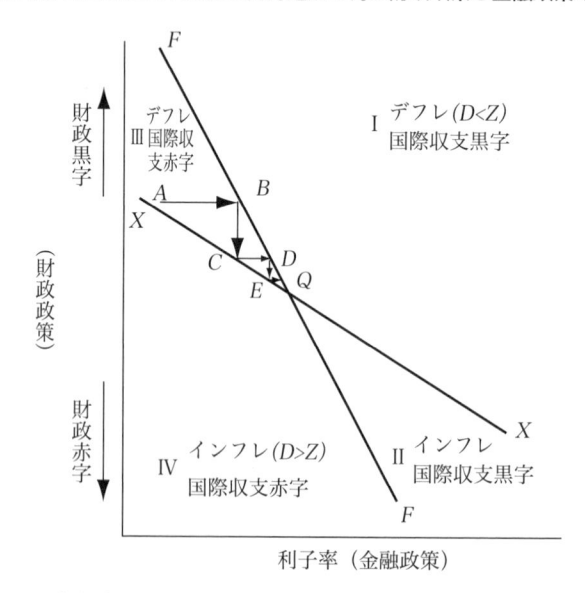

出所:丸尾直美,前掲書,499頁。

## 第5節　貿易の利益と各種貿易政策

　ミクロ的分析にはいり，小国の貿易の利益を見てみよう。ここで言う小国は輸入量が少なく，世界価格に影響を与えないケースである。図2において，S, Dは各自国内の供給曲線，国内の需要曲線。$P^*$, $P_w$は各自国内の均衡価格と世界価格。Aは国内の均衡点，Bは世界価格と国内の供給曲線の均衡点，Cは世界価格と国内の需要曲線の均衡点。$P_1$, $P_2$は各自国内の需要曲線と国内の供給曲線の切片を示す。その際，貿易が無い場合の消費者余剰と生産者余剰の合計は，三角形$P_1AP_2$。貿易が行われ，各種の貿易政策がないなら，販売価格は世界価格で，消費者余剰と生産者余剰の合計は三角形ABCだけ増加する。次に各種の貿易政策の事例研究を示す。

### 1.　関　税

　図2において，世界価格$P_w$に$P^* - P_w$だけの関税を賦課すると，市場価格は$P^*$となり，輸入を完全に排除できる。また，Tだけ関税をかけると，この財の価格は$P_T$になり，国内生産量は$Q_{T1}$となる。無関税の場合と比べて，生産者余剰は四角形$P_T P_w BD$だけ増加。関税収入は四角形DEFG。消費者余剰

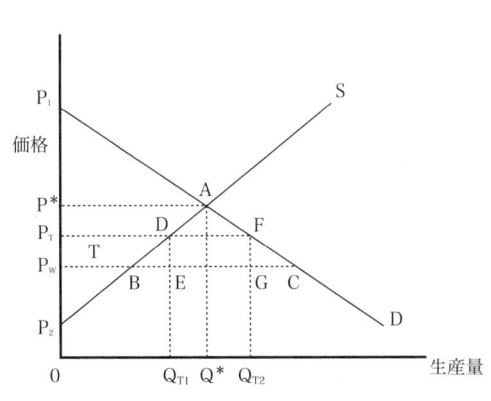

**図2　貿易の利益**

は四角形 $P_T P_w CF$ だけ減少し，総余剰は三角形 BDE 及び三角形 CFG を合わせた分だけ減少する。

## 2. 輸入割当

$Q_{T2} - Q_{T1}$ だけ輸入割当する場合を想定する。この際，国内価格は関税 T を賦課した場合と同じ価格 $P_T$ となる。結局，関税と輸入割当は同じ効果。但し，関税の場合による収入は政府収入となるが，輸入割当の場合，業者に入る。

## 3. 輸出税

図3は図2と同じ国内の需給バランスを設定する。貿易がない場合の国内均衡点は A である。国際価格 $P_w$ が企業の販売価格。この時輸出量は IL。国内の人は高い価格で購入せざるを得ない。今，t だけの輸出税を課すと，企業の販売価格は国際価格 $P_w$ より t だけ低い価格 $P_T$ で販売。この時輸出量は OP だけ減少。四角形 JKNO は輸出税収。消費者余剰は四角形 PT Pw NI だけ増加で，生産者余剰は四角形 $P_T P_w$ LO だけ減少。結局，三角形 IJN+三角形 KLO の分だけ総余剰の減少がある。OP に相当するだけの輸出数量制限した時の効果は輸出税の場合と同じ。輸出量は NO に減少するが，四角形 JKNO の分が業者の収入となる。

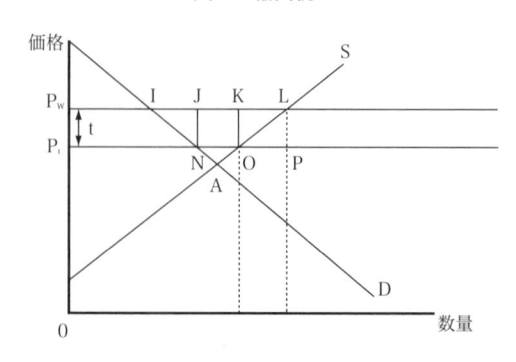

**図3 輸出税**

## 4. 輸出補助金

　図4は図2と同じ国内の需給バランスを設定する。今，輸出補助金付与後の世界価格を $P_S$ とし，t だけの輸出補助金を与えるとする。国際価格は $P_W$ となる。輸出補助金がない場合の国内価格は世界価格と同水準。国内需要量は $P_W X$，輸出量は XY。輸出補助金後の国内需要量は $P_S T$ に減少するが，輸出量は TU に増加。補助金総額は四角形 TUWZ になる。消費者余剰は四角形 $P_S P_W$ TX だけ減少。生産者余剰は四角形 $P_S P_W UY$ だけ増加する。しかし，TUWZ の補助金の分を考慮すると，三角形 TXW+三角形 UYZ の分だけ総余剰は減少する。結局，この政策は消費者の犠牲で生産者に利益を付与する政策である。

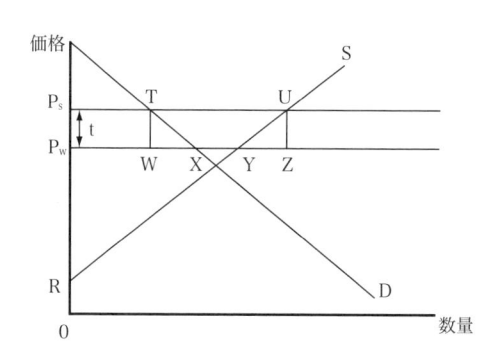

**図4　輸出補助金**

## (参考文献)

(1) 木村武雄『経済体制と経済政策』創成社，1998年。
(2) 酒井邦雄他著『経済政策入門第2版』成文堂，2011年。
(3) 白井早由里「時代を先取りした天才的資質」『経済セミナー』1999年12月号 (NO.539)，40-41頁。
(4) 丸尾直美『入門経済政策改訂版』中央経済社，1993年。
(5) ロバート・A・マンデル，渡辺太郎，箱木侃澄，井川一宏訳『新版国際経済学』ダイヤモンド社，2000年 [Robert A. MundeII, *International Economics*, New York:Maemilian Company, 1968]
(6) ロバート・A・マンデル，竹村健一訳『マンデルの経済学入門』ダイヤモンド社，2000年 [Robert A. Mundell, *Man and Economics*, New York : McGraw-Hi11,

1968]
(7) ロバート・A・マンデル,柴田裕訳『新版マンデル貨幣理論』ダイヤモンド社,2000 年 [RobertA.Mundell, *Money Theory*, Pacific Palisades (CA) :Goodyear Publishing, 1971]

# 第9章　直接投資と貿易

## 第1節　直接投資

　IMFは直接投資を,「居住者による,非居住者である直接投資企業(子会社,関連企業,支店)に対する,永続的権限の取得を目的とする国際投資」と定義づけ,株式等の取得を通じた出資については,出資比率10%以上を直接投資の対象としている(日本もこれに準ずる)。従って,他国企業の資産,株式の取得において,出資比率が10%未満の場合,国際収支統計上,直接投資には区別されない。こうした出資比率10%未満のM&Aは,対外ポートフォリオ投資(Foreign Portfolio Investment : FPI)の中の対外ポートフォリオ株式投資(Foreign Portfolio Equity Investment : FPEI)に分類される。FPIは資産運用を目的に,外国企業の株式,債券,金融派生商品(デリバティブ)に投資することであり,その中で,外国企業の株式購入・売却を通じた資産運用がFPEIである(図1参照)。

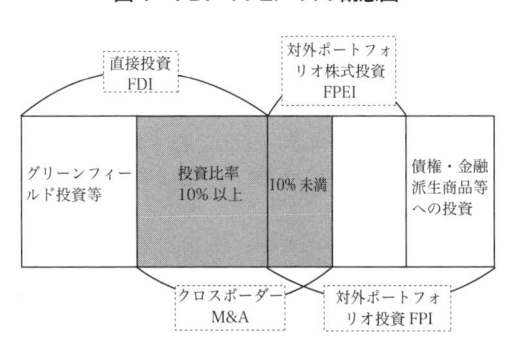

### 図1　FDI・FPEI・FPI 概念図

## 〔グリーンフィールド投資〕green field investment

海外進出する際，現地の既存企業の買収，合併等に因らず，全く新規に拠点を設立して行う方法をいう（有斐閣『経済辞典 第3版』）。

## 〔対外直接投資〕

出資者に専属する企業，子会社，支店の設置・拡張及び既存企業の完全取得，新設又は既存企業への参加，5年以上の長期貸付を対外直接投資としている（OECDの資本自由化規約）。

## 第2節　国際収支

国際収支統計は，モノ・サービスの対外取引の収支尻（受取と支払の差額）を示す「経常収支」，資金（資本）の対外取引の収支尻を示す「資本収支」，政府・中央銀行の保有する「外貨準備増減」及び「誤差脱漏」からなる（表1）。国際収支統計は，複式簿記の原則によって作成され，経常収支＋資本収支＋外貨準備増減＋誤差脱漏＝0となる仕組みになっている。この形式はIMF加盟国に共通のもので，1996年から採用されている。

### 表1　国際収支

| 日本の国際収支(02・03年) | | | | | | |
|---|---|---|---|---|---|---|
| 国際収支(兆円) | 2002 | 2003 | 国際収支⑫ | 〔⑧＋⑨〕 | balance of payments |
| 経常収支 | 13.4 | 17.3 | 経常収支⑧ | 〔⑤＋⑥＋⑦〕 | current balance |
| 貿易・サーヴィス収支 | 6.4 | 9.6 | 貿易・サーヴィス収支⑤ | 〔③＋④〕 | trade/service balance |
| 貿易収支 | 11.6 | 13.3 | 貿易収支③ | 〔①－②〕 | trade balance |
| 輸出 | 50.1 | 55.4 | 輸出① | | export |
| 輸入 | 38.5 | 40.1 | 輸入② | | import |
| サーヴィス収支 | -5.2 | -3.7 | サーヴィス収支④ | | service balance |
| 所得収支 | 8.0 | 8.5 | 所得収支⑥ | | income balance |
| 経常移転収支 | -1.0 | -0.8 | 経常移転収支⑦ | | current trasfer payment |
| 資本収支 | -5.0 | 20.5 | 資本収支⑨ | | balance of capital account |
| 直接投資収支 | -2.4 | -2.6 | 直接投資収支 | | direct capital |
| 証券投資収支 | -14.6 | -3.5 | 証券投資収支 | | portfolio investment |
| 外貨準備増減 | -8.2 | -34.3 | 外貨準備増減⑩ | | foreign currency reserve |
| 誤差脱漏 | -0.1 | -3.6 | 誤差脱漏⑪ | | errors and ommissions |
| | | | ⑫＋⑩＋⑪＝0 | | |

出所:日本銀行ホームページ

国際収支の概要は以下のとおりである。

**〔経常収支〕**

貿易・サービス収支，所得収支、経常移転収支の三つを合せた収支のこと。

**〔資本収支〕**

投資収支とその他資本収支を合せた収支のこと。

**〔外貨準備増減〕**

政府及び中央銀行が保有している外貨・金などの対外流動資産の増減額のこと。

## 第3節　日本の貿易

### 1．日本の輸出入

　日本経済における貿易依存度を調べてみると意外にも低水準である。日本の輸出依存度は，ドイツ，スイス，北欧諸国等の20％超，ベルギー，ルクセンブルク等の輸出40～50％よりも遙かに低く，1998年で10.2％であった。米国を若干上回っているが，韓国，台湾ともやはり日本より高く，シンガポール等は129.8％である。輸入依存度も同様で1998年7.4％とかなり低い。これは，ドル換算で2,800億ドルであり，スイス等世界20位前後の国のGDPに匹敵する。また対日本輸出に依存している国もあり，インドネシアやアラブ首長国連邦は輸出の2割以上が対日本向けである。これらの国は日本の輸入動向の影響を受けやすくGDPや国民所得が増減する。日本の輸出入の動向が諸外国に及ぼす影響は大きく，日本は経済大国といえる。しかし日本経済は戦後初期，輸出伸長を示しても結果的に貿易収支は長く赤字であった。景気が好転すると輸入が増加して貿易赤字が増える。政府は金融引締めや財政支出削減によって景気過熱を抑え，赤字累積を阻止した。景気が悪化すると景気浮揚策が採られた。こうして貿易収支或いは経常収支の悪化（好景気）と好転（不景気）とが交互に現れることを国際収支の天井という。戦後期の日本の経済成長が国際収支の枠に嵌められていたために起こった経済現象であり，1960年代中葉，

日本経済はこの制約から解放された。日本経済の高度成長期，輸出増加は一層拡大した。日本の貿易黒字の拡大は貿易摩擦を招き，相手国の貿易赤字を拡大した。日本の輸出超過(輸出圧力)は国内産業を直撃し失業が増大し，ジャパン・バッシングが起こり，その結果，ニクソンショックや金融変動相場制への移行など，一連の国際規模の金融改革が実現し，またオイルショックなどの事件も改革を促進した。日本は外国への直接投資と証券投資を増大させ，その結果資本収支の赤字幅は拡大した。このような資本の流出は，米国その他の国々の資金不足を補った。

1990年代に入ると円高による輸出不振や，日本企業の海外への生産拠点移転により輸出価格競争力が減退し，その結果製品輸入が増加し，貿易黒字が縮小した。

2001年から2002年の経常収支は大きな変動を示した。1) 世界的な景気が日本の輸出数量を大きく振幅させた。米国の景気後退，ITブームの下火により2001年の日本の輸出数量は大幅減少となったが，2002年には一転大幅増加となった。米国の景気が回復し，中国等のアジア成長率が高まった。2) 為替レートが円安を示し，輸出を煽った。2001年は円安，2002年は横這いである。3) ドル・ベースでみた石油価格が2001年には10%以上下落した。本来，円安になると輸出価格よりも輸入価格の方が上昇率が高くなるが2001年はそうはなっていない。その理由は石油価格下落が海外の物価下落を誘導したからである。

以上のような要因を組み合わせてみると，2001年から2002年までの貿易黒字の大きな振幅は次のように説明できる。

1) 世界的な景気減速で日本の輸出数量が減少（輸出の所得要因)。2) 日本の景気減退により輸入数量の減少（輸入の所得要因)。3) 為替レートが円安傾向のため，輸入価格が相対的に下落（円安のJカーヴ効果要因)。4) 石油価格の下落による輸入金額の縮小(石油要因)。

2002年に貿易黒字が大幅に増加したのは，世界経済の回復で日本の輸出数量が増加したこと(輸出の所得要因)に加え，前述の1)〜4)の要因が作用しなく

## 2. 世界貿易と日本

中国の輸入は90年第16位, 95年12位であったが, 2002年6位, 2003年日本, 英国, フランスを一気に抜き去り世界3位に躍り出た。また中国の輸出額は2002年から4位 (1位ドイツ, 2位米国, 3位日本) となっており 2004

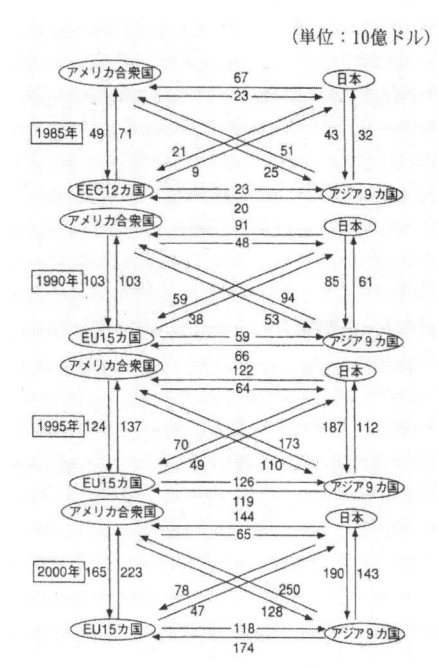

**図2 世界貿易の主要環節 (1985-2000)**

(単位:10億ドル)

```
           アメリカ合衆国 ─── 67 ─── 日本
                    ─── 23 ───
  1985年 49│71    21    51    43│32
                    9    25
           EEC12カ国 ─── 23 ─── アジア9カ国
                         20
           アメリカ合衆国 ─── 91 ─── 日本
                    ─── 48 ───
  1990年 103│103   59    94    85│61
                    38    53
           EU15カ国 ─── 59 ─── アジア9カ国
                         66
           アメリカ合衆国 ─── 122 ─── 日本
                    ─── 64 ───
  1995年 124│137   70    173   187│112
                    49    110
           EU15カ国 ─── 126 ─── アジア9カ国
                         119
           アメリカ合衆国 ─── 144 ─── 日本
                    ─── 65 ───
  2000年 165│223   78    250   190│143
                    47    128
           EU15カ国 ─── 118 ─── アジア9カ国
                         174
```

(出所) IMF, Direction of Trade StatisUcs Yearbook, 各年。台湾は『進出出口貿易統計月報』各年。
(注)「アジア9ケ国」はNIES, ASEAN4ケ国, 中国。1990年の「EU15ケ国」のデータは, EU成立後に計算しなおしたもの。
　本図は貿易額が急増した代表的な環節を示す。量的にはEU域内貿易の額もこれにひけをとらない。
〔引用文献〕杉原薫「地域統合」日本経済新聞社編『歴史から読む現代経済』2005年, 134頁。

年には日本を抜き3位になった。日本，米国，EU，東アジアの貿易資料の長期的趨勢から，貿易伸び率は各地域共に70年代に年平均で20%近い成長を遂げていたが，その後頭打ちになっている地域が多い。中国だけが2002年になってからも，輸出・輸入とも2割増と伸長しており，同時期の輸出では日本と米国はマイナス基調，ASEAN4も1.4%増と対照的である。輸出入のみからみれば中国が新しい巨大市場として登場し，存在感をアピールしているということである。日本経済の今後は，いままでの欧米，東南アジアとともに，中国という市場とどうかかわっていくかにかかっている。

### 3. 企業内貿易

企業内貿易とは，国際経済が複雑化し，多目籍企業が出現することにより，ひとつの企業によって貿易が成立することを指す。世界貿易の全体の3分の1が企業内貿易であるといわれている(池間誠・大山道広編『国際日本経済論』文眞堂，2002年，36頁)。

多国籍企業にはタックス・ヘイブンなど，徴税の問題が必ず発生する。移転価格問題は国際二重課税の問題でもあり，厳密な税法のもとで，明確な連結財務諸表により利益が把握される必要がある。移転価格税制の導入により，海外の関連会社が立地する国との間の協議を踏まえ，通常の取引価格(独立企業間価格)を用いた算出方式に基づいて課税することで一応の決着をみて，鎮静化したが，電子取引の拡大により火種を残している。

## 第4節　世界直接投資と日本

### 1. 世界の直接投資

2003年の世界の対内直接投資(ジェトロ推計，国際収支ベース，ネット，フロー)は前年比21%減，5,389億ドルで3年連続で減少，頂点の2000年の4割に満たない。世界の対内直接投資は，ITバブルや株価の高騰を背景とした世界的なクロス・ボーダーM&Aの活発化によって2000年に約1兆5,000億ド

ルを記録した。しかしその後のITバブル，株価バブルの崩壊や世界的景気減速により，クロス・ボーダーM&Aの縮小より対内直接投資は減少した。中国は2003年，3年振りで減少するが，米国を抜き，世界第2位の投資受入国となった。

　ルクセンブルクは2002年には1,171億ドルを記録した対内直接投資は前年比37.5%減の732億ドルで引き続き，世界最大の投資受入国である。同国の優遇税制を利用して多国籍企業が持株会社を設立している。それらの親子会社間の国際的資金移動が内外の直接投資の大部分を占めている。

## 2. タックス・ヘイブン

　タックス・ヘイブンについて米国の内国歳入庁(IRS)は「秘密主義を促進し，アームス・レングスでない取引に保護を与える国」と定義している。

　1977年IRSは，典型的なタックス・ヘイブンを5つに分類した。1)実質的には無税又は完全な免税を認める国・地域。バハマ，バミューダ，ケイマン諸島及びニューヘブリデスが該当。2)税公課はあるが極めて低率な国・地域。スイス，英領バージン諸島，ジブラルタル等。3)国内源泉所得には税公課があるが外国源泉所得には免税が認められている場合。香港，リベリア，パナマ等。4)持株会社等特定の企業に税誘因或いはその他の特典を認めるもの。ルクセンブルク，オランダ領アンチルス等。5)特定の活動にのみ免税或いは他の特典を認めるもの。シャノン自由港，アイルランド等。

　タックス・ヘイブン・カンパニーは(1)投資会社，(2)持株会社，(3)自家保険会社，(4)無体財産権保有会社，(5)海運会社設立と船籍移転に分けられる。(1)は多国籍企業傘下各社の余剰資金を集中し，証券投資を行うためのもの。(2)は持株会社を当地に設立し，各子会社からの受け取る配当を留保して本国における課税を回避するもの。スイス，ルクセンブルク等がある。(3)は低税率国に自家保険会社を設立し，親会社が当該自家保険会社に保険料を支払う形を採って課税所得を高税率国で減額し，低税率国への移転を図る。バミューダが該当する。(4)は低税率国に設立した会社に特許その他の無体財産権を集中

保有させて，ロイヤルティを留保させる。(5)は低税率国に海運会社を設立し，同時に船籍を当該会社設立国に移転するもの。

　日本では，内国法人がタックス・ヘイブンに名目だけの子会社等を置いてこれに利益を留保させている場合，一定の要件の下にその外国子会社等の留保所得をその親会社である内国法人の所得に合算して課税する。その外国子会社等に課された外国法人税がある時は，その内国法人でみなし外国税額控除の適用が認められている。この合算課税5年以内にその外国子会社が利益配当等をした場合には，課税済みのみ未処分所得のうちその配当等に対応する部分の金額を損金算入で調整できる。

**(参考文献)**
(1)浅子和美他編『入門・日本経済(新版)』有斐閣，1997年。
(2)岩田一政「移転価格と直接投資」『三田学会雑誌』90巻2号(1997年7月)，168-188頁。
(3)木村福成「直接投資と企業内貿易」池開城他編『国際日本経済論』文眞堂，2002年。
(4)高坂正堯『海洋国家日本の構想』中央公論社，1965年。
(5)小林威編著『移転価格税制の理論・実証研究』多賀出版，1998年。
(6)小峰隆夫『最新日本経済入門(第2版)』日本評論社，2003年。
(7)西川俊作他編著『日本経済の200年』日本評論社，1996年。
(8)南亮進『日本の経済発展(第3版)』東洋経済新報社，2002年。
(9)安場保吉「資源」西川俊作他編著『日本経済の200年』日本評論社，1996年。
(10)櫻井雅夫『新国際投資法』有信堂，2000年。
(11)『ジェトロ貿易投資白書2004年版』2004年9月。
(12)『ジェトロ貿易投資白書2002年版』2002年9月。
(13)高橋元監修『タックス・ヘイブン対策税制の解説』清文社，1979年。
(14)中村雅秀『多国籍企業と国際税制』東洋経済新報社，1995年。

第9章 直接投資と貿易 177

世界の主要タックス・ヘイブン

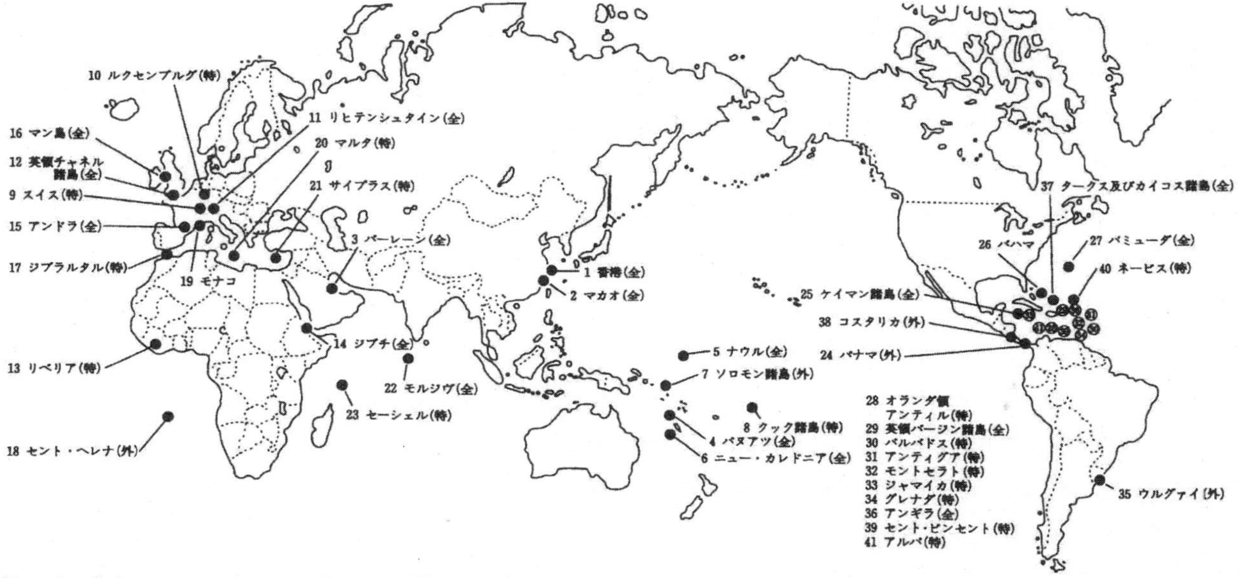

1 香港(金)
2 マカオ(金)
3 バーレーン
4 バヌアツ諸島(株)
5 ナウル(金)
6 ニュー・カレドニア(金)
8 クック諸島(株)
9 スイス(株)
10 ルクセンブルク(株)
11 リヒテンシュタイン(金)
12 英領チャネル諸島(金)
13 リベリア(株)
14 ジブチ(金)
15 アンドラ(金)
16 マン島(金)
17 ジブラルタル(株)
18 セント・ヘレナ(外)
19 モナコ
20 マルタ(株)
21 サイプラス(金)
22 モルジブ(金)
23 セーシェル(株)
24 パナマ(外)
25 ケイマン諸島(金)
26 バハマ
27 バミューダ(株)
28 オランダ領アンティル
29 英領バージン諸島(株)
30 バルバドス(株)
31 アンティグア(株)
32 モントセラト(株)
33 ジャマイカ(株)
34 グレナダ
35 ウルグアイ(外)
36 アンギラ(株)
37 タークス及びカイコス諸島(金)
38 コスタリカ(外)
39 セントビンセント(株)
40 ネービス(株)
41 アルバ(株)

(注) 大蔵省指定による(金) 全所得軽課税国等に該当。
　　　　　　　　　　　(外) 国外所得軽課税国等に該当。
　　　　　　　　　　　(株) 特定事業所得課税国等に該当。

(出所) 大嗣貴博『タックスヘイブン活用の実際』日本実業出版社、1987年。

[引用文献] 中村雅秀『多国籍企業と国際税制』東洋経済新報社、1995年、136頁。

# 第10章 近代化論

本章では，先ず初めに近代の概念を明らかにしたうえで明治時代の近代化政策を展望する。その後で世界史における近代を分析する。

## 第1節 近代化の意味と日本

### 1. 近代化の意義

富永健一によれば世界史(西欧史)における「近代化」とは，1)政治的近代化(民主化)，2)社会的近代化(自由と平等の実現)，3)文化的近代化(合理主義の実現)及び4)経済システムの近代化からなる(富永健一『日本の近代化と社会変動』講談社，1990年)。

1) 政治的近代化とは，政治的意志決定が，市民・大衆により民主主義の手続きをふまえてなされ，またその決定が高度の能力を持つ専門化された官僚的組織によって実現されることである。

2) 社会的近代化とは，社会集団が，血縁的紐帯からなる親族集団や感情的

表1 近代化の意味

|  | 近代化の意味 ||||
|---|---|---|---|---|
| 種類 | 政治的近代化 | 社会的近代化 | 文化的近代化 | 経済システムの近代化 |
| 思想 | 民主主義の実現 | 自由と平等の実現 | 合理主義の実現 | 近代経済成長の達成 |
| 組織形態 | 高度に専門化された官僚集団 | ゲマインシャフト(共同社会)からゲゼルシャフト(利益社会)への移行 | 迷信や呪縛や因習等から非合理的な文化要素の余地が小さくなっている | 自律性を持つ効率性の高い組織によって培われている |

備考 富永健一，マックス・ヴェーバー(社会構成員の移動の活発化，機械的連帯から業績の連帯，脱宗教化)等の著書，『現代思想を読む事典』等により木村武雄が作成。

結合集団（ゲマインシャフト）の段階から脱却し，機能的に分化した目的組織・契約的集団（ゲゼルシャフト）の段階に移行することである。

3) 文化的近代化とは，芸術や科学など，文字や記号によって客観的に表現されている諸文化要素の中で，とりわけ科学分野が発展し，それに伴って科学的・分析的精神が育まれていくことである。それらは教育によっても普及される。迷信や呪術や因習等非合理的な文化要素の占める余地が小さくなっていく。

4) 経済システムの近代化とは，経済活動が自律性を持った効率性の高い組織によって担われて，「近代経済成長」を達成していくメカニズムが確立されていることである。

## 2. 市民革命にみる近代化

世界史における近代化の過程をみると，近代化とは西欧において17世紀から19世紀にかけて育まれた概念であり，政治的には，王権に対する議会の優位性を確立した（ピューリタン革命や名誉革命などの）英国市民革命や，主権在民を明示した憲法を発布した米国独立革命，三権分立や福祉権，教育権などの基本的人権の思想を明確にしたフランス革命により達成されていった。これらは明らかに市民の権利を明確にするための革命であったが，その背景には，大規模資本主義経済の発達とそれに伴う市民社会の成熟による構造的変化が要因として存在した。英国の議会は産業資本家を代表し，産業革命により達成された大規模資本主義経済の主役はいうまでもなく市民であった。

## 3. 産業革命の拡大

西欧における経済面での近代化は，産業革命を転換点として確立されていった。ルネサンス以来の商業階級の発展に端を発し，産業革命期の技術発展とそれに伴う工業・農業生産の増大により市民社会が権力を獲得した。また産業の飛躍的発展により大規模資本主義が成立し，力を持った資本家や経営者が出現した。資本主義の拡大競争は，まず英国がリードし，後発国としてフランスやドイツが追随していった。西欧諸国は大規模資本主義の拡張を押し進め，欧州

からアフリカ、アジアに市場を求め、ついに極東の日本にも進出していった。

### 4. 日本の産業近代化

ここで改めて日本の近代化をみてみよう。明治初期は軽工業に重点が置かれ、絹織物などの輸出が盛んで、また社会のインフラ整備が第一の国家事業であった。まず郵便・電信・鉄道のインフラが整備され、次に生産物・金融・労働の全国市場が20世紀初頭に形成された。これらの事業は西欧文明の輸入と江戸時代の知的遺産を引き継ぐことによって実現されていった。しかし大規模な経済発展を期待するには時期尚早であった。日清戦争や日露戦争などを経て産業の中心は重工業に移行し、造船業や海運業の成長が促進されていった。造船業の発展は原動機・電気機械の需要を高め、一般機械工業の発展も促進した。機械工業の基礎は20世紀初頭に形成された。1897年に設立された官営八幡製鉄所は1901年に操業を開始し、工業化に不可欠な鉄鋼の国産化の途を開いた。西欧的な近代化が大規模資本主義を実現する重工業を中心とした産業発展と捉えるならば、日本の(経済的な)近代化はこの時期(20世紀初頭)にようやく始まったということができよう。また市民社会の観点から近代化を捉えるならば、明治政府は、技術は西洋から思想は日本から、という和魂洋才と呼ぶ方針を推進したので、欧米式の民主主義がより完全なかたちで日本に導入されるのは第2次世界大戦後まで待たなければならなかったといえる。

## 第2節　世界史に於ける近代化と日本

### 1. 近代世界の把握

近代化の意味については、前節で触れてみたが、改めて整理してみよう。まず欧州はルネサンス期、ベニスの商人の時代から、まず大航海時代にスペイン・ポルトガルが、次にスペインを継いだオランダ・英国が覇権争いをし、絶対王政(フランス)、独立戦争(米国)、市民革命(英国)を通過し、産業革命を経て近代化が達成された。西欧各国はアフリカやインド、中国に市場を求めた。西欧

の大規模資本は全世界に拡張していった。それに比べ，欧州の植民地政策の犠牲になったアジアやアフリカでは近代化は大幅に遅れた。厳密に議会制民主主義と近代資本主義を実現した国家の出現は20世紀まで待たなければならなかった。こうして世界全体を近代化の先進国，後発国として捉えることができる。これをイマニュエル・ウォーラーステインに従って整理してみると次のようになる。

## 2. ウォーラーステインによる近代化の構造把握―覇権と周辺

I．ウォーラーステインは「大航海時代」以降，西欧が中核となって，東欧・ロシア・新大陸・アジア・アフリカの富を収奪する不平等なシステム(構造)が成立し，歴史が展開したと考える近代世界システム論を展開し，世界各国について，次の3つのタイプに分類した(川北稔監修『最新世界史図説タペストリー』帝国書院，156頁)。1)「中核」：世界経済の中心となって繁栄した国・地域。2)「覇権」:1)のなかでもその最先端をいくのが覇権国家である。3)「周辺」：中心を支える役割を行った国・地域である。16世紀にはスペインが，17世紀はオランダが，18・19世紀は産業革命を契機に英国が，そして第1次世界大戦後の20世紀以降は米国が覇権国となった。なおウオーラーステインによれば(ウォーラーステイン著，田中治男ほか訳『世界経済の政治学』同文舘，1991年，64頁)，17世紀中葉(1620-72年)のオランダ，19世紀中葉(1815-73年)の英国，20世紀中葉(1945-67年)の米国，これらの国には4つの類似点がある。(1)3つの経済的領域(農業・商業・金融)において同時に優位性が存在する。(2)覇権国が覇権を有している間は「自由主義」の唱道者となる傾向がある。(3)覇権の力は当初海軍国(今日では海・空軍)としていたが，結局陸軍の必要性を悟る傾向がある。(4)覇権国になる機会は30年に渡る戦争だった。オランダは1618年のドイツ30年戦争でハプスブルク家に勝利した。ナポレオン戦争(1792-1815年)で英国はフランスに勝利した。2つの世界大戦(1914-45年)で米国はドイツに勝利した。

次に覇権国家を中心に西欧における前近代および近代化を展望する。

## 3. 前近代の展開―オランダの発展

オランダは1581年スペインに対して独立宣言し，1588年英国によるスペイン無敵艦隊撃破などの支援を受け，1648年ヴェスト・ファーレン条約により正式に独立した。1688年英国名誉革命では英国と友好関係を持ち，バルト海貿易において圧倒的優位を得た。自国の商工業・漁業・農業の発展を実現し，市場を拡大し東南アジアのモルッカ(香料)諸島，マラッカを支配した。首都アムステルダムには多くの資金が集中し金融市場の中心となった。欧州で唯一日本との取引があり，江戸時代にはオランダを通じて西欧文化が輸入されていた。オランダの関心は，インドネシアのゴム等の資源であった。

## 4. オランダから英国への覇権移譲

オランダ資金はその後英国産業に投資されるようになった。イングランド銀行への総投資額(360万ポンド)のうち86%はオランダからの資金であり，また英国東インド会社への総投資額(76万ポンド)のうち89%はオランダからの資金だった。しかしオランダの主力商品だったアジア香辛料の人気が落ち，英国の主力商品だったインド産の綿布(キャラコ)が大流行し始めたころから貿易の覇者は英国に代わりつつあった。英蘭戦争(1652-54, 65-67, 72-74年)でオランダは衰退した。1664年英国はオランダ領のニューアムステルダムを占領し，ニューヨークと改称した。

## 5. 各国の貿易政策

英国の貿易政策：18世紀，英国の産業は飛躍的発展を示した。1733年ジョン＝ケイの飛び梭以降の技術革命，1765年ワットの蒸気機関の動力革命等の産業革命を実現した。英国はアフリカやアジアに市場を拡大することにより資本主義を巨大化し，18世紀後半から19世紀半ばまでに欧州をリードした。英国はまずインドを植民地化し，次に中国(当時の清)に三角貿易を強要し，利益を得た。英国は産業革命で優位性のある綿織物をインドへ，インドの阿片を中国へ輸出して，銀の流出の阻止を図った。清の林則徐が阿片を破棄し，

1840年阿片戦争勃発。清は英国に敗戦し，香港の割譲，広州等の5つの開港，賠償金2,100万ドル等を背負わされた。江戸幕府はこの情報を長崎の出島のオランダ商館を通じて入手していた。英国は日本進出の余裕はなく，日本に対して中国ほど魅力を感じなかった。むしろ英国は19世紀後半，1853年ロシアとのクリミア戦争をはじめとし，インド，ビルマ，エジプト，スーダン，南アフリカなどを植民地化する戦争を続けた。

　米国の戦略：米国は西太平洋における捕鯨のための食料補給基地として日本の港を必要とした。1853年浦賀に来港したペリーは開国を迫り，54年日米和親条約を結んだ。その後の対日政策は南北戦争（米国史上最大の死者が出た戦争，1851-65）などの理由により発展しなかった。米国は南北戦争後に急速に発展し，1870年代英国を抜いて世界一の工業国となった。

　ロシアの戦略：ペリーに続いて1853年ロシア使節プチャーチンが長崎で国書を江戸幕府へ提出した。米国と同様に1855年日露和親条約を締結したが，その後やはり対日政策は発展しなかった。ロシアは「東方問題」で，オスマン・トルコの衰退に伴い，列強との凌ぎあいを強いられた。

　フランスの戦略：1804年ナポレオン帝政，ウィーン反動体制，48年2月革命，51年ルイ＝ナポレオンのクーデターなどにより，フランスの国内政治は長期間不安定であった。1858年インドシナ出兵，62年コーチシナ東部獲得，63年カンボジア保護国化を実現したが，1870年プロイセンとの戦争に敗北した。対外戦略は頓挫したが，1881年チュニジアを，1883年ベトナムを保護国化し，84年には清仏戦争（～85年），87年赤道アフリカ地方領有，93年ラオスを保護国化した。

　ドイツ：ドイツはドイツ関税同盟により経済的結束を強化した後，政治的国内統一に向かった。オーストリアがその阻害要因だったが，普墺戦争で勝利した。普仏戦争でフランスに勝利した後，近代化，工業化を一気に進め，英国に次ぐ工業国にまで発展した。しかし植民地獲得に出遅れ，青島，南洋群島領有に止まった。明治以前の日本との結びつきはなかった。

　以上がその概要であるが，ほかの国では，イタリアは国内統一が愁眉の課題

だった。フィリピンは米西戦争により支配権がスペインから米国に移った。

## 6. 日本の国家戦略

　江戸幕府は当初対外政策をなるべく穏便に図りたいと考え，開国強行派の英国と対立するフランスと手を結んだ。一方倒幕派の薩摩，長州は英国等と戦争（1863年7月薩英戦争，8月下関4国艦隊砲撃）になったが，局地戦に止まった。江戸幕府は開国を認め，1867年大政奉還を奏上し延命策をはかった。結果的に江戸幕府は，薩長連合と公家勢力を中心とする倒幕派のクーデターにより消滅した。明治政府は外国支配の構図ができあがるのを恐れ，外国支配の及ばない中央集権国家の確立を目指した。中国・インド・トルコの先例があった（1871年には伊藤博文ら派欧使節団を派遣し，見聞した）。軍事面，財政面，産業支配面も同様で，明治政府は殖産興業や軍事力強化を推進し，外国から資金援助を嫌った。技術の伝達や各種の近代的制度の確立に尽力する外国人を高給で雇ったが，政府の政策決定をする高官に登用しなかった。当時の日本人の教育水準で習熟可能なものしか技術輸入しなかった。日本の開国前後（19世紀後半）の列強は，

**図1　中国と英国の三角貿易**

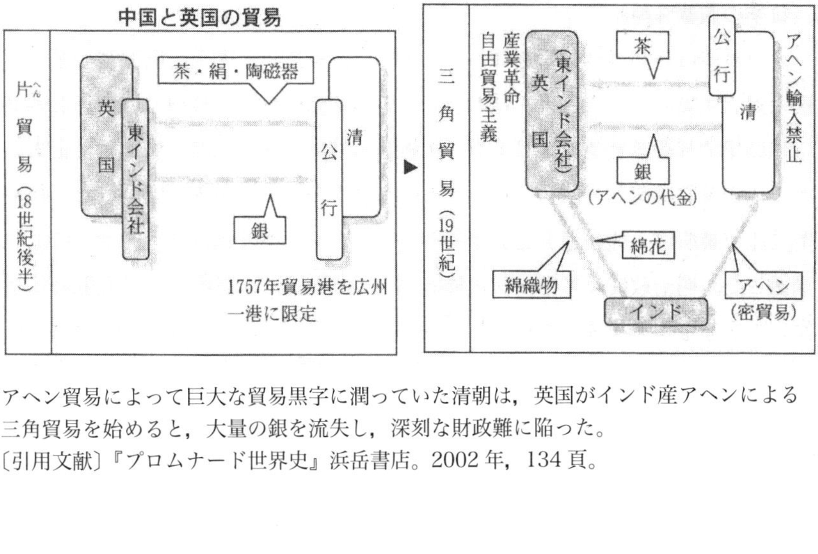

アヘン貿易によって巨大な貿易黒字に潤っていた清朝は，英国がインド産アヘンによる三角貿易を始めると，大量の銀を流失し，深刻な財政難に陥った。
〔引用文献〕『プロムナード世界史』浜岳書店．2002年，134頁。

英国も，ロシアも，フランスも米国もオランダも日本に構っていられない事情を抱えていた。ましてや,統一のされていなかったドイツ,イタリアも同様であった。日本が外国支配を恐れていたのは事実であるが，運命の女神は日本に微笑みを浮かべていたに違いない。


**(参考文献)**
(1) 南亮進『日本の経済発展(第3版)』東洋経済新報社, 2002年。
(2) ウオーラーステイン，田中治男他訳『世界経済の政治学』同文舘, 1991年。
(3) 金森久雄『日本経済読本(第16版)』東洋経済新報社, 2004年。
(4) 富永健一『日本の近代化と社会変動』講談社, 1990年。
(5) 正村公宏他『日本経済論』東洋経済新報社, 2002年。
(6) アンガス・マディソン，金森久雄監訳『経済統計で見る世界経済2000年史』柏書房, 2004年。

# 第11章　社会システム論

　社会システム論[1]の立場から，歴史的に欧州をみてみることにする。欧州の歴史で,中世盛期(1100-1350)は外に向って開かれたシステムであった。しかし,それ以降のキリスト教の暗黒時代は欧州の周辺を回教圏で包囲され，又戦後は社会主義体制で閉じられたシステムのままであった。欧州内の覇権争いから，2つの世界大戦が起こった。第2次世界大戦後に一部開かれたシステムの欧州は冷戦終結後本格化する。マーストリヒト条約締結後は旧社会主義国もEUに加盟するようになり，欧州システムは東方に拡大している。

　欧州システムは閉じたシステムであるか，開いたシステムであるか。

　所謂12世紀ルネサンスが開花した中世盛期の欧州は，外部に対しても内部においても開かれたシステムであったといわれる[2]。

　EUがもともと開かれた欧州を実現しようとしたと考えると，それだけでもEUと欧州中世の共通点が浮かびあがってくる。しかし，歴史的にみると冷戦終結するつい最近まで西欧と東欧が「鉄のカーテン」で隔てられ厳しく対立したことに呼応するかのように，14世紀後半からの欧州も閉ざされたシステムになっていった。欧州中世の統一世界は聖と俗の二大勢力である教皇と皇帝によって支えられていたが，閉ざされた欧州において個々の国民国家が勢力を拡大していっただけでなく，各国のキリスト教会そのものもそれぞれの国家色を強めていった。

　中世盛期の欧州が外部に対して開かれていたのは，東方の3つの境界線において認められる。この境界とは，(1)露，(2)ビザンチン帝国，(3)イスラム世界であった。当時，露は西欧に対して開かれたシステムであって，交易・経済・貴族の姻戚関係によりきわめて国際的であった。この露は，北欧州のスカンディナヴィアからノヴゴロドを経てキリスト教の東方ビザンチン帝国をつな

188 第3部 国際経済論

### 図1 欧州連合とドイツ中世

ヨーロッパ連合（EU）とローマ帝国
破線はローマ帝国の最大の版図を示す
ヨーロッパ連合加盟国（2008年1月現在）

| 1 | スウェーデン | 10 | フランス | 19 | ポーランド |
| 2 | フィンランド | 11 | スペイン | 20 | チェコ |
| 3 | イギリス | 12 | ポルトガル | 21 | スロヴァキア |
| 4 | アイルランド | 13 | オーストリア | 22 | ハンガリー |
| 5 | デンマーク | 14 | イタリア | 23 | スロヴェニア |
| 6 | ドイツ | 15 | ギリシア | 24 | マルタ |
| 7 | オランダ | 16 | エストニア | 25 | キプロス |
| 8 | ベルギー | 17 | ラトヴィア | 26 | ルーマニア |
| 9 | ルクセンブルク | 18 | リトアニア | 27 | ブルガリア |

［引用文献］山本浩他編『ヨーロッパをつくる思想』3頁。

ぐ懸け橋の役割を果たした。他方で，ビザンチン帝国と西方のラテン帝国のローマはまだ対立関係にはなく，キリスト教世界の内部でギリシャ的精神とラテン的精神が併存していた。そしてキリスト教はアラビアのイスラム世界に好奇心を寄せ，スペインではイスラム教徒の貴族が容認された。しかし，両者の友好的関係に終止符を打ったのは第4次十字軍（1204）であった。十字軍の理念がいかなるものであったにせよ，現実に見た十字軍の姿は東方教会にとって，掠奪をかさねる野蛮で好戦的な西方教会のフランク人にほかならなかった。しかも，このフランク人たちの皇帝はローマの教皇によって支持されていた。5世紀から13世紀に架けて数々の敵の攻撃に耐えてきた多元的国家ローマ帝国は，こうして徐々に破壊されていった。ドストエフスキーの『カラマーゾフの兄弟』において頂点に達する露の欧州批判，すなわち「真のキリスト教から離反した，戦争に熱狂する堕落した西欧」というイメージは，こうした歴史的体験に根ざしているのである[3]。

ところが，13・14世紀からすでに中世末期の閉ざされた欧州への傾向が始まった[4]。まず第1に，貴族階級は農民と市民に対して明確に区別された高い身分となった。ただし，従士の身分である騎士階級は上へも下へも開かれていて，貴族に高められることも，没落して盗賊騎士になる可能性もあった。田舎では貧しい下級貴族も存在していた。第2に，初期には聖職者もまだあまり教養がなく，民衆の身分からでも高い地位に就くことが可能であったのに対して，今や聖職者の身分が固定化し，教会内の一種の官僚化と位階制度が確立されていった。第3に，モンゴル民族による征服のため露は何世紀にもわたって欧州から締め出されることになった。第4に，東ローマ・ビザンチン帝国の領土内に十字軍諸国家が建設されたことは，東欧を西欧から分離させることになった。第5に，スペインにあったアラビア・ムーア人の群小国家が軍事力で駆逐された。さらに第6に，オスマン・トルコ帝国が1529年にはウィーンの城壁にまで迫り，西欧の東の果ての境界線をいやが上にも強化させた。こうして，欧州とは本来的に西欧そのものを指すようになった。

そして，開かれた欧州から閉ざされた欧州への変貌していくこの複雑多様な

歴史的過程は，次のように要約できる。「3つの併存する大きな文化世界，すなわち西欧キリスト教・ビザンツ・イスラム教はさまざまな共通の基盤と中世初期における多様な関係にもかかわらず，今やますます分離の傾向を強めていく。これら3つの世界はいわゆる典型的な中世的状態へ逆戻りしていき，閉ざされた半球，閉ざされた社会となっていく[5]。」この傾向はオスマン・トルコによる1683年の第2回ウィーン包囲まで続き，東方からの脅威に対する西欧キリスト教世界の防御態勢によりますます強化された。またビザンチンの伝統は，露帝国を経て更にソ連の社会主義体制にまで継承されていくことになる。EUの東方拡大といっても，歴史的に見れば，その範囲はかつての西ローマ帝国の版図にまでしか及んでいない。(章末資料 ローマ帝国最大版図参照)

19世紀欧州で起こった近代ナショナリズム思想の敷衍の結果，独仏間の戦争に発展し，ひいては欧州全休を巻き込み第1次世界大戦及び第2次世界大戦を間接・直接に引き起こしてしまった。それにより，欧州は破滅の淵に陥ってしまった。それは欧州の自殺行為，キリスト教の自滅，キリスト教的西欧の没落にほかならず，独仏の覇権争いが終わってみると世界政治の重心は米国とソ連に移行していた。近代ナショナリズムにより分裂した欧州諸国の再統一は，世界政治における生き残りを賭けた焦眉の課題であった。この運動は，第1次世界大戦後のクーデンホーフ・カレルギーの汎欧州思想で一時脚光を浴びるが，世界恐慌を経て挫折した。第2次世界大戦後，独仏国境地域出身のジャン・モネ，ロベール・シューマンによる欧州石炭鉄鋼共同体創設から紆余曲折を経て，今日のマーストリヒト条約[6](欧州システム)の領域拡大をもって，開かれた欧州が東方へ拡大しつつある。かつての「鉄のカーテン」の向こう側の社会主義諸国もEUの加盟国になっている。そして，閉ざされた欧州の原因のひとつとなったトルコも，EUの一員になるべく，加盟交渉国となっている

## (注)

1) 木村直司「欧州連合とドイツ中世」山本浩 / 高橋由美子編『ヨーロッパをつくる思想』上智大学出版会，2002年．
2) Friedrich Herr, *Mittelalter. Kindlers Kulturgeschichte*, Zurich, 1961.
   Kurt M.Jung, *Europaische Geistesgeschichte*, Berlin : Safari-verlag.
   堀込庸三編『西欧精神の探究　革新の20世紀』日本放送協会出版会，1976．
   フリードリヒ・ヘーア，小山宙丸他訳『ヨーロッパ精神史』二玄社，1982．
3) 木村直司，前掲書，5～6頁．
4) 木村直司，前掲書，7～8頁．
5) Friedrich Herr, ibid. S.15.
6) マーストリヒト条約(正式には連合条約)1992年2月7日調印，93年11月に発効，その後，97年10月締結したアムステルダム条約，2000年12月ニース条約があるがマーストリヒト条約が連合条約の最も重大なもので，以後2つの条約はマイナーチェンジであるので、マーストリヒト条約をもって欧州システムと本書では定義する。

## (参考文献)

1) 木村直司「欧州連合とドイツ中世」山本浩 / 高橋由美子編『ヨーロッパをつく思想』上智大学出版会，2002年．
2) Friedrich Herr, *Mittelalter. Kindlers Kulturgeschichte*, Zurich, 1961.
3) Kurt M.Jung, *Europaische Geistesgeschichte*, Berlin : Safari-verlag.
4) 堀込庸三編『西欧排神の探究　革新の20世紀』日本放送協会出版会，1976年。
5) フリードリヒ・ヘーア，小山宙九地訳『ヨーロッパ精神史』二玄社，1982年．

### 章末資料　ローマ帝国最大の版図

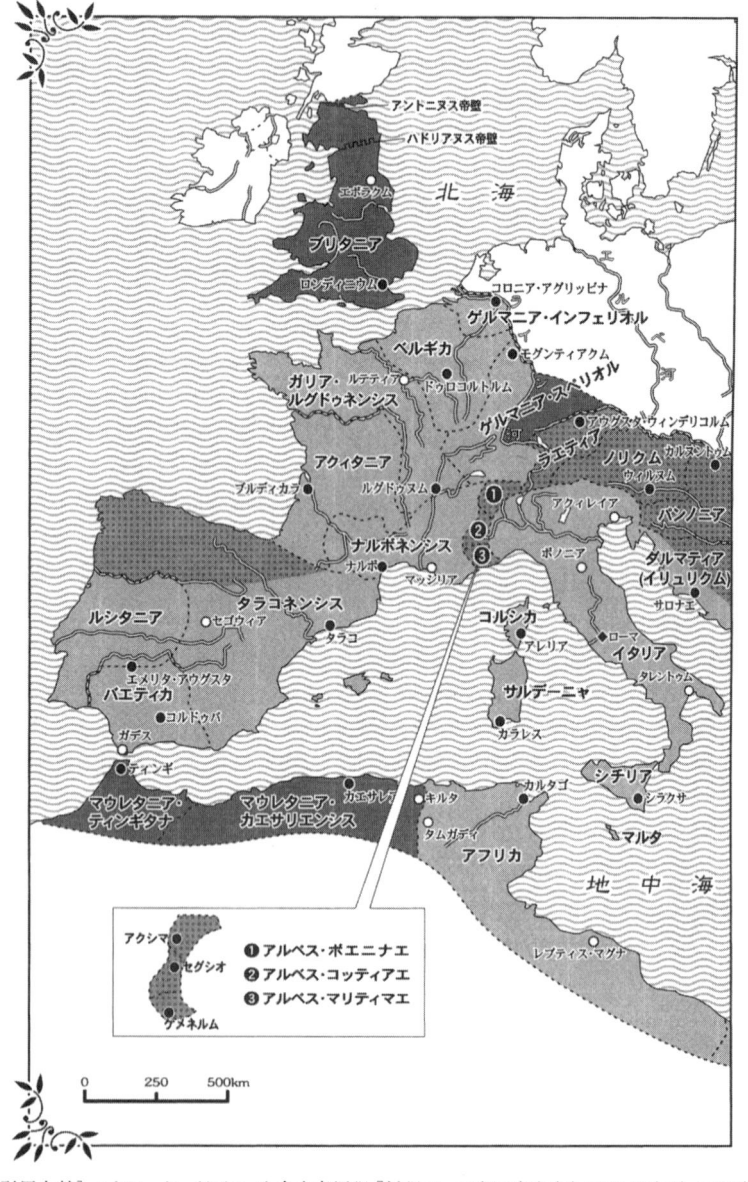

[引用文献] エドワード・ギボン, 中倉広喜編訳『新訳ローマ帝国衰亡史』PHP研究所, 2000年。

# 第11章 社会システム論 193

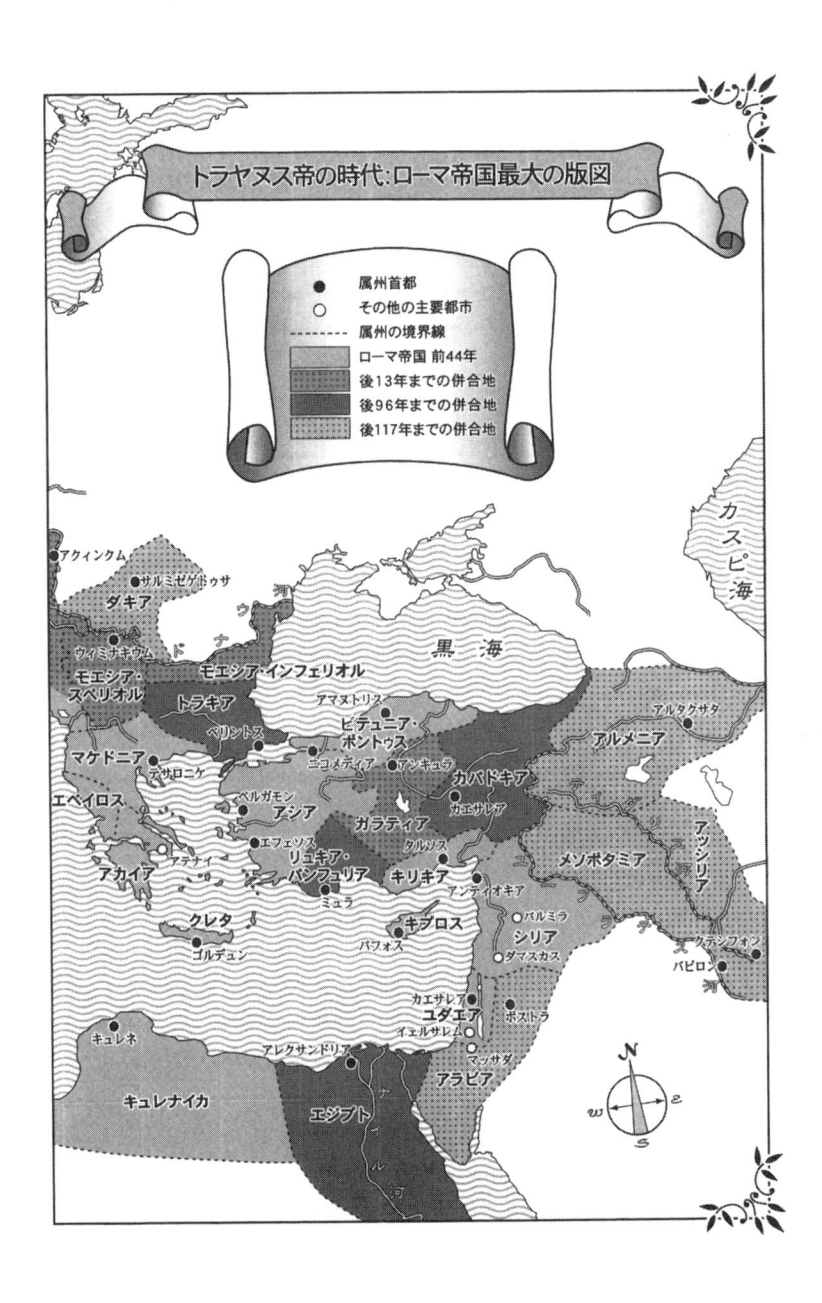

# 第12章　各国経済論

## 第1節　ロシア経済論とその軍事的背景

　本節では，ロシア経済における軍事費の問題を取り上げた。軍事費の負担に苦しんできたソ連・ロシア経済を概観したうえで，軍事費の問題がどのように変容したかをとらえ，さらに資源問題を検討した。そして，最近のプーチンのロシア経済を概観した。

### （軍事費と財政赤字）

　ロシア経済は，常に軍事費の負担に苦しんできた。帝政ロシア，臨時政府，ソ連，そして現代ロシアもしかりである。軍事費が経済を停滞させ，財政的に赤字が常であった。そしてその赤字を公的には黒字予算だと種々の手法で偽ってきた。帝政ロシアにおける二重会計であり，ソ連邦における国立銀行からの無期限貸付であった。体制転換直後のロシアでは，IMF 等，国際機関からの貸付を受けているため，これらの会計操作はできなかった。

　冷戦下における軍事費の削減は，仮想敵国である相手国のそれも削減しないことできない相談である。そこで米ソの軍縮交渉があり，ソ連が崩壊した現代でも START II〜III が継続している。

　ポスト冷戦では，軍需産業の再編・軍民転換が焦点となる。旧ソ連における産業構造の特徴は，軍需に特化されていることだった。ポスト冷戦では非効率で，お荷物の存在である。体制転換直後は，軍民転換が奨励されたが，今日，輸出額では，石油等の天然資源に次いで，武器が第2位を占めている。米国製よりコストが安いロシアの武器は市場競争力がある。今日，ロシアは政治的

事由で米国が輸出できない国への武器提供国となっている。

ロシア経済史において，軍事費は財政赤字の原因であり，帝政ロシア以来歴代政府の頭痛の種だった。かつてゴルバチョフ元大統領は1970年代後半から1980年代初めにかけての軍事支出は，GNPの17～18%を占めると述べた。米国の一部では35%前後と想定されていたが，いずれにせよ，日本の1%と比べては勿論，米国の6%前後と比べても著しく高い。膨大な国境線を維持するための必要な経費かもしれないが，これを国民の納得した水準まで圧縮することがロシアに置かれた課題かもしれない。冷戦末期から行われた，米ソ（ロシア）軍縮交渉は特別な意義がある。冷戦期に使えない兵器(核兵器)は，デタントでは米ソの二大国間の兵力均衡の手段として使われた。主にジュネーブで開催された軍縮交渉は，米ソ両国は世界平和のためと言いながら，当初は核兵器を削減するのではなく，これから配備するものも含めて米ソが均衡するように制限するというまったくの欺瞞の交渉だった。核兵器を保持していることが，バックとなる各々の陣営を支える，内部の統制手段となっていたので，相手の陣営と同程度の削減には応じた。これはロングランの交渉で，互いに信頼しつつ，時にはスパイ衛星の検証で相互不信に陥った際も，相手のミスを牽制して，中断することなく行われた。

**〔米露軍縮史〕**

兵器は，通常兵器と核兵器・生物化学兵器に分類される。核兵器には戦略核兵器[1]，戦域核兵器[2]，戦術核兵器[3]，の三種類あるが，軍縮交渉の対象となったのは，弾道距離の長い戦略核兵器である。SALT Ⅰ[4]（ソルト・ワン）は1972年5月，ニクソン・ブレジネフ両首脳の間で締結された。ソ連優位のICBM[5]（射程6400キロ～），米国優位のSLBM[6]が当時の水準で凍結されて妥結した。MIRV[7]型の新兵器出現で，弾頭数の均衡を決めた交渉が事実上尻抜けとなったが，その欠点を補いつつ，SALT Ⅱが79年6月に妥結した。だが，同年12月，米議会がその条約の批准の最中に勃発したソ連のアフガニスタン侵攻で御破算になった。しかしながらSALT Ⅱは当初予定の有効期限の85年末まで

紳士協定として存続した。

　ゴルバチョフが交渉に登場してから，従来の核兵器の制限から，現行核兵器を廃棄する削減の方向へ向きが変わった。まず，87年12月にゴルバチョフとレーガンの間で合意された中距離核戦力（長射程〔1,000〜5,000キロ〕のINF[8]）と短射程〔500〜1,000キロ〕のINF）の全廃である（批准書交換は88年6月）。そして史上初の戦略核兵器の削減は91年に調印されたSTART I[9]（スタート・ワン）である。これにより，米ソはそれぞれ戦略核の運搬手段数の上限を1,600基、核弾頭数の上限を6,000発と定め，現有の弾道数の半分とする予定で条約発効後の7年間で25%〜35%の核兵器の削減となった。

　91年のソ連崩壊に伴い，ロシア以外のベラルーシ，カザフスタン，ウクライナに配備されている核管理が問題となった。これらの国の政情不安や経済苦境が伝えられるなか，全世界が米の旧ソ連諸国に対する核に関する交渉を見守った。ついに94年1月米，ロシア，ウクライナ首脳会議で，ロシア，ベラルーシ，カザフスタン，ウクライナに分散している戦略核をロシアに移送し，ロシアが一元管理することに合意した。96年11月ベラルーシの戦略核移送により，ロシアの一元管理が完成した。米国議会は旧ソ連の核兵器解体支援のため，すでに12億ドルの拠出を決めていたが，94年3月ウクライナに対して，ICBMの廃棄とサイロ式発射装置の解体等で新たに1億ドルを新規援助することを決めた。

　旧ソ連の継承国ロシアは，エリツィンで交渉に臨み、93年1月START IIをブッシュと共に調印した。これにより，2000年までに2段階で，戦略核の弾頭数を両国が現行保有している1/3の3,000〜3,500発に制限することになった。さらにMIRVは全廃されることになり，SLBMは1,750基に制限された。

　97年3月のヘルシンキにおける米露首脳会議の結果，START IIの制限を2007年まで延期するとともに，START IIの発効後，直ちにSTART IIIの交渉が開始されることになった。この条約は，2007年末までに戦略核弾頭の数を米露とも2,000〜2,500まで削減することが盛り込まれることになっている[10]。

198　第3部　国際経済論

| 年 | 予算収入総計 (1) | 社会主義経済のギャップ (2) | 国民からの収入上のギャップ (3) | 総ギャップ量 2+3 (4) | 共和国予算調整分 (5) | 第一次調整後のギャップ量 4−5 (6) | 外国貿易から予算収入 (7) | 管理費の節約からの受け取り (8) | 予算収入の0.5% (9) | 第二次調整分 7+8+9 (10) | 第二次調整後ギャップ量 4−5−10 (11) | 現金発行 (12) | 非現金発行によって行われ補填される予算赤字 11−12 (13) | 当該年の国民預金増加 (14) |
|---|---|---|---|---|---|---|---|---|---|---|---|---|---|---|
| 1940 | 18.0 100% | 1.7 9.44% | 0.2 1.11% | 1.9 10.56% | 0.5 | 1.4 7.78% | 0.3 1.67% | 0. | 0.1 0.56% | 0.4 2.22% | 0.8 4.44% | | | 14 |
| 1941 | 17.7 | | | | | | | | | | | | | |
| 1942 | 16.5 | | | | | | | | | | | | | |
| 1943 | 20.4 | | | | | | | | | | | | | |
| 1944 | 26.9 | | | | | | | | | | | | | |
| 1945 | 30.2 | | | | | | | | | | | | | |
| 1946 | 32.5 | | | | | | | | | | | | | |
| 1947 | 38.6 | | | | | | | | | | | | | |
| 1948 | 41.1 | | | | | | | | | | | | | |
| 1949 | 43.7 | | | | | | | | | | | | | |
| 1950 | 42.3 100 | 4.6 10.87 | 0.2 0.47 | 4.8 11.35 | 1.1 2.60 | 3.7 8.75 | 1.9 4.49 | 0 | 0.2 0.47 | 2.1 4.96 | 1.6 3.78 | | 1.3 3.07 | |
| 1951 | 40.0 100 | 4.6 12.12 | 0.1 0.21 | 5.8 12.34 | 1.1 2.34 | 4.7 10.00 | 2.6 5.53 | 0 | 0.2 0.43 | 2.8 5.96 | 1.9 4.04 | | 1.3 3.19 | |
| 1952 | 49.8 100 | 6.2 12.45 | 0.3 0.60 | 6.5 13.05 | 1.3 2.01 | 5.2 10.44 | 3.3 6.63 | 0 | 0.2 0.40 | 3.5 7.03 | 1.7 3.14 | | 1.4 3.81 | |
| 1953 | 54.0 100 | 10.6 19.63 | 0.3 0.56 | 10.9 20.19 | 1.1 2.04 | 9.8 18.15 | 3.6 6.67 | 0 | 0.3 0.56 | 3.9 7.22 | 5.9 10.93 | | 4.8 8.89 | |
| 1954 | 55.9 100 | 13.3 23.79 | 0.2 0.36 | 13.5 24.15 | 1.1 1.99 | 12.39 22.16 | 4.1 7.33 | 0 | 0.3 0.54 | 4.4 7.87 | 8.0 14.31 | | 6.7 11.99 | |
| 1955 | 56.4 100 | 8.3 14.72 | 0.2 0.35 | 8.5 15.07 | 1.3 2.30 | 7.2 12.77 | 4.0 7.09 | 0 | 0.3 0.53 | 4.3 7.62 | 2.9 5.14 | 6.0 | 2.4 4.26 | |
| 1956 | 58.6 100 | 6.9 11.77 | 0.3 0.51 | 7.2 12.29 | 1.4 2.39 | 5.8 9.90 | 4.7 8.02 | 0 | 0.3 0.51 | 5.0 8.53 | 0.8 1.37 | | 0.6 1.02 | |
| 1957 | 62.7 100 | 8.2 13.08 | 0.3 0.48 | 8.5 13.56 | 1.7 2.71 | 6.8 10.85 | 5.0 7.97 | 0 | 0.3 0.48 | 5.3 8.45 | 1.5 2.39 | | 1.2 1.91 | |
| 1958 | 67.2 100 | 10.2 15.18 | 0.3 0.30 | 10.4 15.48 | 2.24 3.33 | 8.16 12.14 | 5.6 8.33 | 0 | 0.3 0.45 | 5.9 8.78 | 2.3 3.42 | | 1.9 2.83 | |
| 1959 | 74.0 100 | 13.6 18.38 | 0.3 0.41 | 13.9 18.78 | 4.0 5.41 | 9.9 13.38 | 6.6 8.92 | 0 | 0.4 0.54 | 7.0 9.46 | 2.9 3.92 | | 2.4 3.24 | |
| 1960 | 77.1 100 | 14.2 18.42 | 0.3 0.39 | 14.5 18.81 | 4.2 5.45 | 10.3 13.36 | 7.1 9.21 | 0 | 0.4 0.52 | 7.5 9.73 | 2.8 3.63 | | 2.3 2.98 | |

計画期：3次五ヶ年計画／4次／5次／6次

第12章 各国経済論 199

| | | | | | | | | | | | | |
|---|---|---|---|---|---|---|---|---|---|---|---|---|
| 7 | 1961 | 78.0<br>100 | 13.6<br>17.44 | 0.4<br>0.51 | 14.0<br>17.95 | 3.4<br>4.36 | 10.6<br>13.59 | 7.0<br>8.97 | 0 | 0.4<br>0.51 | 7.4<br>9.49 | 3.2<br>4.10 | 1.4<br>1.79 | 1.0<br>2.31 | |
| | 1962 | 84.3<br>100 | 13.7<br>16.26 | 0.3<br>0.36 | 14.0<br>16.61 | 3.3<br>3.91 | 10.7<br>12.69 | 7.7<br>9.13 | 0 | 0.4<br>0.47 | 8.1<br>9.61 | 2.6<br>3.08 | 1.2<br>1.42 | 1.4<br>1.66 | |
| | 1963 | 89.5<br>100 | 14.7<br>16.42 | 0.4<br>0.45 | 15.1<br>16.87 | 4.4<br>4.92 | 10.7<br>11.96 | 8.2<br>9.16 | 0 | 0.4<br>0.45 | 9.2<br>10.28 | 2.1<br>2.35 | 1.4<br>1.56 | 0.7<br>0.78 | 1.2 |
| 次 | 1964 | 94.4<br>100 | 14.9<br>15.78 | 0.3<br>0.32 | 15.2<br>16.10 | 4.3<br>4.56 | 10.9<br>11.55 | 8.7<br>9.22 | 0 | 0.5<br>0.53 | 9.2<br>9.75 | 1.7<br>1.80 | 1.4<br>1.56 | 1.7<br>— | |
| | 1965 | 102.3<br>100 | 16.9<br>16.52 | 0.3<br>0.29 | 17.2<br>16.81 | 4.5<br>4.40 | 12.7<br>12.41 | 8.8<br>8.60 | 0 | 0.5<br>0.49 | 9.3<br>9.09 | 3.4<br>3.32 | 3.6<br>3.81 | 1.9<br>2.01 | 1.7 |
| | 1966 | 106.2<br>100 | 14.5<br>13.46 | 0.5<br>0.47 | 15.0<br>14.11 | 3.3<br>3.10 | 11.7<br>11.02 | 8.4<br>7.90 | 0.3<br>0.28 | 0.5<br>0.47 | 9.2<br>8.66 | 3.4<br>3.20 | 4.1<br>4.00 | 0.7<br>0.68 | 3.0 |
| | 1967 | 114.2<br>100 | 16.9<br>14.42 | 0.5<br>0.43 | 17.4<br>14.85 | 3.4<br>2.90 | 14.0<br>11.95 | 9.4<br>8.02 | 0.4<br>0.34 | 0.6<br>0.51 | 10.4<br>8.87 | 3.6<br>3.07 | 3.9<br>3.67 | 1.4<br>1.32 | 4.2 |
| 8 | 1968 | 130.8<br>100 | 21.7<br>16.59 | 0.4<br>0.31 | 22.1<br>16.90 | 3.8<br>2.91 | 18.3<br>13.99 | 10.7<br>8.18 | 0.7<br>0.54 | 0.7<br>0.54 | 12.1<br>9.25 | 6.2<br>4.74 | 3.5<br>2.99 | 0.1<br>0.09 | 4.0 |
| 次 | 1969 | 140.0<br>100 | 25.3<br>18.07 | 0.4<br>0.29 | 25.7<br>18.36 | 4.6<br>3.29 | 21.1<br>15.07 | 12.1<br>8.64 | 0.5<br>0.5 | 0.7<br>0.5 | 13.5<br>9.04 | 7.6<br>5.43 | 4.5<br>3.44 | 1.7<br>1.30 | 5.5 |
| | 1970 | 156.7<br>100 | 29.2<br>18.63 | 0.3<br>0.19 | 29.5<br>18.83 | 5.1<br>3.25 | 24.4<br>15.57 | 14.2<br>9.06 | 0.9<br>0.57 | 0.8<br>0.56 | 15.9<br>10.15 | 8.5<br>5.42 | 3.1<br>2.21 | 4.5<br>3.21 | 6.0 |
| | 1971 | 166.0<br>100 | 30.3<br>18.55 | 0.5<br>0.30 | 30.8<br>18.55 | 5.3<br>3.19 | 25.5<br>15.36 | 15.3<br>9.34 | 0.8<br>0.48 | 0.8<br>0.48 | 17.1<br>10.30 | 8.4<br>5.06 | 2.0<br>1.28 | 6.5<br>4.15 | 8.2 |
| | 1972 | 175.1<br>100 | 32.5<br>18.56 | 0.4<br>0.23 | 32.9<br>18.79 | 4.6<br>2.63 | 28.3<br>16.16 | 18.9<br>10.79 | 0.4<br>0.23 | 0.9<br>0.51 | 20.2<br>11.54 | 8.1<br>4.63 | 4.1<br>2.47 | 4.3<br>2.59 | 5.6 |
| 9 | 1973 | 187.8<br>100 | 39.8<br>21.19 | 0.4<br>0.21 | 40.2<br>21.41 | 7.1<br>3.78 | 33.1<br>17.63 | 19.0<br>10.12 | 0.3<br>0.16 | 0.9<br>0.48 | 20.2<br>10.76 | 12.9<br>6.87 | 3.3<br>1.88 | 4.8<br>2.74 | 7.5 |
| 次 | 1974 | 201.3<br>100 | 42.4<br>21.06 | 0.5<br>0.25 | 42.9<br>21.31 | 9.0<br>4.47 | 33.9<br>16.81 | 18.8<br>9.34 | 0.4<br>0.20 | 0.4<br>0.50 | 20.0<br>10.03 | 13.6<br>6.76 | 4.3<br>2.29 | 8.6<br>4.58 | 7.9 |
| | 1975 | 208.8<br>100 | 49.4<br>22.58 | 0.4<br>0.18 | 49.8<br>22.76 | 9.2<br>4.20 | 40.6<br>18.56 | 21.5<br>9.82 | 0.4<br>0.18 | 1.1<br>0.50 | 23.0<br>10.51 | 17.6<br>8.04 | 5.0<br>2.48 | 8.6<br>4.27 | 10.3 |
| | 1976 | 232.2<br>100 | 55.7<br>23.99 | 0.5<br>0.22 | 56.2<br>24.20 | 9.7<br>4.18 | 46.5<br>20.03 | 24.0<br>10.34 | 0.7<br>0.30 | 1.2<br>0.52 | 25.9<br>11.15 | 20.6<br>8.87 | 2.7<br>1.23 | 14.9<br>6.81 | 12.1 |
| | 1977 | 247.8<br>100 | 58.1<br>23.45 | 0.5<br>0.20 | 58.6<br>23.65 | 9.3<br>3.75 | 47.3<br>19.90 | 25.3<br>10.21 | 0.4<br>0.16 | 1.2<br>0.48 | 26.9<br>10.86 | 22.4<br>9.04 | 3.7<br>1.59 | 16.9<br>7.28 | 12.0 |
| 10 | 1978 | 265.8<br>100 | 64.2<br>24.19 | 0.5<br>0.19 | 64.8<br>24.38 | 9.0<br>3.39 | 55.8<br>20.99 | 29.1<br>10.95 | 0.5<br>0.19 | 1.3<br>0.49 | 30.9<br>11.63 | 24.9<br>9.37 | 2.0<br>0.81 | 20.4<br>8.23 | 13.7 |
| 次 | 1979 | 281.5<br>100 | 68.3<br>24.26 | 0.5<br>0.18 | 68.8<br>24.40 | 10.1<br>3.59 | 58.7<br>20.85 | | 0.5<br>0.18 | 1.4<br>0.50 | | | 1.0<br>0.38 | 23.9<br>8.49 | 14.4 |
| | 1980 | 302.7<br>100 | 76.5<br>25.27 | 0.5<br>0.17 | 77.0<br>25.44 | 10.7<br>3.53 | 66.3<br>21.90 | | 0.6<br>0.20 | 1.5<br>0.50 | | | | 23.9<br>8.99 | 15.2 |
| | 1981 | 320.6<br>100 | | | | | | | 0.1<br>0.03 | 1.6<br>0.50 | | | | | 10.3 |
| 11 | 1982 | | | | | | | | 0.6 | | | | | | |
| 次 | 1983 | | | | | | | | 0.4 | | | | | | |
| | 1984 | | | | | | | | 0.5 | | | | | | |
| | 1985 | | | | | | | | | | | | | | |

(備考) 上段 単位10億ルーブリ，下段 対歳入百分率。1979年以降は筆者が，可能な範囲内で補った。
引用文献：木村武雄「ソヴェト国家予算の周期性」「日本財政学会研究報告要旨（第41回大会（於早稲田大学）」，1984年10月，125〜126頁。

ロシア以外の旧ソ連諸国の核がロシアへ移送されたあとの核兵器は，96年に戦術核兵器 3,200，戦略核兵器 6,700 と見られている。大規模な通常戦争の可能性が遠ざかった今，抑止力としてのその意味が薄れてきたが，ソ連崩壊後の通常戦力では西側に大きく遅れていること，NATOの拡大が予想されることからレロシアには戦略兵器削減条約に反対する空気が強い。

**(軍民転換と武器輸出)**

かつて旧ソ連の軍需産業には，約 1,500 の大中企業が存在し，約 500 万人を雇用していた。広い範囲の民生品も軍需産業で生産され，たとえば，テレビ，ビデオ等の耐久消費財は 100% が軍需産業で生産されていた。ロシア政府は軍需中心の産業構造における高度な軍事技術を民間に転用し，輸出競争力ある民需製品を生産し，獲得した外貨で経済を改善する足がかりにしようとした。

国ともたれあう体質が染み込んだ企業においては，しょせんこの軍民転換は絵に描いた餅にすぎなかった。上からの目標に帳尻を合わせるため，宇宙開発技術を持つハイテク産業が，鍋やバケツを生産する等弊害が目立った。ロシア政府は 1992 年より，武器輸出をして軍民転換を促進するための，外貨を稼ぐ方針を決定し，93 年「ロシア武器」という国営会社が設立された。1981 年から 1991 年の間，旧ソ連の武器輸出は 1,210 億ドルに達したと言われ，ピーク時には 1 年間で 180 ドル輸出されたという指摘もある。これに対して，92 年のロシアの武器輸出は 23 億ドル，93 年 25 億ドル，94 年 17 億ドルにしかならなかったが，「ロシア武器」の効果が現われ始めた 1995 年には，武器輸出額は 30 億ドルに達した [11]。この頃から，特に中国や韓国，東南アジアとの兵器取引か活発化した。またこの年にマレーシアと，ミグ 29 戦闘機 18 機の受注の契約を締結した。インドネシアと契約した 97 年には武器輸出額は 40 億ドルを超過し，98 年には 60 億ドルを超えると予想されている。ロシアの武器輸出は，全世界で 94 年米，英，仏につぐ 4%(第 4 位)から，95 年 17%(第 2 位)，97 年には米国を抜いて世界第 1 位になり，2000 年には世界市場の 1/3 の獲得を目指した。ロシア兵器の強みは，①値段が安い，②比較的性能が良い，③

第12章 各国経済論 201

図1

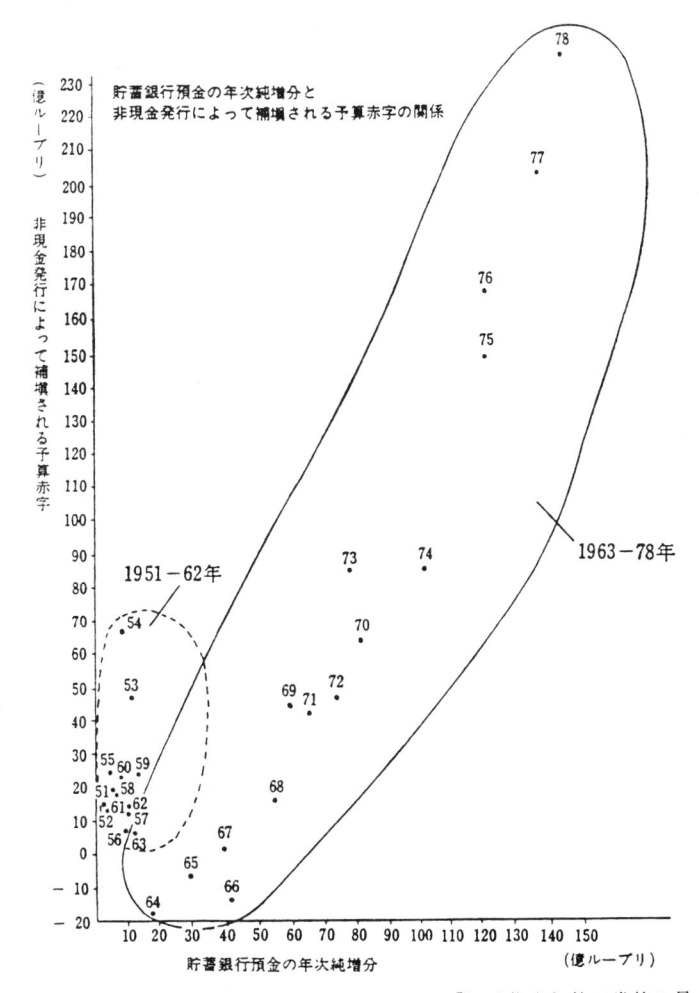

(億ルーブリ) 非現金発行によって補填される予算赤字

貯蓄銀行預金の年次純増分と非現金発行によって補填される予算赤字の関係

1951-62年

1963-78年

貯蓄銀行預金の年次純増分 (億ルーブリ)

引用文献：木村武雄「ソ連の財政トリックの解明」『経済往来』第36巻第9号，年9月号，186頁。

実戦に用いられた実績を持つ, ④バーター決済の受入れに応じる, ⑤米国製兵器依存を回避したい購入国の意図に適うこと等になる[12]。それに対して問題点としては, 今日の, ロシアの兵器技術は, 旧ソ連時代からさしたる進歩をしていないという点が指摘されている。したがってさらなる投資を怠ると後5年で陳腐化し, 商売に差し支えることになる。またアフターサーヴィスの悪さも顧客筋から指摘されている。

**〔財政赤字の「伝統」〕**（筆者のソ連・東欧学会及び日本財政学会の報告も参照）

帝政ロシア〜臨時政府〜計画経済下のソ連邦〜市場化した現在のロシアに至る過程において, 国家財政は, 「伝統的」に大方赤字財政であった[13]。財政が赤字になるのは, 非常時（戦争等）では常態であるのは当然であるが, ロシアの場合平時でも常態であることが多かった。帝政ロシアにおいて, 国家審議の対象となる一般会計は多くの年は黒字であった。戦争の経費とか公債関係は特別会計に入れられ, 両者を純計すると赤字になることが多かった。体制がかわったソ連邦になっても, 会計テクニックは依然有効だった。ソ連邦財政も表面上多くの年は黒字予算と公表された。実態は赤字だと, イゴール・ビルマン(Игорь Бирман)が初めて指摘した[14]。

ソ連邦の財政赤字は国立銀行の無期限の貸付金の形で, 予算に入った。予算赤字は実際上信用の発行と同一である。しかもこれらの取引は非現金決済で, ソ連国内取引決済の80〜90％を占めていた。現金取引と非現金取引は企業財務を通じて関連し合っている。経済が発展すれば, 非現金取引が多くなるのは否めないが, それでも正常な量（この判定は難しいが）を超えれば, 非現金取引でもインフレを招く。

貯蓄銀行預金が予算赤字を補填するのは1963年より公式に廃止されたとされる。しかしながら, 貯蓄銀行の年次純増分と非現金発行によって補填される予算赤字の相関関係は筆者の計算によると, 1963年〜78年（＋0.961）はそれ以前の1951〜62年（＋0.125）に比べて, 非常に高いことが判明した。図1を見れば, 明瞭である。ビルマンの言う1963年から国民の預金が国家予算

へ入ったことは数量的分析からも例証された[15]。

現在において，予算赤字をごまかすことはできなくなった。IMF 等の国際機関が監査しているためである。その結果，短絡的方式つまり，賃金・年金の未払い，遅配の形で問題が表面化している。その影響でバーター取引等の非現金取引が増大し，市場化と逆行する動きがある。

図 2

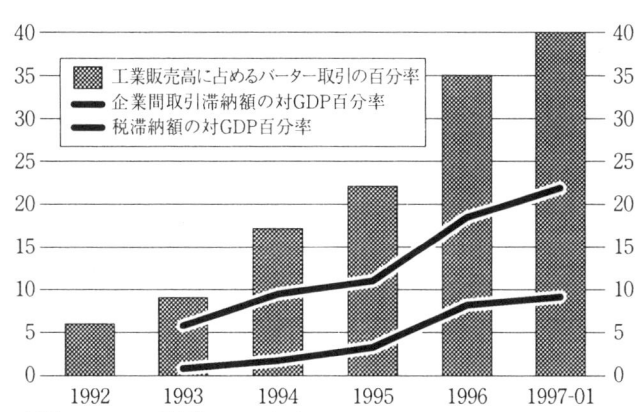

出所：バーター取引のデータは，Russian Economic Barometer (1997), Vol.4, No.1。滞納のデータは，Russian European Centre for Economic Policy によって提供された。
引用文献：EBRD, *Transition Report 1997*, p.26.


**(第 1 節の注)**
1) strategic nuclear weapons. 戦略核。
2) theater nuclear weapons. 戦域核。
3) tactical nuclear weapons. 戦術核。
4) Strategic Arms Limitation Talks. 戦略兵器制限交渉。
5) lntercontinental Ballistic Missile. 大陸間弾道弾。
6) Submarine Launched Ballistic Missile. 潜水艦発射弾道ミサイル。
7) Multiple lndependently targeted Reentry Vehicle. 個別誘導複数目標弾道。
8) lntermediate-range Nuclear Forces. 中距離核戦力。
9) Stragegic Arms Reduction Talks. 戦略兵器削減交渉。

10)　松井弘明「軍縮」『情報総覧 現代のロシア』大空社，1998年。326〜327頁。
　　　START IIは2007年現在発動に至っていなかった。しかしながら，戦略攻撃能力削減条約（通称：モスクワ条約）が2002年米ロが調印，03年に発効した。これは戦略核弾頭を3分の1（1,700〜2,200発）に削減する合意である。START IIの合意内容を上回る削減内容になっている。MDでの協力も規程されている。(参考：外務省ホームページ)
11)　同年，ロシアの原油輸出(CIS諸国を除く)による外貨収入は104億ドル，天然ガス(同)のそれは，98億ドルだった。
12)　木村汎「ロシア」『情報・知識 imidas 1998』547頁。
13)　木村武雄「ソ連の財政トリックの解明」『経済往来』1984年9月号。
　　　木村武雄「ロシアの財政赤字の起原」『海外事情』1994年5月号。
　　　プーチンの時代になって，国際石油価格の高騰により，大幅な国家予算の黒字になってきている。
14)　木村武雄①「ソヴィエト国家予算の秘匿所得について」『青山社会科学紀要』第12巻第2号，1984年3月，38〜96頁。同②「ソ連の財政トリックの解明」『経済往来』9月号，第36巻第9号，経済往来社，1984年9月，182〜187頁。同③「ソヴィエト国家予算の秘匿所得について」ソ連・東欧学会(現ロシア・東欧学会)第13回大会1984年9月7日(於創価大)学会報告。同④「ソヴィエト国家予算の秘匿所得について」『ソ連・東欧学会年報』1984 XIII，ソ連・東欧学会，1985年9月，104〜125頁。
15)　木村武雄「ソヴィエト国家予算の秘匿所得について」『ソ連・東欧学会年報』104〜125頁。

## 第2節 ロシア経済と資源問題

**(ロシアの経済史と資源)**[1]

　ロシアは世界有数の資源大国で，この事実は過去・現在・未来も肯定される。ロシアは，原油の生産量に関しては，サウジ・アラビアに次いで世界第2位，確認埋蔵量に関しても同じく同8位。天然ガスにいたっては埋蔵量，生産量，輸出量のいずれも世界一を誇る。世界で確認された天然ガスの埋蔵量の約33%を，ロシアは握っている。探査が進めば更に増えるかもしれない。原油とガスを合わせると，ロシアは世界最大の炭化水素資源を持つ国である[2]。

　しかしながら，資源の開発は費用の嵩むので，外国の莫大な投資資金と技術を必要とする。ロシアの石油生産は19世紀後半帝政ロシア領のバクーに世界中から開発者(ノーベル兄弟，ロスチャイルド家)が押し寄せ，1890年代にはジョン・D・ロックフェラーの手掛けた米国ペンシルバニア州を上回る世界最大の石油生産地となった[3]。そして，1917年から始まる社会主義・計画経済のロシアは，この資源なくしては存在しえなかった。計画経済は，物財バランスからなるが，その前提となる資源は，何の対価もなく，安定的に供給される国内のものが中心となる。革命当初は，周囲は資本主義国なので，武器の供給も生産もできなかった。1922年のラパロ条約での，ドイツと友好関係を結んだことにより，ロシア国内でドイツの武器工場の生産が始まり，赤軍の武器問題は解決した。ロシアだけの一国社会主義もこの豊富な資源が前提だった。そして，第二次世界大戦後，東欧まで社会主義政権が拡張し，その結果生まれたコメコンという国際分業経済システム(ルーマニアは未加入)は，ソ連の石油を供給することによって成り立っていた。ソ連という軍事的強圧は表であり，裏支えしたのが石油である。キューバにしても，ソ連が国際価格の十分の一の価格で石油を輸出し，キューバ産砂糖を相場の倍の価格で輸入することにより，経済が成り立っていた。国際価格との差額はキューバへの補助金であり，キューバの国内需要を満たした。余剰の石油は他の中南米諸国へ再輸出してキューバは外貨

を稼いだ。

ロシアにおける石油生産のピークは，ソ連ゴルバチョフ時代の1987年で，生産量は6億2,420万トン（日量1,245万バーレル）であった[4]。そして，国際市場における原油価格の低迷もあり，1991年ソ連は崩壊した。システム転換の最中，1990年代石油生産は3億トン台で低迷した。2000年から石油価格，98年1バーレル14ドルだったのが，倍の31ドルになり，ロシア経済は高い成長率になった。GDPの対前年成長率は2000年の10.0%を筆頭に，1999～2007年の9年間の年平均で6.88%と順当な回復基調を示した。その原因として，原油高を背景とする要素が大きく寄与したのは疑いのない事実である。資源にたよりすぎて，ことによったら技術進歩に対して，疎かになっていないか。これがロシアの課題である。

表1 原油の産出量等(2005年)(万トン)

| 原油の産出量 | 輸出量 | 輸入量 | 国内供給量 | 最終消費量 |
|---|---|---|---|---|
| ①サウジアラビア 44918 | ①サウジアラビア 36432 | ①米国 53876 | ①米国 78905 | ①米国 82525 |
| ②ロシア 46620 | ②ロシア 25259 | ②日本 20798 | ②中国 30089 | ②中国 26598 |
| ③米国 25664 | ③イラン 13240 | ③中国 12682 | ③日本 20802 | ③日本 19935 |
| 全世界 362731 | 211288 | 217261 | 369105 | 330582 |

出所：IEA"Energy Statistics of OECD Countries/Non OECD Countries", 2007.

表2 天然ガスの産出等 (2005年)(千兆ジュール)

| 天然ガスの産出量 | 輸出量 | 輸入量 | 国内供給量 | 自給率 |
|---|---|---|---|---|
| ①ロシア 23997 | ①ロシア 7789 | ①米国 4693 | ①米国 23757 | ①トルクメニスタン 418.4 |
| ②米国 19723 | ②カナダ 4066 | ②独 3421 | ②ロシア 16267 | ②アルジェリア 366.3 |
| ③カナダ 7169 | ③アルジェリア 2842 | ③日本 3154 | ③英国 3949 | ③カタール 266.5 |
| ④アルジェリア 3909 | ④トルクメニスタン 1817 | ④イタリア 2799 | ④イラン 3818 | ④トリニダード 209.5 |
| ⑩トルクメニスタン 2387 | ⑤オランダ 1739 | ⑤ウクライナ 2349 | ⑤カナダ 3752 | ⑤インドネシア 204.8 |
| 全世界 110357 | 33299 | 32626 | 110021 | 100.3 |

備考：産出量⑤イラン 3801, ⑥英国 3667, ⑦インドネシア 2918, ⑧オランダ 2617, ⑨マレーシア 2434
出所：IEA"Energy Statistics of OECD Countries/Non OECD Countries", 2007.

〔プーチンとエネルギー戦略〕

　2000年からロシアの実質的政権の座にあるプーチンは，エネルギー戦略で国内・外交政策を行っている。これは3つの特徴がある[5]。
　①ロシアが世界で最も豊かな天然資源の所得国であること
　②ロシアがもつエネルギー資源をロシアの国家管理下に置くこと(国営化戦略)
　③エネルギー資源は，強力な政治手段となる(ソヴィエツキー・ライト戦略)。

## ①ロシアが世界で最も豊かな天然資源の所得国であること

　これはすでに詳述したので，ここでは資源の多く所有する事由からの経済的対策や経済的反作用を検討する。

### (1) 枯渇する資源対策

　ロシア経済は，原油1バーレル当たり27ドルを基準価格としている。この基準価格から国際価格が1ドル上昇する毎に，そのうち90%がロシアの国庫収入となる。

〔原油輸出税・地下資源採掘税〕

　ロシア政府は，原油の国際価格にリンクして，国際価格上昇による増収部分については安定化基金と地下資源採掘税に繰り入れる仕組みをとる。

〔安定化基金〕2004年2月〜(1,063億ルーブリ)

　ロシアの輸出・予算収入の大宗を占める石油価格が1バーレル20ドル以下に下落した時に歳入欠損を補填することを目的とした連邦基金。2004年2月に採択された。

　原油輸出税が05年1トン当たり83ドルから07年9月224ドルに急騰し，安定化基金は地下資源採掘税も加わり，07年末には1,500億ドルを超過した。

　この安定化基金は，資源のもつ優位を一時的に保つには有効であるが，20〜30年先を睨んだものではない。

### (2) 資源過多から惹起する経済的反作用

〔オランダ病〕[6] 計画経済では発生しなく，市場経済で発生する。

　ロシア経済は，国際競争力を有するエネルギー部門と競争力のない製造業部

門からなる二重経済である。競争力のあるエネルギー部門は外貨を稼ぎ，外貨収入が急増する。これにより国内の通貨供給量が増加し，インフレの高止まり現象が起こり，国内生産コストが上昇する。ルーブリ高で海外製品が比較的安価で国内流通して，製品の質も悪く，もともと競争力のない国内製造業が壊滅的打撃を受ける。

この二重経済はソ連時代から引き継いだものであったが，社会主義経済下ではこのようなオランダ病は発生しなかった。計画経済下では貿易の国家独占制度で，為替レートも輸出入価格も輸出入量も，国によってコントロールされていた。競争力のない製造業は，エネルギーの低価格政策に支えられ，この制度の手厚い保護政策によって守られていた。1990年代オランダ病への感染は，市場経済化により，貿易独占制度が破棄された結果生じた結果である。換言すれば，ロシアの製造業は，社会主義制度のみ持続可能だったことになる。

**(3) ポスト資源戦略**

資源が枯渇した場合の次の戦略があるかどうか。井本沙織は，『ロシアはイノベーション大国になる？　石油依存からの脱去』[7]において，次のように論じている。ロシアの輸出に占めるエネルギー資源（詰まり石油とガス）の比率は，近年増加傾向にある。2000年53.1%から06年65.2%へ，逆に，機械や化学製品の割合のシェアは低下している。機械は00年8.8％から06年5.8％へ。化学製品は00年7.2％から06年5.6％へ。またハイテク事業への企業投資が全体投資に占める割合も減少している。即ち04年の10.7%から05年の10.3%，06年の9.3％へと下がっている。ロシア政府には真剣にポスト資源戦略があるのかどうか，疑問を呈する悲観的現象である。

**②ロシアが持つエネルギー資源をロシアの国家管理下に置くこと**

国家戦略として，資源を武器にするならば，資源を自前で持たねばならなくなる。社会主義時代の国営企業は，民営化されたので，再所有化が必要になる。しかもロシア政府は民営化された石油会社を国家犯罪に近い（いかにも秘密警察出身のプーチンがやりそうな）強引なやり方で，国家の管理に置いた。

ロシア政府の資源政策に沿わないもの,例えば,ユダヤ系資本や100%外資の企業,生産分与協定(PSA)が政府の標的となった。

### (1)ユーコス事件

2003年ロシアで第2の石油会社ユーコスの社長ボドロフスキーを脱税・横領容疑で逮捕し,ユーコスの国有化を促した。

### (2)サハリンⅡの乗っ取り事件

2006年ロシアの国営独占体ガスプロムによる「サハリンⅡ」(1994年設立のロイヤル・ダッチシェル55%,三井物産25%,三菱商事20%,その他外資で非ロシア100%資本)を環境汚染の名目のもとに強引に乗っ取った。

### (3)生産分与協定 [8]

故村上隆は,ロシアの生産分与法について優れた業績を遺している[9]。その村上分類によると,資本・技術力を持たない産油国が外国資本を導入する際する方法は,4つしかない。コンセッション(政府からの免許制),請負い,合弁,生産分与協定。その中で,最も一般的な形態が「生産分与協定(Production Sharing Agreement, PSA)」である。

PSAの基本原理は,同じく村上によると,次の3点である[10]。(1)受入れ国(産油国)が事業主体として事業運営の責任を持つ。しかし,実際の事業運営は外国企業が行う。(2)参加する外国企業が投入する費用は,生産物の一部によって回収される。(3)投資を生産物から回収した後に残った余剰利益は,産油国と外国企業との間で生産物の形で分配される。右の原理を「サハリンⅡ」に具体的に適用すると,次のようになる。(1)ロイヤル・ダッチシェル,三井物産,三菱商事の外国企業の3社が開発費用の全額(120億ドル)を負担する。(2)これらの3社のからなる事業主体サハリン・エナジー社は,総事業費を回収するまでの間,石油・ガスの所有権を持ちつづける。(3)サハリン・エナジー社は,開発全期間を通じて採掘した石油・ガスの原価の利益の6%を,ロイヤリティとしてロシア側に支払う。つまりもともとロシア側に不利な規定となっていた。

### ③エネルギー資源は,強力な政治手段となる。

その説明の前提として,石油(液体)と天然ガス(気体)からくる生産地から消費地の運搬手法の違いを説明する必要がある。本村真澄によると,次のようになる[11]。

石油の場合,生産原油の半分が貿易に供されているのに比べて,天然ガスは気相である為輸送が難しく,貿易されるのは生産量の1/4と,より「地産地消」の傾向が強い。輸送される天然ガスの内,7割がパイプライン,3割がLNG (liquefied natural gas 液化天然ガス) に依っている。

石油と天然ガスのパイプラインは技術面でも戦略面でも大きく異なる(表3)。

**表3　石油と天然ガスのパイプラインの性格の違い**

| 項目 | 石油パイプライン | 天然ガスパイプライン |
|---|---|---|
| インフラコスト | 資本集約的 | 石油PLよりに更に高価 |
| 目的地 | 製油所及び輸出港 | 消費地(市場支配力有り) |
| 市場に対する姿勢 | Product Out | Market In |
| 多国間パイプライン | 露→東欧,中東→地中海等 | ユーラシア西半分で展開。東アジアでは計画のみ |
| 代替輸送手段 | 有り(鉄道・船舶) | 無し(一部でLNG可能)→政治的 |

出所:本村真澄「ユーラシアにおけるロシアの石油・天然ガスパイプライン戦略」『ロシア・東欧研究』ロシア・東欧学会年報第37号(2008年版),2009年3月,36頁。

石油は液体なので輸送し易く,世界的には最も安価なタンカー輸送が一般的で,陸上のパイプライン輸送は生産地から製油所,又は近距離にある輸出港を連結する。石油パイプラインが政治性を帯びることは稀で,旧コメコン体制におけるロシアと東欧を結ぶ「友好パイプライン」は比較的珍しいケースである。

これに対して天然ガスは気体なので代替手段はない。石油に比較して,消費地が直接目的地となるところから多国間を通過するパイプラインとなるケースが多い。産ガス国と消費国の関係は緊密になり,地域における政治的安定性を齎す。但し,天然ガスパイプラインは高度に資本集約的で,事業の立ち上げに

当たって経済性の確保が最優先である。仮に政治的な優先性が想定されても，あくまで経済性確立の範囲内である。

### ①ルートの問題から，政治的手段となりえるケース

（1）BTCパイプライン：アゼルバイジャンからロシアを経由せず欧州につなぐルート。ロシアの政治力を行使できない。

（2）ノルトストリーム：2011年稼働予定。ベラルーシやウクライナを経由しないで，ロシアとドイツをバルト海の海底で結ぶルート。

（3）ナブッコ・パイプライン：2014年稼働予定。ロシアを迂回する天然ガスルート。アゼルバイジャンからグルジア，トルコ経由ブルガリアで欧州へ入る。

### ②天然ガスの双方独占からのホールドアップ問題

(1)ロシアからトルコへのブルーストリームパイプライン

〔テイクオアペイ条項〕

　天然ガスの買主による引取数量が契約書中に規定する量に買主固有の理由で不足した場合，買主は実際には天然ガスを引き取らないものの，その分の品物代を金銭にて支払わねばならないとする規定（『石油・天然ガス用語辞典』JOGMEC）。

　2002年12月から稼働。年間160億$m^3$の輸送能力がある。03年20億$m^3$，04年50億$m^3$まで増加契約。しかしながら，本格的輸送が始まった03年2月から6ヶ月の猶予期間を置いて，テイクオアペイ条項が適用されることになっていた。折からのトルコ経済の低迷で，03年4月に輸入を停止せざるを得なくなる。トルコ側は，引取量の削減と天然ガス価格の引き下げを要求。結局「テイクオアペイ条項」の発動する前に，ロシア側は供給量の削減を容認し，ガス価格は既往のブルガリア経由での供給契約と合体して若干引き下げることで合意。ロシア側に手痛い教訓となった。

### ③ガスプロムの供給独占で，政治力を行使するケース

ロシアが供給する天然ガスの価格は，各国まちまちである（表4）。内外価格差があるので，WTO に加盟できない。

**表4　ロシア産天然ガスの輸出価格及び買取価格(単位：ドル / 千m$^3$)**

|  | 2005 年 | 2006 年 | 2007 年 | 備考 |
|---|---|---|---|---|
| 西欧諸国 | 250 | 245-285 | 293 | ハンガリーとロシアの合弁会社 |
| エストニア | 90 | 190 | 260 | 反ロシア 04 年 5 月より EU 加盟 |
| ラトヴィア | 92-94 | 145-155 | 217 | 反ロシア 04 年 5 月より EU 加盟 |
| リトアニア | 85 | 115-155 | 210 | 反ロシア 04 年 5 月より EU 加盟 |
| ベラルーシ | 46.68 | 46.68 | 100 | 親ロシア |
| ウクライナ | 50 | 95 | 130 | 親欧。ロシア Beltransgaz 株 50% 取得 |
| モルドヴァ | 80 | 110-160 | 170 | 反ロシア共産政権 |
| グルジア | 63 | 110 | 235（未締結） | 親欧政権。アゼルバイジャンから輸入 |
| アゼルバイジャン | 60 | 110 | 235（未締結） | 07 年ガス生産開始 |
| アルメニア | 54 | 110 | 110 | 親ロシア政権 |

出所：本村真澄「生産と流通」田畑伸一郎編著『石油・ガスとロシア経済』北海道大学出版会，2008 年，19 頁を若干加筆。

**〔ガスプロムの供給支配力〕**[12]

ロシアの世界最大のガス会社，ガスプロムは，供給先の欧州各国のガス関連会社にも，天然ガスの供給，投資，販売，輸送関連で資本参加している（表5参照）。

**表5　ガスプロムの主な海外進出状況(2004 年末)**

| 国名 | 会社名 | 活動 | 持ち株比率など概要 |
|---|---|---|---|
| オーストリア | Gas und Warenhandeslgesellshaft GmbH | ガス販売 | 50%。ガスプロム（以下GP）の子会社ガスエクスポルトが株式保有。 |
| ドイツ | ZGG | ガス供給 | 100%。GP の子会社ガスエクスポルトが株式保有。 |
|  | ZMB | ガス供給 | 100%。 |
|  | Wintershall Erdgas Handelshaus GmbH(WIEH) | ガス供給 | 50%。 |
|  | WINGAS Gmbh | ガス輸送・販売 | 35%。Wintershall は 65%。 |
| フィンランド | Gazum | ガス販売 | 25%。フィンランドの Fortum は 25%，フィンランド政府は 25%，ドイツの Ruhrgas は 20%。 |
| フランス | Fragaz | ガス販売 | 50%。GP の子会社ガスエクスポルトが株式保有。 |
| 英国 | Gazprom Marketing and Trading | ガス供給 | 100%。 |
|  | Gazprom UK | 投資 | 100%。 |
| ギリシャ | Prometheus Gas | 貿易 | 50%。GP の子会社ガスエクスポルトが株式保有。 |
| イタリア | Promgaz | ガス販売 | 50%。GP の子会社ガスエクスポルトが株式保有。 |
| オランダ | Gazprom Finance B.V. | 投資 | 100%。 |
|  | Blue Stream Pipeline Company B.V. | 建設，ガス輸送 | 50%。 |
| スイス | RosUkrEnergo | ガス輸送，石油探査・生産 | 50%。 |
| トルコ | Turusgaz | ガス販売 | 45%。 |
|  | Bosphorus Gaz Corporation | ガス輸送 | 40%。 |

| キプロス | Leadville Investments | 投資 | 100%。 |
|---|---|---|---|
| アルメニア | Armrosgazprom | ガス輸送・販売 | 45%。1997年8月、設立合意。 |
| ブルガリア | Topenergy | ガス供給・ガス設備建設 | 100%。1995年設立。98年に株式取得。 |
| | Overgas | ガス供給 | 50%。1991年設立。GPの子会社ガスエクスポルトが株式保有。 |
| エストニア | Esti Gaas | ガス供給 | 37%。(900万ドル)ドイツのRuhrgasは26%、フィンランドのFortumは10%。 |
| ハンガリー | Panrusgas | ガス輸入 | 40%。1994年設立。97年までに株式の40%を取得。GPの子会社ガスエクスポルトが株式保有。その後50%にまで買い増したという情報も。もう10%はGPが共同設立者であるInterprokomが保有しているという情報もある。ハンガリー側の企業はMOL。 |
| | BorsodChem | 石油化学 | 25%。 |
| ラトビア | Latvijas Gaze | ガス輸送・販売 | 25%。(34%、2005年末) |
| リトアニア | Lietuvos Dujos | ガス輸送・販売 | 37.1%。GPが34%を取得した2004年3月時点で、リトアニア政府は24.36%、Ruhrgasとその親会社のE.ON.Energieは35.49%。その後E.ON./Ruhrgasは38.9%。 |
| | Kaunas Power Station | 発電所 | 99%。 |
| | Stella Vitae | ガス輸送・販売 | 30%。 |
| モルドヴァ | Moldovagaz | ガス輸送・販売 | 50%。(正確には50%＋1株) |
| ポーランド | EUropol Gaz | ガス輸送・販売 | 48%。ポーランド石油ガス会社(POGC,PGNiG)は48%、Gas tradingは4%、ヤマルパイプラインのポーランド国内部分を管理。 |
| | Gas Trading | ガス輸入 | 35%。GPの子会社ガスエクスポルトが株式保有。 |
| ルーマニア | Wintershall Erdgas Handelshaus Zug A.G. (WIEE) | ガス供給 | 50%。 |
| スロヴァキア | Slovrusgaz | ガス販売 | 48%。 |
| | Slovensky Plynarensky Priemysel (SPP) | ガス供給 | up to 16.3%。チェコ、ドイツ、オーストリアへのガス輸出パイプラインのオペレーター。2002年にGaz de FranceとRuhrgasはそれぞれ24.49%を取得 |
| アルメニア | Armrosgazprom | ガス輸送・販売 | 45%。(75%まで引き上げる予定) |
| カザフスタン | KazRosGaz | ガス輸送・販売 | 50%。 |
| トルクメニスタン | Turkmenrosgaz | ガス輸送・販売 | 45%。Turkmenneftegazは51%、イテラは4%。1996年合意。 |
| ユーゴスラヴィア | Progresgaz Trading | ガス販売 | 25%。GPの子会社ガスエクスポルトが株式保有。 |

出所：塩原俊彦『ロシア資源産業の「内部」』アジア経済研究所，2006年，82〜83頁，一部修正。

### 〔2006年初頭ウクライナ天然ガス紛争[13]〕

　2006年初頭には，ロシアからウクライナへの天然ガス供給問題が発生した。ウクライナは欧州への中継地点でもあるので，EU側にとっても他人事と見なすことはできない。それまで，ウクライナには千$m^3$当たり50ドルであったガス価格を当初160ドル，ウクライナが拒否すると230ドルと国際価格並に引き上げるとガスプロムが通告し，これをウクライナ側が拒否。回答期限の1月1日までにウクライナが合意しなかった為，同日ロシアがウクライナを通過

して欧州に向かう容量 1,900 億 m³ の天然ガス・パイプラインにおいて，ウクライナ送付分に相当する約 30% を削減した。ウクライナが通常通りのガスを使用した為，川下にあたる国々で，天然ガスの圧力低下が起こり，国際問題となった。

ロシアはエネルギーを政治的に利用しようとするよりも，これまで CIS 諸国を政治的につなぎ止める補助金として安価なエネルギーを供給してきたのを取りやめ，欧州と同じ市場価格に近づけることが目的だった。国際社会の批判は実態とは正反対だった。

**（トルクメニスタンのガス戦略[14]）**

トルクメニスタンの確認埋蔵ガス埋蔵量は，BP (2007) によれば，2.86 兆 m³ であるが，最近新規発見の報道が相次ぎ，上方修正の可能性がある。生産量は 2005 年 588 億 m³ と回復基調にある (表 6)。

**表 6　天然ガスの産出等（2005 年）(10 億 m³)**

| 天然ガスの産出量 | | | |
|---|---|---|---|
| ①ロシア | 598 | ⑦インドネシア | 76 |
| ②米国 | 526 | ⑧サウジアラビア | 70 |
| ③カナダ | 186 | ⑨オランダ | 63 |
| ④英国 | 88 | ⑩マレーシア | 60 |
| ⑤イラン | 87 | ⑪トルクメニスタン | 59 |
| ⑥ノルウェー | 85 | 全世界 | 110357 |

出所：BP "*Statistics Review of World Energy* 2006

トルクメニスタンは 1991 年にはソ連全体の 11% の 840 億 m³ と，当時生産のピークにあったロシアの 6,430 億 m³ に次ぐ生産量を有していた。

ソ連解体後，トルクメニスタンはロシアとのガス価格を巡る確執，ウクライナの未払い問題等で，輸出が大幅に低下し，1998 年には 130 億 m³ と国内需要を満たすのみとなった。2000 年からロシア向けガス輸出を再開した。千 m³ 当たり 40 ドルであった。ロシアは同年対欧州向けの輸出価格は同 120 ドルであるので，ロシアはその 1/3 の価格で，トルクメニスタンから輸入してい

ることになる。パイプラインがガスプロムの所有であるので，これを甘受せざるをえない。しかしながら，トルクメニスタンにとっては自前のパイプラインで，欧州へ直接輸出できることが悲願だった。

**〔日本，中国カード〕**

ロシアのエネルギー政策にとって，今後大消費国の日本と中国が，プーチン戦略の鍵を握る可能性がある。

表7　原油・天然ガスの確認埋蔵量

a) 原油埋蔵量（2007年）

| 原油（億ℓ） | 埋蔵量 | 産出量(2007) | 可採年数 |
|---|---|---|---|
| ①サウジアラビア | 420 | 4.8 | 85.9 |
| ②カナダ | 283 | 1.5 | 185.0 |
| ③イラン | 220 | 2.2 | 96.8 |
| ④イラク | 182 | 1.2 | 15.5 |
| ⑤クウェート | 161 | 1.2 | 128.7 |
| ⑥アラブ首長国連邦 | 155 | 1.4 | 108.7 |
| ⑦ベネズエラ | 138 | 1.3 | 99.8 |
| ⑧ロシア | 95 | 5.6 | 16.9 |
| ⑨リビア | 65 | 0.9 | 66.8 |
| ⑩ナイジェリア | 57 | 1.2 | 45.8 |
| ⑪カザフスタン | 47 | 0.6 | 74.7 |
| ⑫米国 | 33 | 2.9 | 11.2 |
| ⑬中国 | 25 | 2.1 | 11.7 |
| 全世界 | 2117 | 41.9 | 50.4 |

b) 天然ガス埋蔵量（2005年）

| 天然ガス（兆m$^2$） | 埋蔵量 | 産出量(2005) | 可採年数 |
|---|---|---|---|
| ロシア | 47.8 | 0.598 | 80.0 |
| イラン | 26.7 | 0.087 | 306.0 |
| カタール | 25.8 | 0.044 | 586.0 |
| サウジアラビア | 6.9 | 0.070 | 99.3 |
| アラブ首長国連邦 | 6.0 | 0.047 | 127.0 |
| 米国 | 5.5 | 0.526 | 10.4 |
| ナイジェリア | 5.2 | 0.022 | 236.0 |
| アルジェリア | 4.6 | 0.008 | 52.2 |
| ベネズエラ | 4.3 | 0.029 | 148.0 |
| イラク | 3.2 | — | 100.0 |
| カザフスタン | 3.0 | 0.024 | 125.0 |
| トルクメニスタン | 2.9 | 0.059 | 49.3 |
| インドネシア | 2.8 | 0.076 | 36.3 |
| 全世界 | 179.8 | 2.763 | 65.1 |

原典：原油；オイル・アンドジャーナル2007.12.24(世界国勢図解2008/2009年版)，天然ガス；BP:*Statistical Review of World Energy* 2006.（外務省「エネルギー基礎統計」）

**【注】**

1) 木村汎『プーチンのエネルギー戦略』北星堂，2008年。
2) 本村真澄『石油大国ロシアの復活』アジア経済研究所，2005年，9頁。
3) 本村真澄「生産と流通」田畑伸一郎編著『石油・ガスとロシア経済』北海道大学出版会，2008年，3～4頁。
4) 本村真澄，前掲書，6～7頁。
5) 木村汎，前掲書，18～36頁。
6) 田畑伸一郎編著『石油・ガスとロシア経済』北海道大学出版会，2008年，iii頁。
7) 井本沙織「ロシアはイノベション大国になる？　石油依存からの脱去」Nikkei. net Biz Plus，ビジネスコラム第7回 2007.8.28.http://bizplus.nikkei.co.jp/colm/saori.cf m?i=20070827cx000cx&p=1, 2, 3及び木村汎，前掲書，286～

287 頁。
8) 木村汎，前掲書，47 〜 48 頁。
9) 村上隆「ロシアの石油・天然ガス産業への外国投資　生産分与法を中心に」『サハリン北東部大陸棚の石油・ガス開発と環境 I』北海道大学スラブ研究センター，1999 年。
10) 村上隆，前掲書，78 頁。
11) 本村真澄「ユーラシアにおけるロシアの石油・天然ガスパイプライン戦略」『ロシア・東欧研究』ロシア・東欧学会年報第 37 号(2008 年版)，2009 年 3 月，36 〜 37 頁。
12) 塩原俊彦『ロシア資源産業の「内部」』アジア経済研究所，2006 年。
13) 本村真澄，前掲書，19 〜 20 頁。
14) 本村真澄，前掲書，24 〜 25 頁。

**(参考文献)**
1) 井本沙織「ロシアはイノベション大国になる？　石油依存からの脱去 」Nikkei. net Biz Plus，ビジネスコラム第 7 回 2007.8.28.http://bizplus.nikkei.co.jp/colm/saori.cf m?i=20070827cx000cx&p=1，2，3
2) 木村汎『プーチンのエネルギー戦略』北星堂，2008 年。
3) 塩原俊彦『ロシア資源産業の「内部」』アジア経済研究所，2006 年。
4) 村上隆「ロシアの石油・天然ガス産業への外国投資　生産分与法を中心に 」『サハリン北東部大陸棚の石油・ガス開発と環境 I』，北海道大学スラブ研究センター，1999 年。
5) 本村真澄『石油大国ロシアの復活』アジア経済研究所，2005 年。
6) 本村真澄「生産と流通」，田畑伸一郎編著『石油・ガスとロシア経済』北海道大学出版会，2008 年，3 〜 4 頁。
7) 本村真澄「ユーラシアにおけるロシアの石油・天然ガスパイプライン戦略」『ロシア・東欧研究』ロシア・東欧学会年報第 37 号(2008 年版)，2009 年 3 月，36 〜 37 頁。

## 第3節　最近のロシア経済

　2008年9月15日のリーマン・ショックは、世界的な不況で、ロシア経済も例外でない。ロシア経済は、システム転換不況から財政・金融危機を経て、1999年以降5〜10％前後の順調で、持続的経済成長を見せていた。この世界的不況の影響で、ロシア経済は2009年は−7.8％に一時的に低下したが、2010年は内需の回復等を受けて、4.0％成長を達成し、2年振りのプラス成長となった。原油価格が2009年1月を底に上昇し、1バーレル当たり78ドルと安定推移し、加えて消費、投資といった内需が回復したことから、景気後退から抜け出した。メドベージェフ大統領は自ら提唱する現代化政策を推進、モスクワ郊外にハイテク産業集積形成を目指し、スコルコボ計画を軸に外資誘致を積極的に行っている。

## 第4節　リトアニア

### 1. 国勢

　リトアニアの国名は「海岸の土地」を意味し，その国勢等はユーラシア大陸の北西部，バルト海東部の南岸に位置し，東をベラルーシ，北をラトヴィア共和国，南をポーランドと，ロシア共和国の飛び地に接している。面積は日本の東北地方よりも狭い。ロシア平原（東欧州平原）と北欧州平原が接するところに位置し，国土の大部分は，狭い丘陵と低地が占めている。南部をこの国最大の河川ネマン川が流れ，バルト海に注いでいる。政体は共和制で，元首は最高評議会議長。議会は一院制。1991年にソ連から分離独立し，同年国連に加盟。工業はバルト三国の中で最も未発達であったが，近年精密機械や金属加工等の工業が急速に発展した。農業では酪農が盛んで，主な作物には，大麦，甜菜，ジャガイモ等がある。

### 2. 歴史

　13世紀，ドイツのチュートン騎士団に対抗し，1253年ミンダウガスを国王とする王国が誕生した。これが現在のリトアニアである。14世紀ゲディミナス大公の時代には領土は最大になった。現在のウクライナ，ベラルーシ，ロシア共和国西部，さらにラトヴィア南部，後にエストニア南部を征服した。1386年ヨガイラス王はポーランド女王と結婚し，カトリックの洗礼を受け，リトアニアは連合王国となった。1569年ポーランドと事実上合併。1795年，3度にわたるポーランド分割で大部分がロシア領になった。1915年ドイツに占領されたが，18年リトアニアは独立宣言をした。40年ソ連邦に併合され，41年から44年までナチス・ドイツに占領され，44年リトアニアはソ連邦に戻った。なおナチス協力者等，シベリアへの追放者は6万人であった。80年代に入り，ゴルバチョフのペレストロイカのもと，民族運動が高まり，88年10月リトアニア民族組織「サユジス」が結成された。89年12月ソ連共産党から離反し，90年3月サ

ユジスが，共和国議会選挙で圧勝し，ソ連邦からのリトアニア即時独立を宣言した。ゴルバチョフ政権は，経済封鎖で対抗し，91年1月にはソ連軍による独立運動弾圧（「血の日曜日」事件）があった。しかし8月モスクワにおける共産党のクーデターが失敗し，9月ソ連邦国家評議会は，バルト三国の独立を正式承認した。92年11月15日議会選挙決戦投票において，旧共産党系が過半数を獲得した。93年2月14日に大統領選挙で，旧共産党系のブラザウカスが圧勝した。8月31日駐留ロシア軍が完全撤退した。ソ連にとって不凍港であるバルト海への進出はピョートル大帝以来の悲願であり，ロシアにしても現在もその重要性に変わりはない。バルト海をめぐる今後の展開が注目される。

　96年2月国会で金融スキャンダルによりシレジェビチウス首相が解任され，内閣は総辞職した。3月スタンケビチウス首相が誕生した。10月リトアニア議会選挙において，旧共産党系与党は敗北した。そして，98年1月6日リトアニア系米国人，ウァルダス・アダムスリが大統領に当選した。

　リトアニアの隣国に「ロシアの飛び地」あるいは「EUの内なるロシア」であるカリーニングラードがある。ビザの問題，鉄道のトランジット問題，核配備疑惑を含む軍事・安全保障上の対立の問題等，相剋が絶えなかった。ビザ・トランジット問題については，03年11月プーチン大統領とプロディ欧州委員会委員長とのトップ会議によって，FTD（簡易トランシット書類），FRTD（簡易鉄道トランジット書類）と呼ばれる文書の導入によって移動を簡素化することに成功した。ロシアは更にノンストップの鉄道輸送の問題，バルト海の軍艦輸送の問題等を求めてEU，NATOと交渉を継続中である。

## 3．リトアニアの経済

　リトアニアは，経済的にはバルト三国のなかでロシアへの依存度が最も高い（ロシア人比率では最も低い）。91年には1,100万トンの原油をロシアより輸入した。電力の8割を占める原子力発電でも，核燃料，技術をロシアに依存している。ロシアからの影響は甚大というべきであろう。

### (1) 加速する経済成長

リトアニアの経済は，1994年，再独立後初めて実質GDP成長率がプラスの1.0％に転じた。それ以降95年3.0％，96年3.6％，97年4.5％となり，98年も4.3％と推定される。しかしながら，89年の実質GDPを100とする指数では97年は44で発展半ばである。

失業率は91年0.3％から92年1.3％，94年3.8％，96年7.0％と一貫して上昇し続けている。

消費者物価指数(CPI)は，92年前年比1101.0を記録した後，一貫して低下し続け，96年は13.1％，97年は1桁の5.2％となった。

### (2) 悪化する一方の国際収支

1992年には輸出が輸入を僅かに上回った。1億ドルの貿易黒字となり，2億ドルの経常収支黒字を計上した。しかしその後は，逆転し，貿易赤字や経常収支赤字の幅は年々大きくなる傾向にある。そして96年には6.3億ドルの貿易赤字，4.4億ドルの経常収支赤字となった。

直接投資流入額は投資環境未整備のため，95年0.55億ドル(ネット)にとどまり，同年のエストニア2.2億ドル，ラトヴィア1.6億ドルに比べて小額であり，経常収支赤字補填のため，当局は対外借入を増加させた。

外貨準備は95年末7.57億ドルであり，前年末5.25億ドルから2.32億ドルも大幅に積み増しされていた。95年末に表面化した銀行危機後の資本逃避等の影響で，96年2月末6.14億ドルまで減少し，その後増加に転じて，同年末7.72億ドルとなり危機前の水準を上回った。

### (3) 対外債務状況と格付けの取得

1997年末の対外債務残高は15.45億ドルと前年末(11.89億ドル)から3.56億ドル増加したが，対外債務の対GNP比は10.8％，デッド・サーヴィス・レシオは2.5％と対外債務負担は比較的小さく，対外債務返済能力に関しては当面懸念は少ないと見られている。

リトアニアでは従来国際金融機関からの借入が対外債務の全んどを占めていたが，95年以降政府は起債やシンジケートローンによる借入を活発化させ

ている。95年12月政府は初の外債(ユーロドル債6,000億ドル、期間2年、金利 USTresury (US T) + 445 basis point (bps)) を発行し、さらに96年8月にもユーロドル債5,000億ドル（期間1年4ヶ月、金利 US T + 249bps）を発行した。また96年3月には初のシンジケートローン（3,300万ドル、期間6ヶ月、金利 Libor (1) + 50 bps）を借入、同9月にもシンジケートローン7,500万ドル（期間1年、金利1 + 225 bps）を借入れた。

96年9月には旧ソ連諸国として初めての外債の格付けを取得し、発行済みの外債（上記）に対して米 Moody's から Ba 2 の格付けを得た。格付けに当たり、Moody's はリトアニアの対外債務負担が低いことや政府の経済安定化政策への取り組みを評価しているが、同国の課題として銀行部門やエネルギー産業の強化を挙げている。

**表8　原子力エネルギー依存度（1995年12月31日現在）**

| 国 | 割合(%) | ネット出力(メガワット) |
|---|---|---|
| リトアニア | 85.59 | 2,370 |
| フランス | 79.14 | 58,493 |
| ベルギー | 55.52 | 5,631 |
| スウェーデン | 46.55 | 10,002 |
| ブルガリア | 46.43 | 3,538 |
| スロヴァキア | 44.14 | 1,632 |
| ハンガリー | 42.30 | 1,729 |
| スイス | 39.92 | 3,050 |
| スロヴェニア | 39.46 | 632 |
| ウクライナ | 37.82 | 13,629 |
| 韓国 | 36.10 | 9,120 |
| スペイン | 34.06 | 7,124 |
| 日本 | 33.40 | 39,893 |
| フィンランド | 29.91 | 2,310 |
| ドイツ | 29.64 | 22,017 |
| 台湾 | 28.79 | 4,884 |
| 英国 | 24.91 | 12,908 |
| 米国 | 22.49 | 99,414 |
| チェコ共和国 | 20.10 | 1,648 |
| カナダ | 17.26 | 14,907 |
| アルゼンチン | 11.79 | 935 |
| ロシア | 11.79 | 19,843 |
| 南アフリカ | 6.48 | 1,842 |
| メキシコ | 6.00 | 1,308 |
| オランダ | 4.89 | 504 |
| インド | 1.89 | 1,695 |
| 中国 | 1.24 | 2,167 |
| パキスタン | 0.88 | 125 |
| カザフスタン | 0.13 | 70 |

独語文献では, 小数点の「.」は,「,」になっている当該国での発電比率.
IAEA[国際原子力機関] (ウィーン)。
献：Aktuell' 97 Lexikon der Gegenwart,199
Dortmumd: Harenberg Lexikon verlag.

### (4) 銀行危機と金融政策

1994年初頭時点で、国が過半の株式を保有する3銀行が預全量の約50%を保有する一方、比較的小規模な商業銀行が25行存在していた。通貨当局による最低資本金引き上げ等の規制の強化や競争の激化により95年末に13の商業銀行が清算された。95年12月には上位1位と2位の民間商業銀行（2行で国内預金量の約25%）の経営危機が表面化して業務停止に陥り、政府・中央銀

行の監督下で再建が進められた。この結果，銀行部門への信頼が失墜した。その際，当時の首相が業務停止直前に預金を引き出す等，政治家も絡んだ不正取引が発覚し，複数の幹部が逮捕されたため96年2月に内閣総辞職に至った。96年10月の総選挙では，政府への不信や緊縮政策への国民の不満を反映して旧共産党系の与党が敗退し，12月に右派2党による連立政権が誕生した。

銀行危機の影響で銀行部門は一時的に機能不全に陥り96年第1四半期には通貨高，預金残高，国内信用残高が減少したが，第2四半期には回復に転じており国内銀行への悪影響はラトヴィアより軽微に終わった。

エストニアでドイツマルクにペッグしてインフレを抑えた成功例を見たリトアニアは，通貨リタスに関して94年4月，通貨価値の安定を目的として1米ドル＝4リタスでペッグし，同時にリタスの発行を同レートで測った金及び外貨準備の合計額以内に制限するカレンシー・ボード制を導入した。

**(5) リトアニアの経済状況**

2003年の実質GDP成長率は10.3%と高成長で，04〜07年7〜8%。

これは高水準の投資と消費そして，比較的高い雇用率と低い利子率による。経済改革は体制転換国の中では進展している部類に入る。小規模の民営化，価格自由化と貿易政策はトップに位置する。2002〜08年のGDPに占める民間部門の割合は75%でハンガリー・チェコ・エストニア80%に次ぐ水準である。1989年実質GDPを100とする指数では，2007年116であり，まだまだ途中にある。経常赤字は98年12%近くから02年5%に改善された。

2003年後半から2004年前半に掛けて，民営化に進展があった。04年前半の民営化では，リトアニア全国株式為替の44.3%，リトアニア中央預金保証の32%，アリタ飲料会社の83.8%，リトアニア映画スタジオの100%の販売を含んでいた。2003年6月2つの地域電力会社VSTとRSTが民営化された。EUへの加盟とユーロ圏の景気回復により，輸出が伸びる可能性がある。経常収支赤字は04年はEU関連の投資と急速な信用成長による輸入により，07年,08年12%へ再び拡大した。

## 第5節　スロヴェニア

　スロヴェニアの国名は6世紀にこの土地に定住した南スラヴ系のスロヴェニア人に因む。スロヴェニア人の自称はスロヴェナッツ「スラヴ人の土地」を意味する。地勢等は旧ユーゴスラヴィア連邦の再北西部に位置し，イタリア，ハンガリーとの国境を接する。面積は日本の四国とほぼ同じ。人口は約250万。山地が多く，平地は2割にすぎない。北西部にはカルスト地形が発達している。政体は共和制で元首は大統領，議会は4年任期の一院制。旧ユーゴでは経済の最先進国で，国民一人当たりのGNPも連邦一位だった。体制転換後も旧ソ連・東欧地域で一人当たりGDPは断トツの一位を維持している。この水準はEU15ヶ国体制時のギリシャ並であった。褐炭，亜鉛，石油，鉄，水銀等の鉱物資源に恵まれ，金属工業が発達。農業ではジャガイモが主産物で，小麦，トウモロコシ，ブドウの栽培も盛ん。アドリア海，アルプス等の観光資源も豊富。住民の91%はスロヴェニア人で1991年6月にユーゴから分離独立を宣言し，翌年1月にEC等から独立が承認された。2004年3月NATO，同5月EU加盟を果たし，名実とも「欧州の国」になった。

**(スロヴェニアの歴史)**
1) 異民族支配の歴史：6世紀後半，この地に定住したスロヴェニア人は8世紀中葉，フランク王国の支配下で，カトリックを受容。10世紀には神聖ローマ帝国，13世紀にはハプスブルク家の統治下に浴した。以後600年に渡り外国支配が続いた。スロヴェニア人は，ユーゴから独立したことにより今回初めて自らの国家を建国したことになる。
2) 民族覚醒：18世紀末から19世紀初頭に掛け，ドイツ＝ロマン主義の影響を受けてオーストリア＝ハンガリー帝国（ハプスブルク帝国）内のスラヴ人間に民族覚醒が進む。例えば，詩人・言語学者であるコピタル(1780-1844)はドイツ語化したスロヴェニア語の文語の確立に尽力し，1809年初めてのスロヴェ

ニア語文法書を出版した。コピタルは更に1830年代の南スラヴの統一を求める「イリリア運動」に加わり、セルビア＝クロアチア語との統一さえ考えた。

3)旧ユーゴのスロヴェニア問題：1980年代の経済危機により、ユーゴ自主管理社会主義が変質し崩壊する過程で、連邦のなかでも最先進国スロヴェニアの突出した行動が顕著になる。87年1月、深刻化する経済危機と長期化するセルビア共和国内のコソヴォ自治州問題の解決を求め、セルビアの意向を受けた連邦幹部会は緩い連邦制を規定する74年憲法の修正発議を行った。次いで、88年末、連邦議会は連邦の権限を強化する憲法修正案を可決した。これを直接の契機として、89年には経済主権に拘泥するスロヴェニアとセルビアの対立が表面化。スロヴェニアは対セルビアの政治戦略上、コソヴォのアルバニア人と連携し、セルビアとの関係を悪化させた。この結果、90年1月、ユーゴ共産主義者同盟が民族・共和国対立により分裂。スロヴェニア問題の基本的な要因は、経済問題にあったといえる。

4)クーチャンの連邦再編構想：1987年に74年憲法修正の発議が出された後、ユーゴ内で集権か非集権かを巡り対立が見られた。当時、スロヴェニア共和国共産主義者同盟議長のクーチャン（後の大統領：1992～2002）は集権と非集権の混合した形態として「非対称的な連邦」構想を提起した。例えばスロヴェニアは集権的な形態を採り、全体として連邦を構成することになる。しかしこの案は均質で平等な構成員を前提としていないし具体的に乏しいとし、多くの支持を得られなかった。クーチャンは次第に国家連合という考えに傾いていった。経済問題にスロヴェニアの民族主義が結びつき、その帰結が「分離・独立」であった。

5)自由選挙：1990年4月、ユーゴで最初の自由選挙がスロヴェニアで実施された。選挙結果は、クロアチア共産主義者同盟と異なり、積極的に党改革に当たり2月に民主改革党と改称した旧共産主義者同盟が、単一の政党としては第1党であった。しかし、キリスト教民主党、民主党、社会民主同盟、緑の党、農民同盟からなる野党連合(DEMOS)が58%の得票で勝利し、内閣を組織した。スロヴェニアでは野党連合にせよ、民主改革党や自由党（旧社会主義青年同盟）にせよ、共通して欧州志向が強い。また経済的事由から主権国家を確

立し，当面は国家連合を求める点で一致していたので，クロアチアのような分裂は見られなかった。同時に行われた共和国大統領選挙では，民主改革党党首のクーチャンが野党連合の候補を破り当選した。

6) 独立問題：1990年12月，スロヴェニア独立の是非を問う国民投票が実施され，実質88%の人が独立賛成票を投じた。スロヴェニアは連邦再編のために国家連合案を提示しながら，一方では経済的な自信に支えられ，独立の道を求めた。国家連合案が実施不可能となると，91年6月25日，クロアチアと共に独立宣言が採択された。国境の管理権を巡り，一時連邦軍との小競り合いが見られたが，EC（欧州共同体）仲介により停戦合意が成立。スロヴェニアはクロアチアと異なり，91%がスロヴェニア人からなり，少数民族問題は顕著ではない。独立承認は時間の問題であったが，クロアチアの承認とセットにされ，先延ばしにされた。ドイツの承認に続き，92年1月，ECが独立を承認した。スロヴェニアでは新憲法が制定され，4月には総選挙が実施された。独立承認の過程で，野党連合をリードしていたキリスト教民主党が衰退し，野党連合は分裂した。かわって，社会民主主義勢力が力を伸ばした。

〔政治・経済状況〕

1) 政治情勢：2000年11月に，ドルノウシェク率いる自由民主党を中核とする中道左派連立政権が発足。2002年12月には同首相が大統領選に勝利し，大統領に就任。新首相にはアントン・ロップ前蔵相が就任。

2) 経済情勢：1989年の実質GDPを100とする指数で，2007年は151で，体制転換国では5位である（1位はトルクメニスタンの204，2位はアゼルバイジャンの160）。94年と99年は実質GDP成長率が6%近くであったが，95〜00年は3〜4%台，01年から若干低くなり2〜3%台であり，07年は4〜5%台。

2004年3月よりNATO加盟国，5月よりEU加盟国となり，名実ともに欧州の国となった。拡大EUの統合や競争力を達成するために，競争政策の改善と法的効率性を高めることが必要となっている。大規模民営化の遅れのため，金融部門と基幹産業での効率性の改善が滞っている。欧州為替レートのERM

IIに入った後，インフレ率のより低い水準，財政政策の機敏な対応を必要とする。インフレ率は以前に比べ下がったとはいえ，4%前後である。財政赤字は03年の2.7%を頂点に年々低下して，06年は1.2%。そして2007年にユーロ導入を実現した。

## 第6節　クロアチア

　クロアチアは旧ユーゴスラヴィア連邦の北西部に位置し，ハンガリーと隣接している。ハプスブルク家に併合され，ハンガリーと同家の王を1000年前後に渡って戴いていた。面積は近畿地方の約1.7倍。北東部は中部ドナウ平原，南西部はジナルアルプス山脈がアドリア海に流れ込む。政体は共和制で，元首は大統領。議会は任期4年の1院制。主要産業は，農牧業で，北東部を中心に小麦，とうもろこし，ジャガイモ等の栽培が盛んである。石炭，鉄鉱石，ボートサイトにも鉱物資源にも恵まれている。鉄鋼，機械，セメント工業等が発達。アドリア海の1000を越す島嶼（とうしょ）は有数の観光地。旧ユーゴでは，国民1人当たりのGNPはスロヴェニアに次いだ。91年6月独立宣言を発し，92年1月にEC等がこれを承認した。しかし，その結果ユーゴ紛争が勃発し，国内混乱が暫く続いた。95年11月デイトン協定後，新ユーゴは96年8月末にクロアチアと外交関係を樹立するに及び正常化された。

**（クロアチアの語源）**
　国名のクロアチアは，7世紀にこの地に定住した南スラヴ系のクロアチア人に因み，自称はフルバート。「山」を意味する語からきたという。ドイツ語やフランス語で，ネクタイを意味するクラバッテ（ト）は，クロアチアから派生した。中世のクロアチア人の傭兵が，欧州各地に進出した。彼らが首におしゃれな布を巻き付けていたので，欧州各国語に入ったとされる。国旗もおしゃれで，赤，白，青の横三色旗。中央に赤と白のチェック文様の紋章が入る。ユーゴスラヴィア時代には中央にユーゴ旗と同じ黄色で縁取られた赤い星がついていた。

**〔クロアチアの歴史〕**

　南スラヴ系のクロアチア人は7世紀に現在のこの土地に王国を建設した。中世クロアチア王国は誇るべき民族の「黄金期」と考えられる。その為，ツジマンもクロアチアの伝統を中世クロアチア王国に求めている。925年，アドリア海沿岸のザダル北方ニンを拠点とするトミスラブがクロアチア王を宣言し，初の統一国家が形成。これ以降200年に渡ってクロアチア王国が継続した。最大版図を築いたクレシミル王，ローマ教皇から戴冠されたズボニミル王がよく知られている。当時の中心地はアドリア海沿岸のビオグラード。1094年に，ザグレブ司教座が創設された。

　12世紀以降ハンガリー，そしてオーストリア＝ハンガリー帝国（ハプスブルク帝国）の支配下に置かれたクロアチア領域は，近代においてオスマン・トルコとの辺境地を形成。1578年，オーストリア＝ハンガリー帝国はクロアチア，ヴォイヴォディナ（現セルビア共和国内），トランシルヴァニア（ルーマニア中央部・北西部）地方の一部を「軍政国境地域」として統治した。17世紀末から18世紀中頃に掛けて，宗教的な自由を求めてセルビア人が大量にクロアチアの領域に移住した。この結果，クロアチアに多数のセルビア人が居住することになった。1881年，「軍政国境地域」は廃止された。

　1809～13年，ナポレオンはスロヴェニアとクロアチアの一部を「イリリア諸州」として統治した。スロヴェニア人，クロアチア人，セルビア人が初めて1つの行政単位に統一された。この体験を基礎にして，クロアチアの知識人は30年代から40年代に掛けて南スラヴの統一を求める「イリリア運動」を展開した。クロアチア人はハンガリー革命の反革命に逆らい，ハプスブルク家を支持した。同様の動きは60年代になると，やはりクロアチア知識人の「ユーゴスラヴィア統一運動」として進められた。1918年「セルビア人–クロアチア人–スロヴェニア人の王国」へ編入。そのままユーゴスラヴィアとなった（1929～1941）。第2次世界大戦後，1945年クロアチアはユーゴスラヴィアを構成する六つの共和国の一つとなった。1990年総選挙でクロアチア民族主義党が勝利，ツジマンが指導者となり，1991年独立宣言を行った。また1992年には国連にも加盟した。

【クロアチアの体制転換】
　1990年4～5月の自由選挙で野党勢力のツジマンを指導者としてクロアチア人の「民族的伝統」に訴えたクロアチア民主共同派が圧勝した。それまで社会主義体制において第一党だった民主改革党（元はクロアチア共産主義者同盟）は完敗した。同年5月末，自由選挙後の新議会で，クロアチア民主共同派のツジマンが共和国大統領に選出された。ツジマンは第二次世界大戦中パルチザン（不正規軍）に加わり，戦後はユーゴ人民軍の将校を務めた民族主義者であり，後にザグレブ大学政治学部で教壇に立った。「クロアチアの春」と称される民族主義運動高揚期以前の67年，彼は民族主義的傾向を持つとして共産主義者同盟から除名された。ツジマン大統領の下，民主共同派による単独政権が樹立され，「クロアチアはクロアチア人の国家であり，使用言語はクロアチア語である」と宣言された。これが契機になり，クロアチア共和国内に居住するセルビア人が反発し，内戦の導火線となり，ユーゴは内乱状態になった。独立当初好意的であった西欧諸国も，ツジマン政権の排他的民族主義的路線に反発し，クロアチアは国際的孤立を招いた。資本主義の道を選んだが，独立当初の戦争被害に加え，民営化に際してツジマン政権のネポティズム，国際的孤立が災いして，90年代末には経済協力は危機的状況に陥り，経済改革は不徹底で頓挫した[1]。

【メシチ・ラチャン体制】
　「民主共同派」党の指導者で民族主義的なツジマンが独裁的な権力を振るい，国内のセルビア人を追放してボスニアの内戦に干渉した。しかし，99年12月にツジマンが病死した後の2000年1月総選挙では野党が圧勝し，2月大統領選挙では4小野党の連合を代表するメシチが2大野党連合の連合候補を破った。クロアチアと対立関係にあったセルビアでもこれに呼応するかのように民主化が進展した。
　新政権は経済の安定化と再生を目指して，『4ヶ年政策プログラム』を作成した。ラチャン政権は前政権と一線を画し，国際社会との協調路線を敷いている。00年5月NATOと平和の為のパートナー・シップを締結し，12月にはEUとの「安定化・連合協定」締結の為の交渉を開始。連立内部から反対者が

続出したが，01年7月政府は旧ユーゴ国際刑事裁判所へのクロアチア人戦争犯罪人の引き渡しを決定した。00年11月WTO，03年3月CEFTAに加盟した。03年2月にEU加盟を申請した[2]。

2002年7月，内閣は一旦解散し，連立第2党だったHSLS（社会自由党）を追放した4党による第二次ラチャン連立政権が発足した。

## 〔クロアチア経済の推移〕

旧ユーゴスラヴィアの工業基地であり，食糧も自給できる。アドリア海に面し，観光資源に恵まれ，外資獲得能力が大きく，豊かさもスロヴェニアに次ぐ。1991年6月25日の独立宣言後，ユーゴスラヴィア連邦軍の進入を受け，クロアチア経済は大打撃を受けた。政府は経済改革を進め成果を上げたが，紛争が投資を妨げてきた。紛争が収まり，実質GDP成長率がプラスの5.9％となった94年からは順調に推移し，95年6.8％，96年6.0％，97年6.5％，そして98年は2.5％の成長となった（1989年のGDPを100とする指数では97年末で74でまだまだ発展途上にあった）。戦災によるインフラ復興プロジェクト（戦災被害額は270億ドルに上ると言われている）の本格化により，この景気拡大傾向は，3〜5年にわたって続いた。

95年にはインフレ率が1桁の1.6％に下がった。96年は若干高めの3.5％になったが，この水準は西欧並である。GDPに占める一般政府赤字は93年からEU基準の3％以内に収まっている（93年−0.7％，94年1.7％，95年−1.5％）。

95年3月，パリ・クラブと対外債務の返済繰り延べ（期間14年，うちグレース〔無利息据置期間〕2年）に合意。96年6月，ロンドン・クラブとの債務取り決めができ，旧ユーゴスラヴィア連邦の分担率が決まった。98年新金融取り決めの下で所有する44億ドルの債務の29.5％，88年預金機関取り決めの3億ドルの19.7％を引き継いで支払うことに合意。これより国際金融市場で資金調達が可能となった。

**〔1999 年以降のクロアチアの経済〕**

　99 年には内外の政治状況に影響され，経済成長率は− 0.9％と落ち込んだが，00 年では観光業の回復 , 鉱工業生産の伸びにより 3.7％の成長に復帰した。さらに住宅ローンの伸びが好調である等個人消費は旺盛である。高速道路建設等政府関連プログラムの始動で固定資本形成が 2 桁の伸びになっている。2002 〜 07 年，4 〜 5％台の実質成長率を維持している。ドルに対する通貨クナ高もあって物価上昇率は 2％台前後に低下している。

## 統計課題：第3部

3-1　ロシア経済の成長（1990～2012）を実質GDP成長率を表にし，折れ線グラフ化せよ

3-2　リーマン・ショック前後のGDP成長（1990年=100）に関して，ブリックス，日米と比較し，1990～2009年までを折れ線グラフで表記せよ．

3-3　過去の20年間のロシアの為替レートと原油価格の変動を表に纏めよ．

3-4　13を図示せよ．

3-5　1995～2010年を四半期データで，原油価格とGDP成長で季節調整と季節未調整で，グラフ化せよ．

3-6　ロシアのマーシャルのk〔M2/GDP，%〕を算出し，日米，他のブリック諸国とも比較表を作れ．

3-7　ロシアの交易利得変動〔GDI成長率マイナスGDP成長率〕，GDI成長率と油価変動率，1996～2009年を図示せよ．

4-1　リトアニアの実質GDP成長率をグラフ化しなさい．

4-2　リトアニアの貿易収支をグラフ化しなさい．

4-3　リトアニアの一般政府収支をグラフ化しなさい．

5-1　スロヴェニアの実質GDP成長率をグラフ化しなさい．

5-2　スロヴェニアの貿易収支をグラフ化しなさい．

5-3　スロヴェニアの一般政府収支をグラフ化しなさい．

6-1　クロアチアの実質GDP成長率をグラフ化しなさい．

6-2　クロアチアの貿易収支をグラフ化しなさい．

6-3　クロアチアの一般政府収支をグラフ化しなさい．

7-1　体制転換の成功国ポーランドと失敗国ウクライナの1989年実質GDPを100とする指数でグラフ化せよ（2部の2　1の2と11の第3段目の統計を使うこと）．

7-2　2008年のリーマン・ショックの影響を旧ソ連東欧主要国で，実質GDP

成長率を折れ線グラフ化せよ(2部の2-2の各自5段目の統計を使うこと)。

# 第4部　サービス産業論

# 第1章 サービス産業論

## (サービス産業とは何か。経済学史における「サービス」の変遷)

### (1)サービス(service)とは

英語の語源辞典によれば、serviceはノルマン人の英国征服以前所謂OE［700-1100］の後期は、「神への奉仕」、1200年頃「召使の仕事」、1300年頃「ミサ、礼拝」、1380年頃「給仕」、1590年頃「兵役」、1941年頃から「サービス業」の意味が敷衍された。つまり、最初キリスト教世界で、神への全体帰依、封建制度の過程で、神から雇主へ、近代国家形成過程の兵役から、国家への全体服従と転化していった。この過程では、役務の対価としての貨幣は、全面に出てこなかった。第2次大戦後、経済の発展とともに、第三次産業のサービス業（産業）が確固たる職業として確立されていった(表1参照)。

**表1　近代以前のserviceの意味の変遷**

| サービスの名称 | 神への奉仕 | 召使（奉公） | 軍務 |
|---|---|---|---|
| サービスの対象 | 神 | 主人 | 国家 |
| サービスの内容 | 全面的 | 全面的 | 全面的（絶対忠誠） |
|  | 絶対帰依 | 家事全般（通常住込） | 命をも捧げる |
| 受給者の上下関係 | 神が上 | 主人が上 | 国家（国王）が上 |
| サービス有償 | 無償 | 一定の期間契約 | 徴兵制の場合 |
|  |  | 主人とともに移動。 | 薄給 |
| 需要側の選択権 | 無 | 無（雇用者側の配慮があるまで） | 無（拒否の場合、刑法適用） |

### (2)サービスの定義

現在日本で発行されている辞典等をもとに定義を確認すると、「サービス」とは、奉公、奉仕、給仕、接待を示す語で、また、生産、製造以外の労働に拘わる機能する労働の汎称でもある。用役、用務とも訳される。

「サービス業」とは日本標準産業分類の一であり、旅館・下宿等の宿泊設備貸与業，広告業，自動車修理等の修理業，映画等の興行業，医療・保健業，宗教・教育・法務関係業，その他非営利団体等に服務。

### (3)経済学での「サービス」

サービスは「財(財貨)，サービス」と対比される。財は空気中に一定の空間を占める物体であり，サービスは目には見えないが，金と交換できる役務である。財は，例えばリンゴとか自動車とか空気中に一定の空間を占める物体である。それに対して，運輸サービス・保険サービス等は経済学上の「サービス」である。

マルクス経済学では，生産概念で捉えている為，財のみを国民生産に算入し，所謂「サービス」は国民生産に算入しなかった。近代経済学では，国民生産概念には，「財・サービス」とセットで考える。貿易収支では「財の輸出入」，貿易外収支では財以外のサービス収支を取り扱う。

### (4)産業の分類での「サービス業」

(産業)

SNAの経済活動別分類のうちのひとつ。市場で生産コストをカバーする価格で販売すること（利潤の獲得）を目的に財・サービスを生産する事業所から構成される。民間企業の事業所が中核となるが，類似の財・サービスを生産するものは，価格が生産コストをカバーしなくも，産業に含める。例えば，公社，公団，郵便事業，資金運用部，輸出入銀行，公庫，日本銀行等。他に家計の持ち家住宅も含める(「産業」〔金森久雄他編『経済辞典(第3版)』有斐閣，2000年)。

コーリン・クラーク(Colin Grant Clark 1905～)の分類では，

第1次産業 農業，牧畜業，水産業，狩猟業等の採取産業，

第2次産業 製造業，建設業等の加工業(クラークは，鉱業もこれに含める)，

第3次産業 商業，運輸通信業，金融・保険，公務・有給家事サービス等，第1次産業，第2次産業以外のあらゆるサービス業を一括した総称。

クラークは電気・ガス・水道業を第2次産業に含めたがこれらを第3次産業に含める場合が多い。そして，クラークによれば，経済が発達すれば，産業の高度化を伴い，第1次産業から，第2次産業へ，そして第3次産業のサー

表2 近代化以降の「サービス」の経済的意味合い

|  | サービス | 財 |
| --- | --- | --- |
| 名称 | 貨幣と交換される役務提供一般 | 貨幣と交換されるもの |
| 形 | 無形 | 有形 |
| 在庫 | 無 | 有 |
| 生産と消費 | 同時性（非可逆性） | 異時点 |
| コ・プロダクション | 有（その提供に顧客も参加） | 無 |
| 提供の過程 | 重要性（例，食堂の雰囲気や眺望） | 無 |
| 提供者との不可分性 | 有 | 無 |
| 変動性 | 有 | 無 |
| サービスの対象 | ユニバーサル（金が出せる人は誰でも） | ユニバーサル ＊1 |
| サービスの内容 | 部分的・個別的（時間帯による変動） | 部分的・個別的 |
| 需供者の上下関係 | 上下関係無 | 上下関係無 |
| 有償 | 有償 | 有償 |
| 需要側の選択権 | 有（消費者主権） | 有（消費者主権） |
| サービスの定義<br>（商業サービス限定的） | ①他人の為に行う②人の③活動であって④独立に取引の対象となるもの（今枝昌宏＊2） |  |

＊1:「ユニバーサル」とは①社内サービスではなく，一般の客対象。②顧客対応で人が提供するもの。③飲食サービスは料理だけでなく店の雰囲気や景観も対象。④時間帯で違う価格帯になる。

＊2: 今枝昌弘『サービスの経営学』東洋経済新報社，2010年,23頁。サービスは，他人の為で，自己の為のものはサービスとは呼べない。つまり，社内サービスやグループ内サービスは，経済原理が働かないからである。

ビス産業への比率が高まるとされた。

「サービス産業」は，物的生産でなく，流通，金融，知識や情報等の形のない無形財を生産し，或いはその他特定の用役の提供を行う産業。これは更に卸・小売業，金融・保険・不動産業，運輸・通信業，電気・ガス・水道・熱供給業，サービス業，公務の各業種に分類される。

「サービス業」は，日本標準産業分類による大分類の一つ。個人または法人に対して用役，専門的知識等の提供を行うもの。対個人サービス，対事業所サー

ビス,医療,教育,弁護士,公認会計士,分類されない専門サービス業,その他のサービス業に分類される。近年対個人サービスでスポーツ,レジャー,観光,レンタル等,対事業所サービスで市場調査,広告代理店,ビル・メンテナンス社,物流社等が成長を続けている。

「サービス経済」は,財の採取や生産に関係する第1次産業や第2次産業に対して,第3次産業はサービス産業と呼ばれる。産業構造の高度化に従って,サービス経済の比率は増加する。サービスは労働生産性が低い,生産と消費が同時である,貯蔵できないので在庫が存在しない等の特別な性質を持つ。

「サービス経済化」は第3次産業(サービス産業)の就業者の比率或いはこの産業の名目生産額の比率が増加することをいう。更に製造業の内部において加工部門に対して調査,商品開発,デザイン,広告等の部門の比率が増加することもいう。高付加価値の商品においてはこれらの部門が競争力を強化させるといえる。

「サービス価格」は,有形財の場合と違って,無形財であるサービスは,心理的・感覚的効用をした商品であり,コスト把握が困難という特性を持つ。サービス価格が適正価格であるかどうかは,買手の満足度に対して決まる。

「サービス価格指数」は企業間で取引されるサービス価格動向を調べるために日本銀行が作成,公表している価格指数。1996年時点での採用品目数は74あり,電子計算機リース,事務所継続賃貸料,電話等の通信料金,銀行手数料,損害保険料等である。卸売物価指数のサービス版である(金森久雄他編『経済辞典(第3版)』有斐閣,2000年)。

# 第1章 サービス産業論

**(参考文献)**

(1) 飯盛信男『サービス産業』新日本出版社，2004年。
(2) 泉田成美他編『プラクティカル産業組織論』有斐閣，2008年。
(3) 伊藤元重他著『産業政策の経済分析』東京大学出版会，1988年。
(4) 井原哲夫『サービス・エコノミー 第2版』東洋経済新報社，1999年。
(5) 今枝昌宏『サービスの経営学』東洋経済新報社，2010年。
(6) 金森久雄他編『経済辞典(第3版)』有斐閣，2000年。
(7) 経済産業省編『サービス産業におけるイノベーションと生産性向上に向けて』2007年。
(8) 新村出編『広辞苑 第2版』岩波書店，1969年。
(9) 寺澤芳雄編集主幹『英語語源辞典』研究社，1997年
(10) J-C.ドゥロネ他/渡辺雅男訳『サービス経済学説史』桜井書店，2000年。
(11) 内藤耕他『サービス産業進化論』生産性出版，2009年。
(12) 内藤耕『サービス産業生産性向上入門』日刊工業新聞社，2010年。
(13) 直江重彦『ネットワーク産業論 改訂版』放送大学教育振興会，2004年。
(14) 日経MJ編『日経流通・サービス業界地図』日本経済新聞出版社，2006年。
(15) 野村総合研究所『2015年のサービス産業』東洋経済新報社，2010年。
(16) 羽田昇史[ハタノブヒト]『サービス経済論入門』同文舘出版，1988年。
(17) 羽田昇史『現代の流通・商業』学文社，1995年。
(18) 羽田昇史『サービス産業経営論』税務経理協会，2002年。
(19) 三菱総合研究所『日本産業読本 第8版』東洋経済新報社，2006年。
(20) 南方建明他『サービス産業の構造とマーケティング』中央経済社，2006年。

# 第2章　世界企業とサービス産業

**〔サービス化していく経済と日本経済〕**
　産業のウェイトは経済の発展とともに，第1次産業（採取産業）から製造業の第2次産業へ，さらにサービス業等の第3次産業へ以降するという一般的な法則があるとされており，この法則通り，実際にも第3次産業の割合がGDP，雇用ともに一貫して上昇することは，全ての先進国にも共通して観察されている。反対に先進国では，製造業の占める割合はGDP，雇用ともに一貫して減少している。

**〔なぜ，第3次産業の割合が増加して，製造業の割合が減少しているのか〕**
　これが起こる理由は，決してモノを作らなくなっているわけではなく，製造業の生産性があがり，少ない人数と資本で効率よくモノが生産できるようになっていく反面，人の求める価値の次元がモノからより抽象的な価値に移動し，サービスを必要とするようになっていくからであろう。今後更にこの傾向が進展するのは，ほぼ間違いないと思われる。

**〔日本のサービスの生産性は米国の7割〕**
　我国におけるサービスの生産性は米国の7割水準に留まっているという調査がある。また，サービス貿易は一貫して赤字であり，サービス業の付加価値の上昇も鈍い。

**〔我国のサービスの生産性が低い理由〕**
　①日本人はサービスに対価を支払わない。②日本人は至れり尽くせりのサービスを望む。③日本人は嗜好が独特である。①〜③は，世界的なサービス企業

が日本で問題なく操業していることから，このような理由付けは安易すぎる。この原因は多くは我国のサービス業において，④「適切な」経営ができていない点にある。サービス業と製造業の経営は全く異なる。このことは米国のIBMのルイス・ガースナーが指摘している。

**〔スマイル・カーブ〕**(図1参照)

多くの産業において，所謂スマイル・カーブという現象が起きている。スマイル・カーブとは，事業の収益性が産業バリューチェーンの前側(研究開発，素材供給)と後ろ側(導入サービス，アフターサービス)で高くなっており，中間(組み立て製造)で低くなっている現象である。

**〔サービス業が製造業に比べて収益性が高い理由〕**

①サービスと比較して，製造はコストが顧客に見えやすく大きな収益を上げにくい。②提供と消費の同時性を持つサービスと違い，製造はどこでもできる

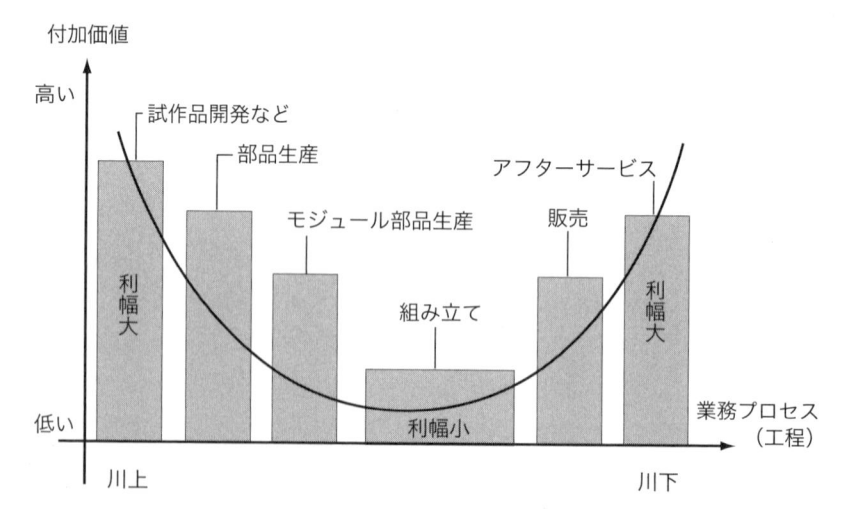

図1　スマイル・カーブの概念図

［引用文献］今枝昌宏『サービスの経営学』11頁他。

ので，海外の労働力が低廉な国に移転可能である。③サービスは競合の提供価値との比較がしにくいので価格競争が起こりにくい。④サービスは顧客のスイッチングコストが高い。

〔製造業の隘路の解決策として，サービス業がある〕
　製造業企業にとって，モノ自体での差別化は次第に難しくなってきている。多くの電算機メーカーは，コンサルティグ会社をもつようになった。優秀なコンサルタントを持つことが，サービスのみならず，モノの売り上げにも大きく影響している。
　総資本利益率 (return on total assets ; ROA) は資本利益率の一種で，当期の利益額を使用総資本の平均有高で除して算定した比率のこと。経営体の立場から見た企業の総合的利益性を表す指標である。この比率は，分子の利益数値として何を用いるかにより，総資本総利益率，同営業利益率，同税引前当期純利益率，同当期純利益率等に分かれる。
　総資本回転率 (turnover of total assets) は資本回転率の一種で，年間売上高を総資本(総資産)の平均有高で除して算定した比率のこと。総資本(総資産)が売上高により年平均何回回収されるかを表す比率であり，企業資本の総合的な利用効率を示す指標である。これは，更に資産の種類別の回転率に分類されて，一層詳細な分析が行われる。

〔参考文献〕
今枝昌宏『サービスの経営学』東洋経済新報社，2010年，8-12頁。

# 第3章 自然独占とネットワーク産業論

〔ネットワーク産業とは何か〕

　今日の経済活動や社会生活の共通基盤的役割を果している産業の中に，従来，公益事業と呼ばれてきた産業群が存在している。これらの多くは，今日の高度に発展した社会経済基盤の一つであるネットワーク産業と呼ばれるサービス産業である。ネットワーク産業の代表的な例としては，通信網状組織を利用する電気通信産業やインターネット産業，鉄道や道路，空港，港湾等の交通施設を利用する交通・運輸産業，電力網やガスの導管網を利用する電力やガス等のエネルギー産業，水道や下水の導管を利用する上下水道事業等がある。

　ネットワーク産業の発展には，技術革新と公的規制が深い関係にある。

〔ネットワークの経済的特質〕

　直江重彦によればネットワークの特質は8つに分類される(直江，29頁)。
　(1) 規模の経済(範囲の経済)の存在
　(2) 外部経済が大きい。
　(3) ネットワークの外部性の存在
　(4) サービス生産と消費の一体性(非蓄積性と非排除性)
　(5) 非蓄積性から起因する需要の時間的季節的変動(ピークとオフピーク問題)
　(6) ネットワークの物理的制約と需要の地理的偏在(過疎と過密)
　(7) 生産に当たっての公共財の占有(公益事業特権)
　(8) 需要の必需性からくる価格弾力性の小ささ

〔市場の失敗と規模の利益〕

　市場機構がうまく機能せず，社会的に必要とされる財が供給されないケース

がある。そのひとつに規模の利益の問題がある。自然独占における市場の失敗である。電力，都市ガス等の公益事業は独占禁止法の例外規定になっている。しかしながら，自然独占の産業では，政府が市場に替わって需給調整や料金決定に関与し，市場の失敗を是正することが行われてきた。我が国でも，電電公社のNTTへの改組や，その後のNTT東西分割等で，競争市場になって料金が下がってきた。そこで，自然独占の競争はどのような特徴と限界を持っているのだろうか。必要な規制はどのようなものであるのか（奥野信宏『公共経済学 第2版』122頁）。

### 〔自然独占の新しい理解〕

次の2つの条件が満たされていれば，産業は自然独占である（奥野信宏『公共経済学 第2版』128頁）。

① ある供給量を市場に供給する時，複数の供給者がそれを分割して，供給するよりも，単独の供給者が纏めて供給するほうが費用が少ない。

② ある供給量を単独の供給者が供給する時，供給者をあげるのに充分な需要がある。

条件②は，事業が産業として成立する為の条件である。費用が①のような条件を満たす時，費用構造は劣加法的と言われる。伝統的理論では，自然独占は平均費用逓減産業と呼ばれている。平均費用が最低の時より少ない供給量については，平均費用と費用条件の劣加法性（複数の企業よりも，1企業の方が低い費用で生産できる）は同じことである。図1（自然独占と平均費用）を参照。ところが，費用曲線の劣加法性は平均費用がは逓増していても成立する。供給量が$X_1$であるとしょう。$X_1$では平均費用逓増的である。しかし，$X_1$が$X_0$に十分に近づければ，$X_1$でも単一の供給者による供給の方が費用は少なくて済む。しかし，$X_1$が$X_0$から右方向へ十分に離れていれば，明らかに複数の供給者が分割して供給する方が費用が少なくて済むことが分かる。このような供給量に対しては，費用条件の劣加法性は成立しない。同図の生産量$\underline{X}$は，その限界を表している。それより左側の供給量では上の条件(1)が満たされており，右側で

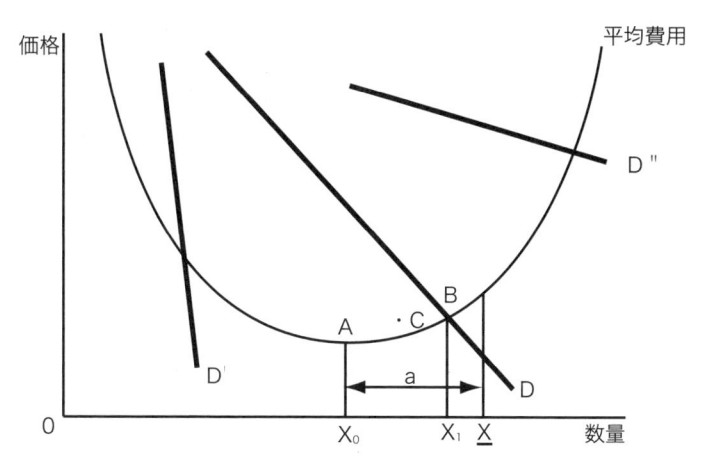

図1 自然独占と平均費用

奥野信宏『公共経済学 第2版』129頁。

は満たされていない。従って，自然独占を劣加法性で定義すると，平均費用逓減で定義する場合とは異なり，同図の範囲 a が新たに加わる。その結果，自然独占の産業でも平均費用の逓増部分も考慮する必要があることになる。それに伴い，産業の平均費用曲線が図1のような形状な場合，産業の自然独占的かどうかは市場規模に依存する。市場規模が十分に大きければ，複数企業による競争が望ましい。しかし，市場規模が小さければ，単独の供給による供給がされることになる。

### 〔電力産業における分散型小規模発電の市場参入〕（図2参照）

図2にこの市場が描かれている。市場の需要曲線 D と，独占的供給者の平均費用曲線が示されている。曲線 S は小規模参入者（コジェネ・自家発電）の供給曲線であり，多数の小規模供給者の供給を総計したものである。

小規模供給者がない時，点 B である。小規模供給者が参入すると，独占的供給者の市場シェアが低下し，供給価格も低下し，国民経済的に望ましい供給が行われる。しかしながら，小規模供給者による供給が，市場規模に比べて小

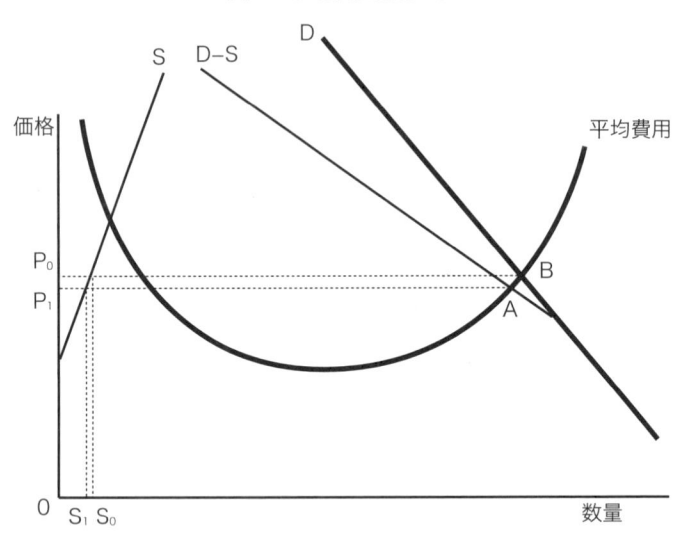

### 図2 小規模供給者の参入

さく，また独占的供給者の費用条件が優れていて，平均費用曲線が十分に下方にあれば，小規模供給者の参入は，独占的供給者に対して大きな意味を持っていない。小規模供給者が頑張り過ぎて，独占的供給者の需要減少に伴うシェア低下で，供給コストが上昇し，経営困難に陥る危険性も秘めている。また自由化がゆきすぎると，2000年夏から2001年に掛けて米国カリホゥルニア州で起こった電力危機も発生することもある。

**〔外部性と準公共財〕**

マスグレイヴによると，公共財と私的財は，その中間にある準公共財に分類される。ネットワーク産業の供給しているサービスの多くはこの準公共財に当たり，①排除性があるが，外部経済も大きい（電話や水道），②外部経済は小さいが，排除性がない（道路や下水道）の2種類に分けられる。

①の準公共財を供給するネットワーク産業には地域独占を認めて外部経済の内部化を可能とするといた政策が適用される。又時には地域住民にネットワー

ク建設費の一部を負担させる政策が採られる。②の準公共財を提供する産業には排他性を採らせて収益を得られるようにする。例えば，特許等による競争事業者の排除や高速道路の料金所や鉄道駅の改札設置により制度的・物理的非利用者の排除を認めている。

|  | 外部経済 ||
|---|---|---|
|  | 小 | 大 |
| 排除性 小 | 私的財 | 準公共財 |
| 排除性 大 | 準公共財 | 公共財 |

## 〔ピーク・ロード料金〕

　電力は，貯蔵が困難で需要と供給が同時に行われる為，最大需要を満たすのに充分な供給能力がなければならない。しかし，そのときにオフピークに施設が遊休化し無駄が生ずる。このような事例は，電力だけでなく市バスや地下鉄，電話等についても見られる。そこで，ピーク・ロード料金が発案され，需要のピーク期とオフピーク期に異なる料金を付けて需要の調整を図られることを目的とした(奥野信宏『公共経済学(第2版)』158頁〜)。

　昼時間帯(例えば午前8時から午後8時)を現行料金よりも高く，夜間時間帯(例えば午後8時から午前8時)をそれよりも低く設定する。これにより，需要はより平均化し，供給設備の遊休化もより小さくなる。図3で，ピーク・ロード料金をみてみよう。

　各時間帯の需要曲線 $D_1$ と $D_2$ が描かれている。第1期がピーク期，第2期がオフピーク期であるとし，各時間帯の需要は互いに独立で，一方の時間帯の料金が変わっても，それによって他方の時間帯の需要は影響を受けないとする。費用は運営費と資本費の2種類とする。運営費は，与えられた資本設備を使用する際に必要とする燃料費や原材料費等である。それは各時間帯の供給量 X に比例するとし，bX と表す (b>0)．b を限界運営費と呼ぶ。資本費は設備の規模に比例するとし，$\beta K$ で表す。K は各時間帯に於ける供給能力である。$\beta$ (>0) は設備単位当たりの費用であり，設備の利子費用や減価償却費等である。それ

250 第4部 サービス産業論

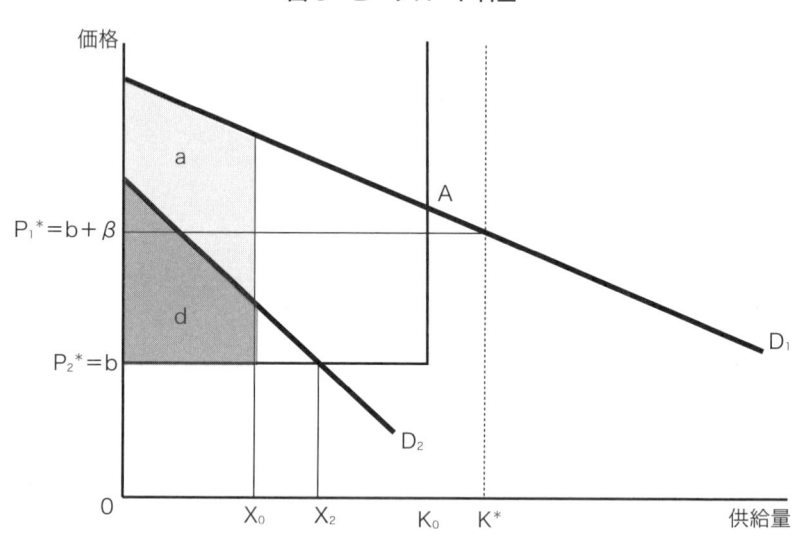

**図3 ピークロード料金**

を限界資本費と呼ぶ。供給能力がある水準 $K_0$ で所与とすると，限界費用曲線は，図 b の水準で水平で，所与の供給能力 $K_0$ で垂直になる。供給が $K_0$ の水準に達する迄は，燃料や原材料を投入することによって供給を増加させることができるが，供給能力に達したら投入を増やしても供給は増加しない。社会的余剰を最大にするピーク，オフピークとも，供給量 $X_0$ であるとする。この時，ピークについては，自発的支払いから運営費を差し引いた余剰は図の面積 a であり，オフ・ピークについては面積 d である。ピークとオフピークの最適料金（$P_1{}^*$，$P_2{}^*$）は，$P_1{}^* = b + \beta$，$P_2{}^* = b$ となる。ピーク・ロード料金は，限界費用による価格形成と同様である。このような料金体系の下で，収支は均衡し，資本費用は全てピーク期の需要者によって負担され，オフピーク期の需要者の負担は，オフピーク期の運営費だけである。

**(参考文献)**
(1)高橋泰蔵他編『体系経済学辞典第6版』東洋経済新報社 1984年。
(2)直江重彦「ネット産業とは」等，直江編『改訂版ネットワーク産業論』11-54 頁
(3)奥野信宏『公共経済学 第2版』岩波書店，2001年11月。

# 第4章　電力事業

〔電力事業の概要〕
### (1) 経済の基礎インフラ
　日本の電力産業は，日常生活に不可欠なエネルギーには，石油や天然ガス，そしてそれらを加工することによって得られる電力がある。取り分け電力は，日本の津々浦々が送電ネットワークで繋がっており，安全性にも優れていたことから，戦後日本の経済活動の基礎的インフラとして重要な役割を負ってきたしかし，経済の基盤として安定供給される役割と評価される一方で，効率的な供給については疑問符が付けられた。すなわち，電力事業者同士の競争がなく，結果として，電力価格が高水準で推移してきたのかではないかという見方である。こうした声に押されて，1990年後半から電力事業の自由化が段階的に進められており，電力事業は大きな変化の渦にある(『日本産業読本8版』199頁)。

### (2) 電気事業の概要(電気の特性からくる)
　ネットワーク産業としての電気事業の特徴は，財としての電気の持ついくつかの特性に由来する(山谷修作「電気事業の規制改革と環境問題」)。
①極めて必要性が高く，代替性が乏しい→照明や動力等の用途については，殆ど代替が不可能。
②貯蔵が困難で，電気の生産と消費は同時に行われる→需要の時間的な変動に即応可能な常時充分な発電設備が必要。
③持ち運びが困難性→発電した電気は送配電を通じて行う必要がある。発電所で生産された電気は，高い電圧で流通設備に乗せられるが，需要地での途中で変電所で降圧されて，特別高圧，送電，低電，電灯の各需要家に届けられる。
④発電，送電，返電，配電等の供給設備ネットワークを形成する必要がある

→電気事業の固定資産は膨大なものになる→重複投資による社会的損失を回避し，規模の経済性を確保できるにする観点から→電気事業は地域独占となる必然性がある。

## (電気事業の各部門の特性)
### (a)発電部門
①埋没費用（サンク・コスト）的性格→大規模電源の建設には，巨額の資本と長いリードタイムが必要。発電所は耐用年数が30〜50年と極めて長く，しかも固定された場所で単一の生産物しか生産できず，販売先も物理的に連結された需要家に限定される。

②発電規模の経済性は近年低下傾向→技術進歩のペース鈍化，電源立地の遠隔化，リードタイムの長期化，環境問題の対応。

③新たな技術（コージェネレーション（熱電併給），再生可能なエネルギー）→埋没費用*の低い分散型電源が経済性を高めた。

*埋没費用(sunk cost )（『有斐閣 経済辞典第三版』466 頁）「サンク・コスト」。事業で投入された資本の内，生産を縮小又は撤退した時に回収することが不可能な資産の額。鉄道事業等初期投資が大きく，他の用途に転用しにくい事業ではサンク・コストが大きく，経済的規制を課す根拠となる。(参考)通路費*

*通路費（track cost）『有斐閣 経済辞典第三版』838 頁。交通サービスの生産に必要な鉄道線路，道路，空港，港湾等通路，ターミナル施設の費用。鉄道以外の交通手段では通路は公共的に供給され，その費用は利用量に応じる税・料金の形で直接費となるが，通路を自己所有する鉄道では通路費は固定費となる。

### (b)送電部門
①急速な収穫逓減が存在→送電能力は電圧の2乗で増加するのに対して，建設費は超高圧設備については，略電圧に比例すると言われている。又同一送電設備に於ける複線化の経済性も存在する。→大きな規模の経済性

②送電設備への投資は，その大部分が埋没費用→追加的な設備の建設を通じ

ての競争はあまり期待できない。

③送電部門は，典型的な自然独占の性格を持つ。

**(c) 配電部門**

①密度の経済性→配電系統により供給された特定の区域を所与とすれば，そこでの需要家数又は需要量が増加すれば，単位当たりの配電コストは低下する。

②配電設備への投資も殆ど埋没費用となる→一旦配電線や変圧器への投資がなされると，こうした設備は容易に移転できないし，耐用年数が長い。

③配電の自然独占性の性格が濃厚。

**(d) 垂直統合構造**

日本の電力事業は発電・送電・配電を一体に行う，所謂「垂直統合構造」を採っている。

**メリット**

①安定供給を確保し易い。

②取引費用を低減できる。

③「範囲の経済性」を追求可能。

**デメリット**

①競争原理の導入には限界がある。

**(3) 事業主体**

電力の主要プレイヤーは，北海道，東北，中部，北陸，東京，関西，中国，四国，九州，沖縄の10電力会社である。

**(4) 電気事業の歴史**

第2次世界大戦中は，国策会社の日本発送電が，日本の電力の発電及び送配電を行ってきたが，戦後，過度経済力集中排除法により同社は解体され，9つに地域分割された(沖縄電力を除く)会社になった。

水力発電から，価格が低廉で設備の建設が短期間の石炭や石油という火力発電が主力となっていった。60年代の高度成長で，電力需要は増大し，石油火力が主流となっていった。73年の石油ショックの発生とともに，石油の価格が高騰したことにより，原子力，LNG火力，石炭火力も増強された。

### (5)電力産業の現状

#### (a)守りの経営

1990年代後半以降，今日迄の電力会社の経営の特徴は一言で言えば「リストラの推進」といえるだろう。

電力主要の伸びが続いた80年代後半から90年代初めに掛けて，電力会社は，積極的に借り入れを行い，設備投資を実施した。この結果，自己資本に対する固定資本の比率が88年533％を底に，97年650％まで拡大した。バブル崩壊後このことが経営の重荷になり，積極的投資や新規採用を控えるようになった。

#### (b)内外価格差と規制緩和

電気事業は，長い間規制下に置かれ，事業者間の競争がなかった。95年に電気事業法が改正され，発電事業への新規参入が認められた。2000年以降，原油価格の上昇が続いているが，電力会社の設備投資の削減や人件費の抑制等により，電力料金はあまり上昇していない。

### (6)今後の課題と戦略

電力事業の特徴として，競争の結果価格が低下しても，市場全体のパイが増えないという点にある。インターネット等の通信事業への参入して，パイが拡大している市場へ参入して，本業をカバーする努力とか，原子力発電所の安全対策も怠りなくする必要がある。

**(参考文献)**
(1)山谷修作「電気事業の規制改革と環境問題」直江編『改訂版ネットワーク産業論』
(2)山田聡「電力産業」三菱総合研究所編『日本産業読本第8版』199-210頁。

# 第5章　交通産業と特別会計

〔**道路整備特別会計**〕(直江編『改訂版ネットワーク産業論』193頁～)

　日本の国家予算は，一般会計，特別会計，政府関係機関の予算の三部門から構成されているが，道路整備に拘わるのは，特別会計である。
　特別会計の欠点と利点は以下のとおりである。

　**特別会計の欠点**
　①特別会計によって財政資金の使途が特定化されることにより財政硬直化を齎す。
　②この理論の背景には，特定化された予算執行による便益は，同一額の特定化されない予算よりも小さいという経済学の論理がある（一個人が特定化された資金（例えば図書券）は特定化されていない資金（同現金）よりも効用が小さい）。
　③特別会計では支出より収入が多く有るため，不必要な空港や港施設を多く作り非効率と言われ，これが天下りの温床とされてきた。

　**特別会計の利点**
　①毎年安定的な財源が確保されることによって，施設整備が滞りなく行える。
　②需要が増加すれば税収も増え，それによって施設整備が促進されるという疑似市場的な働きをもっている。
　③受益と負担の関係が比較的明確になる為に，負担に対する社会的合意を得られやすい。

〔**日本の有料道路制度**〕
　経済学の分類では，有料道路は排他原則が適用されるので，準公共財に分類

される。更に有料道路が混雑現象を起こした場合には，公共財のもうひとつの特性である非競合性も成立しなくなる(同時に共同消費が不可能になる)。詰まり，混雑した有料道路は私的財と同様の性格を有することになる。

　我国の有料道路事業の経済上の特徴は償還制度である。償還制では，建設費と償還期間内に発生した維持管理費(及び支払利子)の合計が，同期間の料金収入(及び受取利子)と補助金の合計に等しくなるよう料金が計算されている。償還終了後，高速道路は国に移管され，一般道路として無料開放されることになっていた。採算性の違いから，プール制をとり始め，毎年高速道路を建設延長することにより，上記の原則が永遠に適用されないカラクリになった。近年，道路公団の民営化等により，この論議がされているところである。

### 〔空港整備特別会計〕

　空港整備特別会計は，1970年に制定された。この特別会計の歳入は，空港使用料が半分近くが占め，20％が航空機燃料税及び着陸料等の使用料である。後者は形の上では航空会社が支払いをするが，その収入は運賃によるものであり，正確に言えば費用の負担者は運賃を支払う旅客である。詰まり，空整特会の場合，特定の税や料金にリンクしてない約10％前後の一般財源収入を除けば，基本的には道路整備特別会計と同様に，利用者負担の原則が貫かれていることになる。この特別会計も，道整特会と同様にプール制を隠れ蓑にとって，空港という箱物が，天下りの温床となっている。

### 〔参考文献〕
(1) 山内弘隆「交通インフラストラクチャー」直江編『改訂版ネットワーク産業論』。
(2) 山内弘隆「航空輸送」直江編『改訂版ネットワーク産業論』。

# 第6章　介護事業と介護保険

**〔ヴァウチャー・システムの介護サービス〕**

　ガリー・ベッカーは，公共サービスについて，ヴァウチャー・システムを推奨している。その利点は，①サービスの負担能力に関係なく配付される，したがって，低所得者でもニーズに応じて公平にサービスを購入できる，②需要者に選択の自由がある，③供給者の競争による効率化を促すことができるというものである。しかし，供給者が倒産した場合等，サービスの継続性に問題が出てくる。日本では要介護に応じた介護受給権を得て，自己選択で介護サービス業者を選択(購入)する形になっており，ヴァウチャー・システムの利点①～③が該当する(拙著『戦略的日本経済論と移行期経済論(第2版)』190頁)。

**〔介護保険制度(平成15～17年度)〕**

　市町村が保険者で，税金で5割（国25%，都道府県12.5%，市町村12.5%）と保険料5割（被保険者[加入者]65歳以上18%と40～64歳32%）のからなる財政安定基金で運営。加入者は1割負担で，9割を基金で弁済し，サービスを受給する。65歳以上の加入者は原則年金から天引き（全国平均で3290円/月），40～64歳は国民健康保険等から拠出される。事業者は在宅サービスと施設サービスに分類される。介護者の介護度合を専門医師が判定し，介護度合いに応じて，サービスが細かく区分されている。

＊業界規模：介護保険の給付費用6.3兆円（2004年度）。訪問介護（有料老人ホーム事業含む）：一位ニチイ学館758億円，二位コムスン509億円。有料老人ホーム：一位ベネッセスタイルケア228億円，二位ライフコミューン127億円。

〔業界動向〕

　2006年4月から本格的に介護保険制度が変わった為，訪問介護各社は対応に追われた。介護度の進行を防ぐために盛り込まれた介護予防給付に対応する為，ニチイ学館は06年3月までに全国約160ケ所のディサービスに筋力トレーニングマシンを配置した。新制度開始に合わせ体力をつけさせようと経営統合を決めたジャパンケアサービスとセントケアは統合を白紙撤回したが，今後業界の再編が始まりそうだ。有料老人ホーム業界ではワタミがアールの介護を買収する等異業種の参入が目立つ。ハーフセンチュリー・モアやコムスンは貯蓄の多い団塊の世代や富裕層の需要を狙った高級老人ホームの展開に意欲的だ。コムスンは低価格タイプの展開も始めてリスクを分散する。

〔介護保険制度の改正（2006年）〕

　2000年に開始した介護保険制度の初の大規模な見直し。特別養護老人ホームでの食事・居住費の自己負担化等は05年10月に実施されたが，筋力トレーニングや栄養指導に対しての介護予防給付は06年4月に始まった。

〔フィットネスクラブの参入〕

　シニア向けトレーニングメニューを持つフィトネス各社は予防介護分野への参入に積極的だ。ルネサンスやセントラルスポーツ，コナミスポーツ＆ライフは介護事業者と連携，介護予防トレーニングの指導員を地方自治体に派遣・受託する計画だ。

〔低価格有料老人ホーム〕

　岡山県に本部を置くメッセージが火付け役。入居一時金を50万円以下に抑えている。2005年10月に特別養護老人ホーム入居者の自己負担分が増えたことから，コムスンも低価格タイプ運営に乗り出す等各社は特養からの入居者争奪も目指す。

〔介護食〕

　アールの介護を買収したワタミは自社の畑で栽培した有機栽培作物を使った介護食を提供。ツクイは著名シェフや管理栄養士と提携してメニュー開発する等，利用者の関心の高い食の分野で他社との差異化を図る動きが目立つ。

〔参考文献〕

(1) 木村武雄『戦略的日本経済論と移行期経済論(第2版)』五絃舎，2008年。
(2) 日経MJ編『日経流通・サービス業界地図』日本経済新聞出版社 2006年 80-82頁。

# 第7章　流通産業：百貨店，スーパー，コンビニ

## 〔百貨店（都市）〕

業界規模：7.8414兆円（2005年）（『日経流通・サービス業界地図』12-13頁）

### (1) 業界展望

一位高島屋1.03兆円，二位ミレニアムリテイング0.95兆円，三位三越0.84兆円。

2005年末に業界二位のミレニアムリテイング（そごうと西武百貨店）がセブン＆アイ・ホールディングと経営統合を決定，業界の壁を越えた再編が現実のものとなった。手厚い接客の為多数の販売員を売り場に配置する百貨店は単純な合併では相乗効果は期待出来ないとされてきたが，今後，様々な組合せの連携を模索する動きが予想される。

各社とも売上高の長期低迷に対応して高コスト体質是正の為のリストラに取り組んできたが，大丸や高島屋等は体質の強化が進んだ。一方では05年後半からは株価の上昇で高額品を中心に販売が上向いており，攻めの経営に転じる所が増えている。2010年9月の三越の銀座店新館開店が典型である。

### (2) 大阪戦争

そごうが2005年秋に心斎橋本店を開業。梅田地区では阪急百貨店が梅田本店の全面建て替えをスタート，大丸の大幅増床や三越のJR大阪駅新ビル進出計画もあり，競争が激化する見通し。

### (3) 自主編集売り場

自社のバイヤーが国内外で買い付けた商品を独自の味付けで並べた売り場。百貨店はどこに行っても似たようなブランド売り場しかないことが百貨店低迷の一因との反省がある。

〔スーパー(全国チェーン)〕

業界規模：17.0233 兆円(2004 年度)(『日経流通・サービス業界地図』16-17 頁)

**(1)業界動向**

一位イオン 4.43 兆円，二位イトーヨーカ堂 1.49 兆円，三位ダイエー 1.67 兆円。全国スーパーは再編の渦中にある。イトーヨーカ堂，セブン　イレブン・ジャパン等を傘下に持つセブン＆アイ・ホールディングスは 2006 年 1 月，そごう，西武百貨店を持つミレニアムリテイリングを買収した。M&A を繰り返してグループを拡大してきたイオンも 05 年春，カルフールの 8 店舗を買収。カルフールは日本から撤退した。米ウォルマート・ストアーズは 05 年末西友に追加出資し，持ち株比率を 53% まで引き上げた。産業再生機構のもとで経営再建を急ぐダイエーには，丸紅とアドバンテッジパートナーズが支援に乗り出したが，業績が向上せず，低迷状況が続けば，今後新たな業界再編に繋がる可能性がある。

**(2)衣料品部門不振**

大型店の全国スーパーが抱える営業面での最大の課題が衣料品部門の販売不振。ヨーカ堂がカリスマバイヤーの藤巻幸夫氏を起用し，商品改革に乗り出した他，イオンもブランド毎に売り場改装する等販売面での梃子入れに乗り出した。

**(3)まちづくり三法**

大規模小売店舗立地法，都市計画法，中心市街地活性化法の総称。市街化活性化が期待されたが，衰退に歯止めが掛からなかった。この為，大型店の郊外出店を規制する「まちづくり三法」改正案が国会で審議され，06 年夏から施行された。

〔コンビニエントストア〕

業界規模：7.4749 兆円(2004 年度)(『日経流通・サービス業界地図』22-23 頁)

**(1)業界動向**

一位セブン・イレブン 2.44 兆円，二位ローソン 1.32 兆円，三位ファミリー

マート0.99兆円。既存店売上高の低迷が長引き，体力のある大手チェーンの寡占化が鮮明になると同時に，各社の経営路線の分化も目立ち始めた。最大手のセブン・イレブン・ジャパンと三番手のファミリーマートは既存店強化を優先する。

セブン・イレブンは店員が顧客宅まで商品を届ける「御用聞き」導入を推進中。通常はコンビニへの来店頻度が少ない高齢者層等の開拓を狙う。ファミリーマートはコンテンツ配信等のサービス拡大を視野に大規模なシステム投資を2006年から開始。

一方，ローソン，サークルKサンクスは生鮮コンビニ等を開発し，多角化路線を推進。こうした大手の積極投資に着いていけない中小勢の経営環境は厳しく，再編の機運も高まりつつある。

(2) 新業態コンビニ

20～30代男性客が中心のコンビニに対して，中高年等を取り込むを狙う新型店舗。生鮮を均一価格で売る「生鮮コンビニ」，低カロリーや健康食品を強化した「女性向けコンビニ」等々。

(3) 直営店

コンビニはフランチャイズ店が主流だが，実は本部直営の店もある。高齢化の影響でオーナー確保が難しくなり，最近はこの比率が上がる企業が多い。同比率アップは本部収益率低下に繋がるだけに，注意すべき項目。

(参考文献)

(1) 日経MJ編『日経流通・サービス業界地図』日本経済新聞出版社06年，12-13，16-17，22-23頁。

## 統計課題：第4部

1-1 我が国の統計資料を使って，コーリン・クラークの産業の高度化を実証せよ。

2-1 日本，ユーロ圏，米国のサービス貿易収支を分析せよ（OECD FACTbook）。

2-2 日本のサービス業の付加価値上昇率を諸外国と比して分析せよ（OECD FACTbook）

4-1 日本のエネルギー(水力，火力，原子力)発電能力をグラフ化せよ。

4-2 世界の一次エネルギー(内容区分)の供給見通しをグラフ化せよ。

5-1 日本の道路投資の財源構成を円グラフ化せよ。

5-2 日本の空港整備特別会計の財源構成を円グラフ化せよ。

7-1 日本の百貨店売上高をグラフ化せよ。

7-2 日本の主要スーパーの単体売上高を円グラフ化せよ。

7-3 日本の主要コンビニの売上高シェアを円グラフ化せよ。

## キーワード・課題

**〔キーワード〕**

第1部
第1章：度数分布表，ヒストグラム，平均，分散，標準偏差，標準化，散布図，共分散，相関係数。
第2章：確率変数，確率分布，離散型確率変数，連続型確率変数，正規分布，標準正規分布。
第3章：母集団，標本，母数，推定量，標本平均，標本分散，点推定，区間推定，仮説検定。
第4章：単回帰分析，重回帰分析，回帰直線，回帰方程式，残差，最小二乗法，決定係数，t値，P値。

第3部
第1章：大学の起源，経済学，古典派，アダム・スミス，新古典派，マーシャル，ケインズ経済学，歴史学派，制度派，反ケインズ派（サプライサイド派，合理的期待形成学派，マネタリズム，反古典派（ドイツ歴史学派，マルクス学派，米国制度派）。
第2章：テトラド思想，トライアド思想，ギリシャ正教，ローマ・カトリック，三位一体説，フィリオクェ論争，第3ローマ論，ニーコン改革，古儀式派，狂人の弁明，スラヴ派，西欧派，ロマン主義，霊体共同体，唯物論，近代化，有機体，ロシア正教，ドストエフスキー，合理主義，個人主義，後発の利益，ペレストロイカ，エネルギー帝国主義，新旧欧州論争。
第3章：ユダヤ人，金融業，資本主義，プロテスタンティズム，倫理，マックス・ヴェーバー，ノーベル経済学賞。
第4章：重商主義，初期重商主義，後期重商主義，貨幣観，貿易差額，保護貿易主義。
第5章：国際収支の発展段階説，未成熟の債権（債務）国，成熟した債権（債務）国，債務返済国，債権取崩し国，弾力的アプローチ，マーシャル＝ラーナー条件，アソープション・アプローチ，購買力平価説，アセット・アプローチ
第6章：逆U字型仮説，近代経済成長，クズネッツの波，投資率と限界産出・資本比率。
第7章：クラインの方程式群，ウォートン・モデルQ
第8章：マンデル＝フレミング・モデル，最適通貨圏理論，ポリシー・ミックス・モデル，貿易の利益，関税，輸入割当，輸出税，輸出補助金，余剰分析，生産者余剰，消費者余剰。
第9章：直接投資，出資比率10%以上，対外ポートフォリオ投資，経常収支，資本収支，輸出入依存度，国際収支，貿易収支，移転収支，国際収支の天井，世界最大の債権国，ISバランス，中国，世界経済，世界貿易，EU，企業内取引，対内直接投資，対外直接投資，米国，日本，タックス・ヘイブン，特定外国子会社。
第10章：近代化，政治的近代化，社会的近代化，文化的近代化，経済的近代化，前近代化条件，近代経済成長の条件準備，ゲマンシャフト，ゲゼルシャフト，三角貿易，開国，中核，覇権，周辺。
第11章：社会システム論，中世盛期，外に開かれたシステム，内向きのシステム，鉄のカー

テン，露，ビザンチン帝国，イスラム世界．
第12章：ICBM, SLBM, MIRV, SALTI・II, STARTI-III, INF, 非現金取引，安定化基金，オランダ病，ユーコス事件，サハリンII，生産分与協定，ポスト資源戦略，BTCパイプライン，ノルトストリーム，ナブッコ・パイプライン，テイクオアペイ条項，内外価格差，WTO加盟問題，リーマン・ショック，原油価格，スコルボ計画，銀行危機，サウジス，カトリック，イリリア運動，クーチャン，ユーロ導入，軍政国境地帯，ツジマン，ラチャン．

第4部
第1章：神への奉仕，召使の仕事，兵役，物質的生産過程以外で機能する労働．
第2章：スマイル・カーブ，ルイス・ガーズナー．
第3章：ネットワーク産業，市場の失敗，自然独占，平均費用逓減産業，網状組織，技術革新，準公共財，費用構造の劣加法性，ピーク・ロード料金．
第4章：埋没費用，自然独占，松永安左ェ門．
第5章：準公共財，特別会計，非競合性．
第6章：ヴァウチャー・システム，介護保険制度の改正，フィトネスクラブの参入，低価格有料老人ホーム，介護食．
第7章：大阪戦争，自主編集売り場，衣料品部門の不振，まちづくり三法，新業態コンビニ，直営店．

**研究課題**
第I部
第1章
1-1 旧ソ連・東欧特定国のGDPの平均と分散，標準偏差を求めよ（第II部の統計データを使うこと）．
1-2 1-1のGDPの標準化得点を求めよ．
1-3 旧ソ連・東欧特定国のGDPと消費の相関係数を求めよ（第II部の統計データを使うこと）．
第2章
2-1 確率変数と確率関数，および実現値の関係を述べよ．
2-1 正規分布の特徴を述べよ．
第3章
3-1 記述統計の統計量と推測統計の推定量の違いを述べよ．
3-2 日本人女性の平均身長は正規分布に従い，分散は16（標準偏差4）で既知とする．36人のデータを集めたところ，標準平均は155 cmであった．日本人女性の平均身長 を区間推定せよ．また，156.5 cmという仮説を推定せよ．
第4章
4-1 最小二乗法とは何か述べよ．
4-2 消費を被説明変数，GDPと人口を説明変数として，旧ソ連・東欧特定国のデータから単回帰分析を行いなさい（第II部の統計データを使うこと）．

# 第3部
## 第1章
1-1　大学の起源とキリスト教について論ぜよ。
1-2　「経済学」を，漢字の語源と英語の語源に関連して比較しなさい。
1-3　重商主義について，国家と経済の関係から論ぜよ。
## 第2章
2-1　欧州の普遍論争について記せ。
2-2　ギリシャ正教とローマ・カトリックを比較せよ。
2-3　第3ローマ論について記せ。
2-4　ニーコン改革と古儀式派について記せ。
2-5　ロシアに於ける普遍論争（スラヴ派と西欧派）について記せ。
2-6　現代に於ける普遍論争について記せ。
## 第3章
3-1　経済思想上でのユダヤ教徒の金融業の営みはどのような役割を演じたか論ぜよ。
3-2　歴史上ユダヤ人の移動が，文化面，経済面に与えた影響について記せ（西，蘭，墺　英，米）。
3-3　マックス・ヴェーバーによれば，近代の資本主義は，どういう思想の下で生まれたのか。
## 第4章
4-1　重商主義とは何か。初期重商主義と後期重商主義の異同に留意しながら記せ。
4-2　アダム・スミスの重商主義批判を，A貨幣観，B貿易差額，C保護貿易の観点から論ぜよ。
## 第5章
5-1　クローサーの国際収支の発展段階説を説明し，日本経済の位置関係を確認せよ。
5-2　弾力性アプローチを説明せよ。
5-3　マーシャル＝ラーナー条件とは何か。
5-4　アソープション・アプローチを説明せよ。
5-5　購買力平価説を説明せよ。
5-6　アセット・アプローチを説明せよ。
## 第6章
6-1　逆U字型仮説は日本に適用可能か，表1を使って詳しく説明せよ。
6-2　経済成長の先進国と後進国の格差を表2, 3を使って詳しく説明せよ。
6-3　日本の経済成長を，投資率と限界産出・資本比率で説明せよ。
## 第7章
7-1　クラインの方程式群について記せ。
7-2　ウォートン・モデルを解説せよ。
## 第8章
8-1　マンデル＝フレミング・モデルを説明せよ。
8-2　マンデルの最適通貨圏を説明せよ。

8-3 マンデルのポリシー・ミックスを説明せよ。
8-4 余剰分析を使って，貿易の利益を1関税2輸入割当3輸出税4輸出補助金の各自の場合を事例研究せよ。

第9章
9-1 直接投資は，出資比率が10%以上は直接投資の統計に含まれるが，10%未満は，どの区分名目に含まれるのか。
9-2 国際収支について，説明せよ。
9-3 日本の輸出入依存率は，意外に低い。何故か。
9-4 国際収支の天井について記せ。
9-5 ISバランスを解説せよ。
9-6 企業内貿易について記せ。
9-7 2000年以降の日本の対内・対外直接投資について記せ。
9-8 タックス・ヘイブンとその対策について記せ。

第10章
10-1 近代化の意義について記せ（政治，社会，文化，経済）。
10-2 ウォーラーステインの近代経済システムについて記せ（中核，覇権，周辺，西，和蘭，英国，米国）。

第11章
11-1 何故中世盛期の欧州が外部に対して開かれていたのか（露，ビザンチン，イスラム教）
11-2 ドストエフスキーの『カラマーゾフの兄弟』の文化論的なテーマは何か。
11-3 キリスト教徒とイスラム教徒の友好関係を終わらせた第4次十字軍について記せ（塩野七生『海の都の物語 ヴェネツィア共和国の一千年』第1巻第3話，新潮社）
11-4 13・14世紀から始まる閉ざされた欧州について6つの観点から論ぜよ〔貴族階級聖職者，モンゴル民族，十字軍諸国家，ムーア人の群小国家，第1回ウィーン包囲（1529）〕。
11-5 開かれた欧州から閉ざされた欧州への変貌について要約せよ〔西欧キリスト教・ビザンツ・イスラム教〕。
11-6 19世紀欧州で起こった近代ナショナリズム思想はどのような影響があったか。
11-7 開かれた欧州の現状について，マーストリヒト条約を梃子に説明せよ。

第12章
12-1 ロシア史で軍事支出が，財政に与えた影響を検証せよ。
12-2 SALTIは何故破綻したか。
12-3 転換初期に於ける軍民転換と武器輸出について論ぜよ。
12-4 帝政ロシアからの財政赤字の「伝統」について論ぜよ。
12-5 ロシアの経済史と資源について記せ。
12-6 プーチンのエネルギー戦略について記せ。
12-7 最近のロシア経済について記せ。
12-8 リーマン・ショックは，ロシア経済は他のどの国よりも下落率は大きい。何故か

12-9　リトアニアの国名の由来，国勢及び歴史について記せ。
12-10　リトアニアの政治状況について記せ。
12-11　リトアニア経済について記せ。
12-12　スロヴェニアの歴史について記せ。
12-13　スロヴェニアの政治状況について記せ。
12-14　スロヴェニアの経済状況について記せ。
12-15　クロアチアの歴史について記せ。
12-16　クロアチアの政治状況について記せ。
12-17　クロアチアの経済状況について記せ。

第4部
1-1　英語の「service」の語源に照らして，意味の変遷を述べよ。
1-2　経済学の「財」と「サービス」の違いを述べよ。
1-3　サービス財の特性を述べよ。
2-1　日本のサービスの生産性が低い理由を挙げよ。
2-2　スマイル・カーブとは何か。
2-3　サービス業が製造業に比して何故収益性が高い理由を説明せよ。
2-4　何故製造業の隘路の解決策として，サービス業があるのか説明せよ。
3-1　ネットワーク産業とは何か。
3-2　ネットワークの経済的特質（8つ）を説明せよ。
3-3　何故，ネットワーク産業の発展には技術革新と公的規制が深い関係があるのか。
4-1　電力事業の概要を述べよ。
4-2　電力事業の現状について記せ。
4-3　電力事業の今後の課題と戦略について記せ。
5-1　一般道路と有料道路の料金の利用者負担でどのように違うか。
5-2　道路整備特別会計について記せ。
5-3　空港整備特別会計について記せ。
6-1　ベッカーのヴァウチャー・システムに関し，介護サービスに沿って説明せよ。
6-2　介護事業の業界動向について記せ。
6-3　日本の介護保険の仕組みを説明せよ（ドイツの先例）。
6-4　2006年4月から介護保険制度が大幅改定されたことにより，介護事業業に，どのような影響があったか記せ。
7-1　大手百貨店の業界展望を記せ。
7-2　全国チェーンスーパーの業界展望を記せ。
7-3　コンビニントストアの業界展望を記せ。

## 付表1 標準正規分布の上側確率

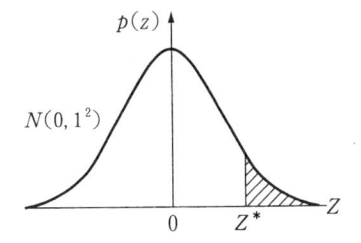

$N(0, 1^2)$

$Z^* \to \Pr(Z \geq Z^*)$ の値

| $Z^*$ | .00 | .01 | .02 | .03 | .04 | .05 | .06 | .07 | .08 | .09 |
|---|---|---|---|---|---|---|---|---|---|---|
| .00 | .500 | .496 | .492 | .488 | .484 | .480 | .476 | .472 | .468 | .464 |
| .10 | .460 | .456 | .452 | .448 | .444 | .440 | .436 | .433 | .429 | .425 |
| .20 | .421 | .417 | .413 | .409 | .405 | .401 | .397 | .394 | .390 | .386 |
| .30 | .382 | .378 | .374 | .371 | .367 | .363 | .359 | .356 | .352 | .348 |
| .40 | .345 | .341 | .337 | .334 | .330 | .326 | .323 | .319 | .316 | .312 |
| .50 | .309 | .305 | .302 | .298 | .295 | .291 | .288 | .284 | .281 | .278 |
| .60 | .274 | .271 | .268 | .264 | .261 | .258 | .255 | .251 | .248 | .245 |
| .70 | .242 | .239 | .236 | .233 | .230 | .227 | .224 | .221 | .218 | .215 |
| .80 | .212 | .209 | .206 | .203 | .200 | .198 | .195 | .192 | .189 | .187 |
| .90 | .184 | .181 | .179 | .176 | .174 | .171 | .169 | .166 | .164 | .161 |
| 1.00 | .159 | .156 | .154 | .152 | .149 | .147 | .145 | .142 | .140 | .138 |
| 1.10 | .136 | .133 | .131 | .129 | .127 | .125 | .123 | .121 | .119 | .117 |
| 1.20 | .115 | .113 | .111 | .109 | .107 | .106 | .104 | .102 | .100 | .099 |
| 1.30 | .097 | .095 | .093 | .092 | .090 | .089 | .087 | .085 | .084 | .082 |
| 1.40 | .081 | .079 | .078 | .076 | .075 | .074 | .072 | .071 | .069 | .068 |
| 1.50 | .067 | .066 | .064 | .063 | .062 | .061 | .059 | .058 | .057 | .056 |
| 1.60 | .055 | .054 | .053 | .052 | .051 | .049 | .048 | .047 | .046 | .046 |
| 1.70 | .045 | .044 | .043 | .042 | .041 | .040 | .039 | .038 | .038 | .037 |
| 1.80 | .036 | .035 | .034 | .034 | .033 | .032 | .031 | .031 | .030 | .029 |
| 1.90 | .029 | .028 | .027 | .027 | .026 | .026 | .025 | .024 | .024 | .023 |
| 2.00 | .023 | .022 | .022 | .021 | .021 | .020 | .020 | .019 | .019 | .018 |
| 2.10 | .018 | .017 | .017 | .017 | .016 | .016 | .015 | .015 | .015 | .014 |
| 2.20 | .014 | .014 | .013 | .013 | .013 | .012 | .012 | .012 | .011 | .011 |
| 2.30 | .011 | .010 | .010 | .010 | .010 | .009 | .009 | .009 | .009 | .008 |
| 2.40 | .008 | .008 | .008 | .008 | .007 | .007 | .007 | .007 | .007 | .006 |
| 2.50 | .006 | .006 | .006 | .006 | .006 | .005 | .005 | .005 | .005 | .005 |
| 2.60 | .005 | .005 | .004 | .004 | .004 | .004 | .004 | .004 | .004 | .004 |
| 2.70 | .003 | .003 | .003 | .003 | .003 | .003 | .003 | .003 | .003 | .003 |
| 2.80 | .003 | .002 | .002 | .002 | .002 | .002 | .002 | .002 | .002 | .002 |
| 2.90 | .002 | .002 | .002 | .002 | .002 | .002 | .002 | .001 | .001 | .001 |
| 3.00 | .001 | .001 | .001 | .001 | .001 | .001 | .001 | .001 | .001 | .001 |

## 付表2　t分布の上側確率

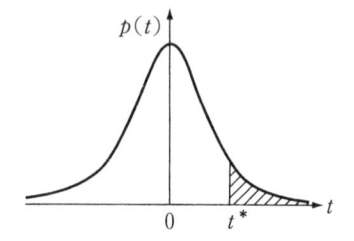

$t^* \to \Pr(t \geq t^*)$ の値

| | $t^*=0.50$ | 1.00 | 1.25 | 1.50 | 1.75 | 2.00 | 2.25 | 2.50 | 3.00 |
|---|---|---|---|---|---|---|---|---|---|
| df= 1 | .352 | .250 | .215 | .187 | .165 | .148 | .133 | .121 | .102 |
| 2 | .333 | .211 | .169 | .136 | .111 | .092 | .077 | .065 | .048 |
| 3 | .326 | .196 | .150 | .115 | .089 | .070 | .055 | .044 | .029 |
| 4 | .322 | .187 | .140 | .104 | .078 | .058 | .044 | .033 | .020 |
| 5 | .319 | .182 | .133 | .097 | .070 | .051 | .037 | .027 | .015 |
| 6 | .317 | .178 | .129 | .092 | .065 | .046 | .033 | .023 | .012 |
| 7 | .316 | .175 | .126 | .089 | .062 | .043 | .030 | .020 | .010 |
| 8 | .315 | .173 | .123 | .086 | .059 | .040 | .027 | .018 | .009 |
| 9 | .315 | .172 | .121 | .084 | .057 | .038 | .026 | .017 | .007 |
| 10 | .314 | .170 | .120 | .082 | .055 | .037 | .024 | .016 | .007 |
| 11 | .313 | .169 | .119 | .081 | .054 | .035 | .023 | .015 | .006 |
| 12 | .313 | .169 | .118 | .080 | .053 | .034 | .022 | .014 | .006 |
| 13 | .313 | .168 | .117 | .079 | .052 | .033 | .021 | .013 | .005 |
| 14 | .312 | .167 | .116 | .078 | .051 | .033 | .021 | .013 | .005 |
| 15 | .312 | .167 | .115 | .077 | .050 | .032 | .020 | .012 | .004 |
| 16 | .312 | .166 | .115 | .077 | .050 | .031 | .019 | .012 | .004 |
| 17 | .312 | .166 | .114 | .076 | .049 | .031 | .019 | .011 | .004 |
| 18 | .312 | .165 | .114 | .075 | .049 | .030 | .019 | .011 | .004 |
| 19 | .311 | .165 | .113 | .075 | .048 | .030 | .018 | .011 | .004 |
| 20 | .311 | .165 | .113 | .075 | .048 | .030 | .018 | .011 | .004 |
| 21 | .311 | .164 | .113 | .074 | .047 | .029 | .018 | .010 | .003 |
| 22 | .311 | .164 | .112 | .074 | .047 | .029 | .017 | .010 | .003 |
| 23 | .311 | .164 | .112 | .074 | .047 | .029 | .017 | .010 | .003 |
| 24 | .311 | .164 | .112 | .073 | .046 | .028 | .017 | .010 | .003 |
| 25 | .311 | .163 | .111 | .073 | .046 | .028 | .017 | .010 | .003 |
| 26 | .311 | .163 | .111 | .073 | .046 | .028 | .017 | .010 | .003 |
| 27 | .311 | .163 | .111 | .073 | .046 | .028 | .016 | .009 | .003 |
| 28 | .310 | .163 | .111 | .072 | .046 | .028 | .016 | .009 | .003 |
| 29 | .310 | .163 | .111 | .072 | .045 | .027 | .016 | .009 | .003 |
| 30 | .310 | .163 | .110 | .072 | .045 | .027 | .016 | .009 | .003 |
| 40 | .310 | .162 | .109 | .071 | .044 | .026 | .015 | .008 | .002 |
| 50 | .310 | .161 | .109 | .070 | .043 | .025 | .014 | .008 | .002 |
| 60 | .309 | .161 | .108 | .069 | .043 | .025 | .014 | .008 | .002 |
| 70 | .309 | .160 | .108 | .069 | .042 | .025 | .014 | .007 | .002 |
| 80 | .309 | .160 | .107 | .069 | .042 | .024 | .014 | .007 | .002 |
| 90 | .309 | .160 | .107 | .069 | .042 | .024 | .013 | .007 | .002 |
| 100 | .309 | .160 | .107 | .068 | .042 | .024 | .013 | .007 | .002 |
| 125 | .309 | .160 | .107 | .068 | .041 | .024 | .013 | .007 | .002 |
| 150 | .309 | .159 | .107 | .068 | .041 | .024 | .013 | .007 | .002 |
| 200 | .309 | .159 | .106 | .068 | .041 | .023 | .013 | .007 | .002 |
| ∞ | .309 | .159 | .106 | .067 | .040 | .023 | .012 | .006 | .001 |

## 付表3  $t$ 分布の境界値

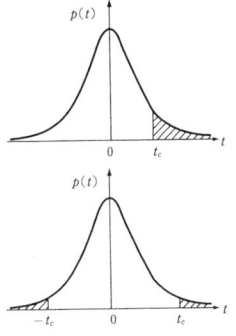

上段: $\Pr(t \geq t_c) = \alpha$ となる $t_c$
下段: $\Pr(|t| \geq t_c) = \alpha$ となる $t_c$

| 片側部分 $\alpha=$ | .10 | .05 | .025 | .01 | .005 |
|---|---|---|---|---|---|
| 両側部分 $\alpha=$ | .20 | .10 | .05 | .02 | .01 |
| df = 1 | 3.078 | 6.314 | 12.706 | 31.821 | 63.657 |
| 2 | 1.886 | 2.920 | 4.303 | 6.965 | 9.925 |
| 3 | 1.638 | 2.353 | 3.182 | 4.541 | 5.841 |
| 4 | 1.533 | 2.132 | 2.776 | 3.747 | 4.604 |
| 5 | 1.476 | 2.015 | 2.571 | 3.365 | 4.032 |
| 6 | 1.440 | 1.943 | 2.447 | 3.143 | 3.707 |
| 7 | 1.415 | 1.895 | 2.365 | 2.998 | 3.499 |
| 8 | 1.397 | 1.860 | 2.306 | 2.896 | 3.355 |
| 9 | 1.383 | 1.833 | 2.262 | 2.821 | 3.250 |
| 10 | 1.372 | 1.812 | 2.228 | 2.764 | 3.169 |
| 11 | 1.363 | 1.796 | 2.201 | 2.718 | 3.106 |
| 12 | 1.356 | 1.782 | 2.179 | 2.681 | 3.055 |
| 13 | 1.350 | 1.771 | 2.160 | 2.650 | 3.012 |
| 14 | 1.345 | 1.761 | 2.145 | 2.624 | 2.977 |
| 15 | 1.341 | 1.753 | 2.131 | 2.602 | 2.947 |
| 16 | 1.337 | 1.746 | 2.120 | 2.583 | 2.921 |
| 17 | 1.333 | 1.740 | 2.110 | 2.567 | 2.898 |
| 18 | 1.330 | 1.734 | 2.101 | 2.552 | 2.878 |
| 19 | 1.328 | 1.729 | 2.093 | 2.539 | 2.861 |
| 20 | 1.325 | 1.725 | 2.086 | 2.528 | 2.845 |
| 21 | 1.323 | 1.721 | 2.080 | 2.518 | 2.831 |
| 22 | 1.321 | 1.717 | 2.074 | 2.508 | 2.819 |
| 23 | 1.319 | 1.714 | 2.069 | 2.500 | 2.807 |
| 24 | 1.318 | 1.711 | 2.064 | 2.492 | 2.797 |
| 25 | 1.316 | 1.708 | 2.060 | 2.485 | 2.787 |
| 26 | 1.315 | 1.706 | 2.056 | 2.479 | 2.779 |
| 27 | 1.314 | 1.703 | 2.052 | 2.473 | 2.771 |
| 28 | 1.313 | 1.701 | 2.048 | 2.467 | 2.763 |
| 29 | 1.311 | 1.699 | 2.045 | 2.462 | 2.756 |
| 30 | 1.310 | 1.697 | 2.042 | 2.457 | 2.750 |
| 40 | 1.303 | 1.684 | 2.021 | 2.423 | 2.704 |
| 50 | 1.299 | 1.676 | 2.009 | 2.403 | 2.678 |
| 60 | 1.296 | 1.671 | 2.000 | 2.390 | 2.660 |
| 70 | 1.294 | 1.667 | 1.994 | 2.381 | 2.648 |
| 80 | 1.292 | 1.664 | 1.990 | 2.374 | 2.639 |
| 90 | 1.291 | 1.662 | 1.987 | 2.368 | 2.632 |
| 100 | 1.290 | 1.660 | 1.984 | 2.364 | 2.626 |
| 125 | 1.288 | 1.657 | 1.979 | 2.357 | 2.616 |
| 150 | 1.287 | 1.655 | 1.976 | 2.351 | 2.609 |
| 200 | 1.286 | 1.653 | 1.972 | 2.345 | 2.601 |
| ∞ | 1.282 | 1.645 | 1.960 | 2.326 | 2.576 |

## 付表 4　t 分布の境界値

$$\Pr(\chi^2 \geq (\chi^2)_c) = \alpha \text{ となる } (\chi^2)_c \text{ の値}$$

| | $\alpha=$.990 | .975 | .950 | .900 | .100 | .050 | .025 | .010 |
|---|---|---|---|---|---|---|---|---|
| df= 1 | — | — | — | 0.02 | 2.71 | 3.84 | 5.02 | 6.64 |
| 2 | 0.02 | 0.05 | 0.10 | 0.21 | 4.60 | 5.99 | 7.38 | 9.22 |
| 3 | 0.11 | 0.22 | 0.35 | 0.58 | 6.25 | 7.82 | 9.36 | 11.32 |
| 4 | 0.30 | 0.48 | 0.71 | 1.06 | 7.78 | 9.49 | 11.15 | 13.28 |
| 5 | 0.55 | 0.83 | 1.15 | 1.61 | 9.24 | 11.07 | 12.84 | 15.09 |
| 6 | 0.87 | 1.24 | 1.63 | 2.20 | 10.65 | 12.60 | 14.46 | 16.81 |
| 7 | 1.24 | 1.69 | 2.17 | 2.83 | 12.02 | 14.07 | 16.02 | 18.47 |
| 8 | 1.64 | 2.18 | 2.73 | 3.49 | 13.36 | 15.51 | 17.55 | 20.08 |
| 9 | 2.09 | 2.70 | 3.32 | 4.17 | 14.69 | 16.93 | 19.03 | 21.65 |
| 10 | 2.55 | 3.24 | 3.94 | 4.86 | 15.99 | 18.31 | 20.50 | 23.19 |
| 11 | 3.05 | 3.81 | 4.57 | 5.58 | 17.28 | 19.68 | 21.93 | 24.75 |
| 12 | 3.57 | 4.40 | 5.22 | 6.30 | 18.55 | 21.03 | 23.35 | 26.25 |
| 13 | 4.10 | 5.01 | 5.89 | 7.04 | 19.81 | 22.37 | 24.75 | 27.72 |
| 14 | 4.65 | 5.62 | 6.57 | 7.79 | 21.07 | 23.69 | 26.13 | 29.17 |
| 15 | 5.23 | 6.26 | 7.26 | 8.55 | 22.31 | 25.00 | 27.50 | 30.61 |
| 16 | 5.81 | 6.90 | 7.96 | 9.31 | 23.55 | 26.30 | 28.86 | 32.03 |
| 17 | 6.40 | 7.56 | 8.67 | 10.08 | 24.77 | 27.59 | 30.20 | 33.44 |
| 18 | 7.00 | 8.23 | 9.39 | 10.86 | 25.99 | 28.88 | 31.54 | 34.83 |
| 19 | 7.63 | 8.90 | 10.11 | 11.65 | 27.21 | 30.15 | 32.87 | 36.22 |
| 20 | 8.25 | 9.59 | 10.85 | 12.44 | 28.42 | 31.42 | 34.18 | 37.59 |
| 21 | 8.89 | 10.28 | 11.59 | 13.24 | 29.62 | 32.68 | 35.49 | 38.96 |
| 22 | 9.53 | 10.98 | 12.34 | 14.04 | 30.82 | 33.93 | 36.79 | 40.31 |
| 23 | 10.19 | 11.69 | 13.09 | 14.85 | 32.01 | 35.18 | 38.09 | 41.66 |
| 24 | 10.85 | 12.40 | 13.84 | 15.66 | 33.20 | 36.42 | 39.38 | 43.00 |
| 25 | 11.51 | 13.11 | 14.61 | 16.47 | 34.38 | 37.66 | 40.66 | 44.34 |
| 26 | 12.19 | 13.84 | 15.38 | 17.29 | 35.57 | 38.89 | 41.94 | 45.66 |
| 27 | 12.87 | 14.57 | 16.15 | 18.11 | 36.74 | 40.12 | 43.21 | 46.99 |
| 28 | 13.55 | 15.30 | 16.92 | 18.94 | 37.92 | 41.34 | 44.47 | 48.30 |
| 29 | 14.24 | 16.04 | 17.70 | 19.77 | 39.09 | 42.56 | 45.74 | 49.61 |
| 30 | 14.94 | 16.78 | 18.49 | 20.60 | 40.26 | 43.78 | 46.99 | 50.91 |
| 35 | 18.49 | 20.56 | 22.46 | 24.79 | 46.06 | 49.81 | 53.22 | 57.36 |
| 40 | 22.14 | 24.42 | 26.51 | 29.06 | 51.80 | 55.75 | 59.34 | 63.71 |
| 45 | 25.88 | 28.36 | 30.61 | 33.36 | 57.50 | 61.65 | 65.41 | 69.98 |
| 50 | 29.68 | 32.35 | 34.76 | 37.69 | 63.16 | 67.50 | 71.42 | 76.17 |
| 55 | 33.55 | 36.39 | 38.96 | 42.06 | 68.79 | 73.31 | 77.38 | 82.31 |
| 60 | 37.46 | 40.47 | 43.19 | 46.46 | 74.39 | 79.08 | 83.30 | 88.40 |
| 65 | 41.42 | 44.60 | 47.45 | 50.89 | 79.97 | 84.82 | 89.18 | 94.44 |
| 70 | 45.42 | 48.75 | 51.74 | 55.33 | 85.52 | 90.53 | 95.03 | 100.44 |
| 75 | 49.46 | 52.94 | 56.05 | 59.80 | 91.06 | 96.21 | 100.84 | 106.41 |
| 80 | 53.52 | 57.15 | 60.39 | 64.28 | 96.57 | 101.88 | 106.63 | 112.34 |
| 85 | 57.62 | 61.38 | 64.75 | 68.78 | 102.07 | 107.52 | 112.40 | 118.25 |
| 90 | 61.74 | 65.64 | 69.13 | 73.29 | 107.56 | 113.14 | 118.14 | 124.13 |
| 95 | 65.88 | 69.92 | 73.52 | 77.82 | 113.03 | 118.75 | 123.86 | 129.99 |
| 100 | 70.05 | 74.22 | 77.93 | 82.36 | 118.49 | 124.34 | 129.56 | 135.82 |

## 付表 5　F 分布の上側 5% 境界値

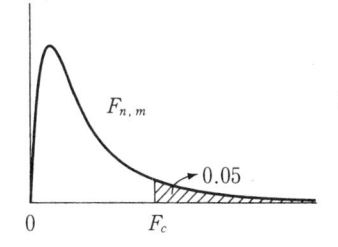

$\Pr(F_{n,m} \geq F_c) = 0.05$ となる $F_c$ の値

| | n=1 | 2 | 3 | 4 | 5 | 6 | 8 | 10 | 15 |
|---|---|---|---|---|---|---|---|---|---|
| m= 1 | 161.4 | 199.5 | 215.7 | 224.6 | 230.2 | 234.0 | 238.9 | 241.9 | 245.9 |
| 2 | 18.51 | 19.00 | 19.16 | 19.25 | 19.30 | 19.33 | 19.37 | 19.40 | 19.43 |
| 3 | 10.13 | 9.55 | 9.28 | 9.12 | 9.01 | 8.94 | 8.85 | 8.79 | 8.70 |
| 4 | 7.71 | 6.94 | 6.59 | 6.39 | 6.26 | 6.16 | 6.04 | 5.96 | 5.86 |
| 5 | 6.61 | 5.79 | 5.41 | 5.19 | 5.05 | 4.95 | 4.82 | 4.74 | 4.62 |
| 6 | 5.99 | 5.14 | 4.76 | 4.53 | 4.39 | 4.28 | 4.15 | 4.06 | 3.94 |
| 7 | 5.59 | 4.74 | 4.35 | 4.12 | 3.97 | 3.87 | 3.73 | 3.64 | 3.51 |
| 8 | 5.32 | 4.46 | 4.07 | 3.84 | 3.69 | 3.58 | 3.44 | 3.35 | 3.22 |
| 9 | 5.12 | 4.26 | 3.86 | 3.63 | 3.48 | 3.37 | 3.23 | 3.14 | 3.01 |
| 10 | 4.96 | 4.10 | 3.71 | 3.48 | 3.33 | 3.22 | 3.07 | 2.98 | 2.85 |
| 11 | 4.84 | 3.98 | 3.59 | 3.36 | 3.20 | 3.09 | 2.95 | 2.85 | 2.72 |
| 12 | 4.75 | 3.89 | 3.49 | 3.26 | 3.11 | 3.00 | 2.85 | 2.75 | 2.62 |
| 13 | 4.67 | 3.81 | 3.41 | 3.18 | 3.03 | 2.92 | 2.77 | 2.67 | 2.53 |
| 14 | 4.60 | 3.74 | 3.34 | 3.11 | 2.96 | 2.85 | 2.70 | 2.60 | 2.46 |
| 15 | 4.54 | 3.68 | 3.29 | 3.06 | 2.90 | 2.79 | 2.64 | 2.54 | 2.40 |
| 16 | 4.49 | 3.63 | 3.24 | 3.01 | 2.85 | 2.74 | 2.59 | 2.49 | 2.35 |
| 17 | 4.45 | 3.59 | 3.20 | 2.96 | 2.81 | 2.70 | 2.55 | 2.45 | 2.31 |
| 18 | 4.41 | 3.55 | 3.16 | 2.93 | 2.77 | 2.66 | 2.51 | 2.41 | 2.27 |
| 19 | 4.38 | 3.52 | 3.13 | 2.90 | 2.74 | 2.63 | 2.48 | 2.38 | 2.23 |
| 20 | 4.35 | 3.49 | 3.10 | 2.87 | 2.71 | 2.60 | 2.45 | 2.35 | 2.20 |
| 21 | 4.32 | 3.47 | 3.07 | 2.84 | 2.68 | 2.57 | 2.42 | 2.32 | 2.18 |
| 22 | 4.30 | 3.44 | 3.05 | 2.82 | 2.66 | 2.55 | 2.40 | 2.30 | 2.15 |
| 23 | 4.28 | 3.42 | 3.03 | 2.80 | 2.64 | 2.53 | 2.37 | 2.27 | 2.13 |
| 24 | 4.26 | 3.40 | 3.01 | 2.78 | 2.62 | 2.51 | 2.36 | 2.25 | 2.11 |
| 25 | 4.24 | 3.39 | 2.99 | 2.76 | 2.60 | 2.49 | 2.34 | 2.24 | 2.09 |
| 26 | 4.23 | 3.37 | 2.98 | 2.74 | 2.59 | 2.47 | 2.32 | 2.22 | 2.07 |
| 27 | 4.21 | 3.35 | 2.96 | 2.73 | 2.57 | 2.46 | 2.31 | 2.20 | 2.06 |
| 28 | 4.20 | 3.34 | 2.95 | 2.71 | 2.56 | 2.45 | 2.29 | 2.19 | 2.04 |
| 29 | 4.18 | 3.33 | 2.93 | 2.70 | 2.55 | 2.43 | 2.28 | 2.18 | 2.03 |
| 30 | 4.17 | 3.32 | 2.92 | 2.69 | 2.53 | 2.42 | 2.27 | 2.16 | 2.01 |
| 40 | 4.08 | 3.23 | 2.84 | 2.61 | 2.45 | 2.34 | 2.18 | 2.08 | 1.92 |
| 50 | 4.03 | 3.18 | 2.79 | 2.56 | 2.40 | 2.29 | 2.13 | 2.03 | 1.87 |
| 60 | 4.00 | 3.15 | 2.76 | 2.53 | 2.37 | 2.25 | 2.10 | 1.99 | 1.84 |
| 70 | 3.98 | 3.13 | 2.74 | 2.50 | 2.35 | 2.23 | 2.07 | 1.97 | 1.81 |
| 80 | 3.96 | 3.11 | 2.72 | 2.49 | 2.33 | 2.21 | 2.06 | 1.95 | 1.79 |
| 90 | 3.95 | 3.10 | 2.71 | 2.47 | 2.32 | 2.20 | 2.04 | 1.94 | 1.78 |
| 100 | 3.94 | 3.09 | 2.70 | 2.46 | 2.31 | 2.19 | 2.03 | 1.93 | 1.77 |
| 125 | 3.92 | 3.07 | 2.68 | 2.44 | 2.29 | 2.17 | 2.01 | 1.91 | 1.75 |
| 150 | 3.90 | 3.06 | 2.66 | 2.43 | 2.27 | 2.16 | 2.00 | 1.89 | 1.73 |
| 200 | 3.89 | 3.04 | 2.65 | 2.42 | 2.26 | 2.14 | 1.98 | 1.88 | 1.72 |
| ∞ | 3.84 | 3.00 | 2.60 | 2.37 | 2.21 | 2.10 | 1.94 | 1.83 | 1.67 |

# 索　引

## ア行

アセット・アプローチ　148
アソープション・アプローチ　147
イゴール・ビルマン　2002
一般会計　255
イリリア運動　227
インターネット産業　245
ヴァウチャー・システム　257
ヴェニスの商人　129
ウォーラーステイン　182
ウクライナ天然ガス紛争　213
エネルギー産業　245
欧州システム　187
大阪戦争　261

## カ行

回帰方程式　52
介護保険制度　257
外部性　248
価格弾力性　145
核兵器　196
確率　23
確率変数　23
確率密度関数　28
ガスプロム　212
仮説検定　48
カリーニングラード　219
企業内貿易　174
記述統計学　3
規模の利益　245
キューバ　205
共分散　18
近代化　181
近代経済学　85

近代ナショナリズム　190
空港整備特別会計　256
クーデン・ホーフ・カレルギー　190
クズネッツ循環　151
クズネッツの逆U字仮説　154
クロアチアの春　228
経験論　101
経済学の成立　84
経済システムの近代化　179
啓蒙主義　107
ケインズ経済学　86
ゲゼルシャフト　180
決定係数　58
ゲマインシャフト　180
ゲルマン人　139
限界革命　85
公共サービス　257
交通・運輸産業　245
合理論　101
国際収支　170
古典派経済学　84

## サ行

コンビニエンスストア　262
サービス　235
サービス価格　238
サービス価格指数　238
サービス業　236
サービス経済　238
サービス経済化　238
最小二乗法　53
最適通貨圏理論　163
最頻値　12

サハリン・エナジー社　209
サユジス　218
SALT I　196
SALT II　196
三角貿易　185
産業革命　180
残差　53
散布図　17
シェイクスピア　129
事業主体　253
シグマ記号　10
市場の失敗　245
自然独占　246
ジニ係数　9
市民革命　180
社会的近代化　179
重回帰分析　64
十字軍　189
準公共財　248
償還制度　256
上下水道事業　245
推測統計　35
垂直統合構造　253
推定　43
推定量　37
スーパー　262
スコラ哲学　100
START I　197
START II　197
スターリン主義　119
スマイル・カーブ　242
スラブ派　112
スロヴェニア　223
西欧派　113
正規分布　29
生産分与協定　209
政治的近代化　179
生物化学兵器　196
世界直接投資　174

石油生産　205
戦域核兵器　196
戦術核兵器　196
戦略核弾頭　197
戦略核兵器　196
相関係数　20
相対度数　4
送電部門　252
ソ連崩壊　197

### タ行

第1次産業　236
第2次産業　236
第3次産業　236
第3ローマ論　103
対外直接投資　170
大学の起源　83
タタールの軛　103
タックス・ヘイブン　175
中央値　12
中距離核戦力　197
直接投資　169
通常兵器　196
ツジマン　227
低価格有料老人ホーム　258
帝政ロシア　106
鉄のカーテン　187
電気通信産業　245
天然ガス　205
ドイツ・ロマン主義　108
ドイツ歴史学派　87
特別開会　255
度数分布表　3
ドストエフスキー　114

### ナ行

ニーコンの改革　104
ネットワーク産業　245

索　引

## ハ行

配電部門　253
発電部門　252
パン・スラブ主義　116
汎欧州思想　190
反ケインズ学派　88
ピーク・ロード料金　249
ヒトグラム　5
百貨店　261
標準正規分布　31
標準偏差　15
標本　35
標本分散　41
標本平均　39
プーチン　207
普遍　93
普遍主義　91
文化的近代化　179
分散　13
兵器　196
平均値　9
平均費用　247
ペレストロイカ　120
偏差値　16
貿易収支　145
封建制度　140
母集団　35
母数　37
ポスト資源戦略　208
ポリシー・ミックス・モデル　163

## マ行

マーシャル＝ラーナー条件　146
マーストリヒト条約　190
マルクス　87
マンデル＝フレミング・モデル　161
無作為抽出　36
メシチ・ラチャン体制　228

メドベージェフ大統領　217

## ヤ行

ユーコス事件　209
有料道路制度　255
有料老人ホーム　258
ユーロ導入　226
輸出税　166
輸出補助金　167
輸入割当　166

## ラ行

ラパロ条約　205
リーマン・ショック　217
離散型確率変数　24
リタス　222
リトアニア　218
累積相対度数　4
累積度数　4
連続型確率変数　27
ローレンツ曲線　6
ロシア武器　200

〔著者紹介〕
**木村 武雄**(きむら・たけお)：第2～4部担当
  1953年    1月29日，鎌倉市生まれ。
  1977年    青山学院大学経済学部経済学科卒業。
  1979年    青山学院大学大学院経済学研究科修士課程修了。
  1984年    桜美林大学経済学部非常勤講師(近代経済学)。
  1985年    青山学院大学大学院経済学研究科博士課程経済政策専攻単位取得。
  1997年    アテネ・フランセ(お茶ノ水)古典ギリシャ語修了。
  現   在    筑波学院大学非常勤講師

〔学術業績〕
『欧露経済研究の新地平―普遍主義を切り口として―』五絃舎，2009年。
『EUにおけるポーランド経済』創成社，2009年。
『経済用語の総合的研究（第7版）』創成社，2009年。
『EUと社会システム』創成社，2008年。
『戦略的日本経済論と移行期経済論』（第2版）五絃舎，2008年。
『経済思想と世界経済論』（第2版）五絃舎，2007年。
『経済体制と経済政策』創成社，1998年。
『ポーランド経済』創成社，2005年。
「ソヴィエト刺激システム」『科学技術と経済政策』勁草書房，1984年。
「ソ連の財政トリックの解明」『経済往来』第36巻第9号，1984年。
「ロシア財政赤字の起源」『海外事情』第42巻第5号，1994年。
「波蘭経済―CEFTAの問題点―」『国際経済』第48巻第2号，1997年。
（日向寺純雄氏と共著論文）「欧州におけるポーランド経済（Ⅰ）―国家財政と欧州回帰の観点から―」『青山経済論集』第49巻第4号，1998年。
（日向寺純雄氏と共著論文）「欧州におけるポーランド経済（Ⅱ）―国家財政と欧州回帰の観点から―」『青山経済論集』第50巻第5号，1998年。

**江口 允崇**(えぐち・まさたか)：第 1 部担当
 1980 年  10 月 24 日，東京都生まれ。
 2004 年  青山学院大学経済学部経済学科卒業。
 2006 年  中央大学大学院経済学研究科修士課程修了。
 2008 年  三菱経済研究所研究員。
 2010 年  慶應義塾大学大学院経済学研究科後期博士課程単位取得退学。
 2012 年  慶應義塾大学より博士（経済学）取得。
 現  在  慶應義塾大学経済学部助教。

〔学術業績〕
『動学的一般均衡モデルによる財政政策の分析』三菱経済研究所，2010 年。
「担保可能性 (pledgeability) と融資配分の非効率性」『金融経済研究』第 31 号，2010 年。
「政府消費，公共投資，政府雇用の違いに着目した財政政策の効果」『財政研究』(平賀一希氏と共著) 第 5 巻, 2009 年。

経済分析手法──国際経済及びサービス産業論の応用を踏まえて──

2012年10月10日　第1刷発行

著　者：木村武雄・江口允崇
発行者：長谷雅春
発行所：株式会社五絃舎
　　　　〒173-0025　東京都板橋区熊野町46-7-402
　　　　Tel・Fax：03-3957-5587
組　版：Office Five Strings
印刷・製本：モリモト印刷
ISBN978-4-86434-016-8
検印省略　Printed in Japan
ⓒ 2012　Takeo Kimura・Masataka Eguchi
乱丁本・落丁本はお取り替えいたします。